서비스 개선활동의 성공적 운영

권영훈 지음

서비스 개선활동의
성공적 운영

초판 1쇄 인쇄 2014년 12월 01일
초판 1쇄 발행 2014년 12월 19일

지은이 권영훈 | 펴낸이 박재규 | 펴낸곳 경남대학교출판부

주소 경남 창원시 마산합포구 경남대학로7(월영동)
전화 055) 249-2074 | 팩스 0505) 999-2115
전자우편 ko10@kyungnam.ac.kr | 홈페이지 www.kyungnam.ac.kr/press

값 16,500원 | ISBN 978-89-8421-372-2 03320

서비스 개선활동의 성공적 운영

권영훈 지음

경남대학교출판부

머리말

1980년대 이후 미국을 중심으로 새로운 전략적 우위수단으로 서비스 산업에 대한 관심이 높아졌다. 궁극적으로는 서비스 품질 향상을 통한 전체 기업의 역량강화를 내세우며 새로운 전략적 접근을 시도한 것이다.

이 과정에서 실시된 다양한 서비스 개선책들은 제조기업에서 유행하던 TQM을 서비스 기업에 무분별하게 적용하면서 의도된 성과를 실현하는데 한계를 보이기 시작했다. 이러한 오류는 특히 국내 서비스 기업에서 두드러진 양상을 보였다. 서비스 기업뿐만 아니라 제조기업 내 서비스 부문에서도 독특한 서비스 개선모형이 없이 전통적 경영혁신 과정 속에서 서비스 기업을 바라봄으로써 유효한 성과실현을 보이지 못하는 악순환이 반복된 것이다. 이러한 과정은 최근까지 이어진다고 보아야 할 것이다.

제조업에서 적용된 개선활동 방법과 도구들이 서비스 산업에 적용되는데 큰 무리가 있지는 않지만 제조 산업과 구분되는 서비스 산업의 독특성으로 인하여 개선에 대한 근법의 상이함을 이해할 필요가 있다.

서비스 기업의 독특한 구조로 인하여 기존의 품질관리 이론을 서비스 산업에 적용하기에는 부적합하다. 특히 소프트웨어적인 측면인 의식개혁, 리더십, 성과측정에 대한 섬세한 차이점을 고려해야 할 것이다. 본서에서는 이러한 부분들을 고려하여 효과적으로 서비스 산업에서 개선활동을 실행할 수 있도록 관리자들을 대상으로 지침을 제공하기 위한 목적으로 서술되었으며, 크게 3부로 나누어 접근하였다.

제1부에서는 관리자들을 지침을 제공하기 위한 목적으로 경영자들의 의지, 의식, 관리상황에서의 오류 등을 제시하고자 하였으며, 제2부에서는 조직 시스템에 대한 접근으로 다양한 기법 적용 시에 고려할 수 있는 오해와 한계를 극복하기 위한 방안을 제시하였다 마지막으로 제3부에서는 안정화된 종업원 관리와 시스템화를 위한 지침을 제시하고자 하였다. 그리고 본서에서는 소규모 서비스 기업을 제외한 대형 전문 서비스 기업뿐만 아니라 제조기업의 서비스 부분에 모두 적용될 수 있도록 구성되었다.

본서는 일선 기업의 관리자들과 함께 서비스 분야에 관심 있는 일반 독자들, 그리고 학부 및 대학원에서 서비스 운영관리와 서비스 마케팅 분야의 보조 자료로 활용될 수 있도록 구성하였다.

2014. 10.
저자

차례

PART 01

서비스 개선활동의 도입

경영자의 의식전환

Chapter 01

경영자의 지속적인 서비스 개선 독려에도 불구하고 상당수의 기업들에서 종업원들의 공감과 동참을 불러오지 못하고 있다. 과연 그 원인은 경영자에게 있는 것인가? 아니면 종업원에게 있는 것인가? 여러 가지 시행착오를 보이기는 하지만 성공적 서비스 개선노력을 실행중인 관리자에게 공통점을 찾을 수 있다.

효과적인 서비스개선 활동은 경영자의 구태를 벗어나기 위한 정신에서 시작될 것이다. 이러한 의미는 명령이나 외부에서 부여되어지는 것이 아니라 성실함과 같이 개개인의 정신적인 속성이 개선활동의 성공에 중요한 역할을 한다는 측면으로 이해할 수 있을 것이다. 일반적으로 기업의 경영자들은 해당 기업이 성공적으로 기업 활동을 수행하기 위해 고도의 정신력이 필요한 시기가 도래한다. 효과적 서비스 운영을 실행하기 위해서도 각 경영자는 스스로가 이러한 정신적 자세의 필요성에 믿음을 가져야 할 것이다. 바로 이것이 서비스 운영의 성공적인 수행에 필요한 첫 번째 단계인 것이다. 이러한 경영층의 변화 이후에 주위의 관계자들에게 이러한 의지를 표방하고 전파하는 것도 필요할 것이다.

그러나 아쉽게도 강력하게 정비된 정신자세를 이끌어낼 수 있는 어떠한 방법도 없다는 것이 현실적인 어려움이기도 하다. 따라서 여기에서는 가시적이고 효과적인 믿음을 조직 구성원들에게 제시할 수 있는 몇 가지 방안을 제시할 것이다.

경영자의 강력한 의지

대부분의 서비스 기업에서 원하지 않은 재무적, 비재무적 성과가 나타나면 우선적으로 경영층의 잘못을 지적하게 된다. 이러한 점은 일면 일리가 있으며 당연하다고 볼 수 있다. 즉 설득력 있는 주장임에는 분명하다. 대부분의 경영자들은 어설픈 관리 활동에 만족해하여 비판 없는 수용에 물들어 있다. 따라서 일각에서는 경영자들의 확고한 의식의 결여가 서비스 운영실패의 주요인이라고 말하고 있는 것이다. 가장 중요한 실패요인은 아니라고 하여도, 적어도 상위요인에는 속할 것이라고 보는 것이다.

그러나 기업의 규모를 막론하고 많은 경영자들은 효과적으로 실행된 서비스 관리 활동을 통해 그들 조직이 성공적으로 이끌어질 것이라고 생각하고 있다. 그들은 효과적 서비스 운영의 효과에 대한 확고한 의지를 가지고 있으며, 이러한 정신자세를 외부로 표방하는 방안들을 실제로 행하고 있다고 생각하고 있다. 그런데 그들의 의도와 행동에 대해 결과들이 의도대로 나타나고 있지 않다는데 문제가 있는 것이다.

이러한 경영자들의 공통된 면은 서비스 관리활동은 누군가에게 위임되고 위임해야만 할 것이고, 또한 이러한 위임을 통해서만이 활동이 원활하게 수행된다고 보고 있다. 이러한 상황에서 성공에의 의지를 가진 경영층은 그들에게 직접 보고를 해줄 수 있는 새로운 직책을 만들게 된다. 이러한 면은 그들의 서비스 수준 개선을 위한 확고한 의지를 대외적으로 표방하는 계기가 되며 이를 통하여 가장 중요한 기업의 사명에 서비스 개선과 효과적 운영이 있음을 보이게 되는 것이다.

이러한 경영자의 활동을 비난할 수는 없는 것이지만 사실상 조잡하고 책임 회피적인 결정이라고 보아야 할 것이다. 이러한 신규 직책의 존재는 의사결정의 범위가 넓어지는 결과를 초래하게 되며 이로 인하여 경영자 아래의 모든 조직 구성원들이 서비스 운영관련 활동에서 자연스럽게 제외되는 결과를 낳게 되는 것이다.

좋은 의도를 가지고 서비스 운영향상 프로그램 접근방법을 추구하려는 경영층의 시도는 서비스 관리자들을 선별하는 기준 설정에서부터 문제점을 보이는 경우가 있다. 다시 말하면 해당 기업의 현장에서 다양한 서비스 경험을 가지고 직접 임명되어 기업의 서비스 운영향상 프로그램에 핵심적인 역할을 수행하는 관리자들을 쉽게 찾기 어렵다는 것이다. 이러한 면은 서비스 운영에 대한 이해가 부족한 이유라고 평가된다.

위의 경우와는 반대로 서비스 운영을 전사적인 관심의 대상으로 보기도 하는데, 이러한 접근 방법의 약점은 집중화된 관련부서가 존재하지 않는다는 것이다. 이론적으로 보면 누구에게나 책임이 있다고 말을 할 수는 있어도 실제적으로는 어느 누구에게도 직접적인 책임을 물을 수 없는 것이다. 이러한 어려움들이 여러 기업에서 성공적으로 해결되고 있다고는 하지만 문제해결의 바탕은 강력한 경영자의 리더십에 의해서만 이루어져야 한다. 대체로 최고경영자나 관리자는 여러 가지의 분산된 업무가 있어 서비스 운영관련 활동들을 효과적으로 이끌어갈 수 없는 것이며, 이에 따라 리더십은 약화되는 경우가 다반사로 나타나고 있다.

이러한 관리상의 한계는 새로운 돌파구를 찾게 만드는데, 외부 컨설턴트들에 대한 기대감을 가지게 된다. 탁월한 컨설턴트가 기업외부에는 많이 활동하고 있는데 이들을 서비스 운영관련 활동의 첨병으로 내세우는 경우는, 서비스 담당 관리자들이 책임있는 활동을 함께 병행하는 경우에 기대한 효과를 얻을 수 있다. 이를 위해서는 추가의 투자가 이루어져야 하는데 결국 경영층들을 배제시키게 되는 문제점을 노출하게 되며, 이는 곧 이런 활동들을 기업외부의 사람들이 리더 하는 형태에서의 투자로 귀결될 우려가 있다.

많은 경영자들은 서비스 운영개선과 품질향상 관련 활동들의 전개에 대하여 피상적으로 인식을 하는 경향이 있다. 즉, 이러한 경영자들은 서비스 운영활동의 전개에 대한 중요성에 대하여 역설하고 있으나 형식적 관심의 표명뿐이라고 보아야 하며, 단지 활동에 필요한 자금의 지원, 조직 구성원들에 대한 독려를 유도하는 것에 지나지 않는다. 게다가 경영층은 이러한 피상적인 활동들이 모두 종결된 이후에 단지 재무적 성공여부에 대한 결과를 통하여 현재의 서비스 운영성과 상황을 파악하는 오류를 범하게 되는 것이다.

그들의 행동이나 혹은 그들의 시간이나 자원을 할애하는 양상으로 볼 때, 종업원들의 시각에서 비추어진 경영자의 모습은 이미 고객이나 공급업자로부터 멀어졌으며, 종업원들과도 거리감이 존재하고 있고, 서비스 운영결과에 대하여 이미 관심을 가지지 않는다고 보이게 된다. 이러한 까닭으로 서비스 운영관련활동에 몰입하는데 실패한 것으로 종업원이나 고객들에게 보이게 된다.

서비스 운영활동을 수행하는데 있어서 필요한 리더십을 성공적으로 전개하고 있는 경영자들도 앞에서 언급한 효과적이지 못한 관리자들처럼 여러 가지의 시행착오를 보이기도 한다. 그러나 리더십을 적절하게 표방하고 있는 경영자들은 그들의 말을 직접 행동으로 보인다는 점에서 차이가 있다. 이러한 경우에 그들은 다양한 형태의 몰입을 보이고 실행하고 있는 것이다. 몰입을 보이기 위한 몇 가지 단서들을 생각해볼 수 있다. 효과적으로 몰입하는 태도를 보일 수 있는 방안을 논의해보고자 한다.

❶ 종업원들에 대한 우호적 태도

내부 직원과의 우호적인 관계의 형성은 서비스 운영에 대한 강력한 의지를 표명할 수 있는 좋은 방안이 될 수 있다. 내부 직원들에게는 지속적 접촉이 이루어지고 있다는 점에서 가시적인 면뿐만 아니라 추가의 무엇인가가 표현되어져야만 한다. 현장 종업원들의 경우에 빈번한 경영자의 접촉은 일종의 두려움이 될 수 있으며 행동의 의도를 의심할 수도 있다. 즉 종업원들의 입장에서는 이러한 접촉을 통해 뭔가 조사하려 하는 것은 아닌가 하는 의심을 가지게 되는 것이며, 이로 인하여 상호간의 우호적인 관계의 형성은 악영향을 받는다고 볼 수 있다. 따라서 종업원들과 우호적인 상호관계를 유지할 수 있는 가장 좋은 방법은 정직함과 지속적 관계의 유지라고 할 수 있다.

❷ 고객과의 공동 생산

서비스 운영에 대하여 경영자가 가장 효과적으로 그들의 서비스 운영개선에 대한 의지와 실행을 대외에 표방할 수 있는 방안들 중의 한 가지는 전체 업무시간에서 고객들과 함께하는 시간을 늘리는 것이다. 서비스는 기본적으로 고객 참여에 의해 프로세스가 진행이 된다. 특히 대기업의 경우에 상당부분의 시간을 전략이나 재무적인 쟁점사항들에 투자하고 있는 경영자들과는 달리, 헌신적인 경영자들은 고객들과 공급업자들과 관계를 유지할 수 있는 쟁점사항들에 대하여 주의를 기울이고 많은 시간을 할애하고 있다. 여기에서 고객에는 단지 최종 소비자인 외부 고객과 자재와 부품 등을 납품하는 공급업체, 기업내부의 종업원들을 포함하는 내부고객도 함께 포함된다. 전통적인 적대적 관계 혹은 계약에 의한 관계로 공급업체와의 관계를 한정한다면 경영자의 의

지표명에 왜곡이 발생할 수 있다.

❸ 팀 활동에 대한 적극적 참여

서비스 운영에 대한 경영자의 열의를 가장 효과적으로 표명할 수 있는 방안은 가시적으로 교육, 훈련과 이와 관련된 팀이나 모임에 적극적인 참여를 보이는 것이다. 만약에 경영자가 교육 및 훈련 전 과정에 참여한다면 종업원들은 그 교육훈련의 중요성을 새삼 느끼게 될 것이다.

❹ 고객만족도와 서비스 운영성과, 재무적 결과에 대한 적극적 피드백

서비스 운영에 대한 경영자의 열정 정도를 파악할 수 있는 좋은 측도는 재무적 결과와 운영상의 결과를 포함하는 고객만족 수준과 서비스 운영에 대한 결과를 어느 정도로 진지하게 검토하는가이다. 대부분의 서비스를 포함한 기업들은 심각한 문제를 초래하는 상황이 발생하지 않으면 기업 운영과 관련된 문제점들을 검토하려고 하지 않는 경향이 있다. 하위의 종업원들뿐만 아니라 상위의 경영자들이 품질과 관련된 현안들에 대하여 지속적으로 관심을 가지게 될 때 강력하게 서비스 개선에 대한 열의를 대외적으로 표명할 수 있을 것이다.

❺ 서비스 개선활동을 위한 다양한 자원의 확보

종업원들이 파악할 수 있는 가장 가시적이며, 운영에의 열의 표현방법은 바로 자원의 확보와 관련되어 있다. 대부분의 기업들이 기업의 운영과 관련하여 경쟁력을 높인다는 의도로 간접비를 감소시키기 위한 노력을 경주하고 있다. 이러한 상황에서 다양한 서비스 활동에 대한 비용 부담을 고려하여 설비를 줄이려는 시도들이 진행이 되고 있다. 이러한 기업들에서는 교육훈련이나 팀 모임 역시 간접비를 상승시키는 요인으로 인식이 된다고 할 수 있다. 결론적으로 이는 잘못된 시각이며, 서비스 운영에 대한 적극적 의지를 가진 경영자라면 이러한 비용들을 장래를 위한 투자로 보아야 할 것이다.

열정적 경영자들의 모습

모든 경영자들이 원활한 서비스 운영활동을 지원하기 위하여 필요한 몇 가지의 활동이 있는데, 여기에서는 고객만족과 서비스 운영향상과 관련된 경영자들의 의지를 여러 형태의 조직에 표방하기 위해 몇 가지 지침을 제시할 수 있을 것이다.

❶ 서비스 품질과 관련된 기술의 적극적 습득

서비스 운영지향의 기업을 이끌고 있는 경영자들은 그러한 활동들을 수행하기 위하여 상당히 많은 훈련이 필요하다. 통상적으로 서비스 운영에 필요한 기술과 능력을 낮게 평가하여 이에 대한 교육의 실시에 대해서도 평가 절하하는 경향이 있다. 그러나 상당한 시간을 할애하여 종일 교육을 통해 서비스 운영능력을 배양한다는 취지에 반대 의견을 보이는 경영자들도 상당한 것이 사실이다. 대부분의 서비스 조직에서 고위 경영층이 교육에 일부러 시간을 할애하고 있는 모습을 확인하는 것은 그리 쉬운 일이 아니며 경영자가 교육 훈련이 반드시 참여하고 있다고 확신을 하는 것도 사실상 불가능한 것이다. 대부분의 경우에는 서비스 운영 개념이나 방법들에 대하여 하위 관리자들에게 교육하는데 일반적으로 연간 채 20시간을 쓰지 않을 것이다. 상위 경영층도 관리 매뉴얼을 참고하는 수준에 지나지 않을 것이다.

서비스 운영에 대한 관심이 기업문화로 성장하기 위해서는 이러한 교육 활동에 대한 시간 할애에 반전이 필요할 것이다. 경영자들이나 관리자들은 하위의 종업원들에 비하여 더욱 더 많은 지식과 시행방안들을 알고 있어야 하는 것이다. 따라서 경영자들은 서비스 운영에 대하여 상당히 깊이 있는 대화를 나눌 정도는 되어야 하는 것이다. 그들은 그러한 대화에서 얻은 결론과 교육에서 받은 이론들을 자신의 기업에 적용할 수 있어야 하는 것이다.

교육 훈련의 변화는 상당히 훌륭한 시작이라고 할 수는 있으나 이것만으로는 충분하다고 할 수 없다. 서비스 운영에 대한 실행을 확고히 하기 위해서 관련된 모임에 능동적으로 참여해야만 할 것이다. 기업입장에서는 서비스 운영활동들을 조정할 수 있는 기구를 구성할 필요도 있을 것이다. 이러한 기구들이 효과적으로 수행되어지기 위해서는 하위 단계의 관리자들이나경영진의 적극적인 참여가 필요한 것이다.

❷ 경영층 요구를 반영한 교육 프로그램의 실행

경영진에 대한 교육의 필요성은 일반 종업원들의 필요성과는 차이가 있으며 만약에 모든 구성원에 대해 동일한 교육 프로그램을 운영한다면 서비스 운영은 실패로 돌아가는 것이다. 경영진들을 교육하기 위한 프로그램은 경영진에 따라서 어느 정도는 변해져야 하는 것이다. 이의 핵심은 서비스 운영을 수행하는데 있어 임무와 책임에 맞추어져야 하는 것이다. 경영진들을 위한 교육 프로그램에서는 서비스 운영활동을 위한 인프라구조, 경영진의 임무, 다양한 구성원들과의 접촉 방법, 관리와 교육의 시간 할당법, 리더십 관련 교육, 관리자와 하위 직원들의 활동을 지원하기 위한 기법의 교육을 다루고 있어야 한다.

❸ 적극적 교육의 실시

서비스 운영에 관련된 훈련이나 교육은 모든 수준의 관리자들이 참여할 필요가 있는 첫 번째 단계라고 할 수 있다. 그리고 그 다음 단계는 서비스 운영을 적용하는데 있어 밀착 교육을 실시하는 것이다. 이러한 접근 방법은 기존의 교육방법과는 차이가 있으며 상당히 색다른 형태라고 할 수 있다. 기존 방식에서의 관리는 지시하고 감시하고 종업원의 성과에 대하여 통제를 가하는 것으로 인식되어 왔다. 이에 반하여 새로운 접근 방법은 종업원들에게 사기를 고취시키고 그들을 이끌며 그들 자신이 의사결정을 할 수 있고 그들의 문제를 스스로 해결할 수 있도록 힘을 북돋아주는 것이다.

이러한 새로운 스타일을 현장의 경영에서 실행하기 위해서는 이론적 교육 이상의 것을 필요로 한다. 그것은 종업원 각자에게 도움을 줄 수 있어야 하고 각자의 행동 변화를 피드백하는 과정이 필요하다. 서비스 운영의 필요성과 중요성을 인지하고 있는 관리자들, 그들의 확고한 의지를 표방하려는 관리자, 이 책과 같은 책을 읽었다는 것을 과시하고 싶은 관리자, 혹은 실행교육 코스 중에 있는 관리자들 모두가 이러한 행동의 변화에 대해서는 무지하다고 할 수 있다. 그러한 변화는 이미 성공적으로 변화과정을 겪은 관리자에게서 서비스 운영과 어울리지 않은 부분에 대한 지적을 받거나 대안들에 대하여 제안을 받는 등의 교육을 받게 될 때 더욱 가속화될 수 있는 것이다.

서비스 운영 교육 실시는 서비스 운영에 대하여 해박한 지식을 가지고 있고 경영자들을 교육하거나 컨설팅할 수 있는 기법이나 기술을 보유하고 있는 사외의 컨설턴트나 사내 전문가가 맡는 것이 보통이다. 제조기업의 경우에도 전문 서비스 기업과 다르지 않게 서비스 부분에 대한 교육을 실시하고 있다. 대부분의 교육과정은 강의실 교육과 현장 교육을 구분하여 진행하고 있다. 특히 최근에는 현장교육의 중요성을 고려하여 이에 대한 교육 분량을 증가시키고 있는 추세이다. 이러한 교육시간의 구성과 강사진의 구색은 성과측면에서 탁월하지만 이러한 교육 패턴을 경영층에 적용한다는 것은 한계가 있다.

이러한 문제를 해결하는 방법은 외부의 전문 컨설턴트를 이용하는 방법이다. 대부분 이러한 외부의 컨설턴트들은 경영자의 입장에서는 자사 내부의 전문가들보다 더 신뢰감을 준다고 생각하고 있다. 그러나 이러한 경우 높은 비용을 각오해야 하며, 경영자들을 교육하는데 있어 회사 내부에 늘 위치해 있지 못한다는데 한계가 있다. 대부분의 기업체 조직에서 가장 최선의 교육자 선임 방법은 사내의 전문가와 사외의 컨설턴트들을 병행하여 활용하는 것이다.

❹ 정성적 평가에의 관심

일선 기업들은 재무적 성과에 지나치게 높은 관심을 보이는 경향이 있는데 이와 동등한 수준으로 서비스 운영과 고객만족을 고려한다는 것은 서비스 운영에 대한 경영자와 종업원간의 참여의식을 형성하는데 있어 장기적이며 강력한 효과가 있다. 경영자가 그러한 자료에 관심을 가질 때 조직 내의 관리자들에게 서비스 운영의 측면이 상위의 관심 대상으로 부각될 수 있을 것이다.

대부분의 기업에서 경영자들은 월간이나 매주 정기적인 의사결정 관련 미팅을 하고 있다. 자주 토론의 주제로 선정되는 것은 기업성과에 대한 검토와 기업의 생산물, 서비스 혹은 운용 시스템과 관련된 가장 핵심적인 쟁점사항들 이라고 할 수 있다. 이러한 모임에서 제시되는 자료들은 일반적으로 매출액과 운영비용 등을 포함한 재무적인 자료들이거나 생산량이나 재고 순환, 혹은 생산성 등을 포함하는 기업현장의 운영 결과들이라고 할 수 있다. 이 세 번째 실행방안에서 필수적인 고려대상으로 포함해야할 자료는 서비스 운영 및 고객만족에 관한 자료라고 할 수 있다.

서비스 운영성과에 대한 자료는 결점이나 서비스 실패와 관련된 세부사항에 대한 내부 자료들이 포함되어져야 한다. 고객만족에 대한 자료들은 고객들로부터 수집된 다양한 형태의 자료들이 포함되어져야 하는데, 소비자 조사나 소비자들에 대한 인터뷰를 통하여 고객들이 필요로 하는 서비스 운영이나 서비스를 도출하기 위하여 설계되어진 자료와 함께 소비자들의 구매 행위와 관련된 자료들을 망라하고 있어야 한다.

❺ 고객 만족 수준에 대한 평가

관리자들의 기업 운영과 관련된 모임에서 서비스 운영이나 고객만족에 대한 자료를 바탕으로 토론이 이루어진다는 것은 적어도 하나의 시사점을 가지고 있다. 이 경우에 제시된 자료에 대하여 대부분의 관리자들은 직접적인 책임을 지려고 하지 않는다는 것이다. 만약에 자사의 서비스 운영성과가 극히 나쁘거나 고객들이 제시된 서비스에 만족하지 못하고 있는 경우에 재무, 법률, 구매, 인사, 마케팅, 계획부서 혹은 그 외의 지원부서 관리자들은 책임을 지지 않는다. 그렇기 때문에 경영자가 내부 종업원들의 자사 운영에 대한 만족 수준에 대하여 각각의 지원부서의 관리자들에게 자료의 제출을 요구하는 것은 아주 중요한 일이라고 할 수 있다.

일반적으로 기업 내에서는 하위의 종업원들 입장에서는 경영자가 검토하려고 하는 문제에 대하여 관심을 가지게 되는 것이 일반적이다. 경영자 혹은 관리자가 서비스 운영이나 고객 만족에 대한 자료를 알아보려고 할 경우에 조직 내의 모든 관리자들은 이러한 측정치들에 대하여 즉각적인 관심을 가지게 된다. 이와 같은 일들을 일회성으로 보이기는 쉬울지 몰라도 지속적으로 보이는 것은 상대적으로 어려운 일이 되는 것이다.

❻ 적절한 목표의 설정

최근 들어 조직내부에 새로운 목표의식 고취를 위한 다양한 프로그램들이 속속 등장하고 있다. 이러한 프로그램들의 목적은 종업원들에게 임무를 행할 때 전혀 새로운 방법을 시행해 보도록 고무시키는 것이며 임무를 달성하는 데 있어서 공정의 변화도 꾀하도록 시도해 보도록 하는 것이다. 글로벌 기업이나 다른 기업의 벤치마크가 되고 있는 기업들도 다양한 혁신 프로그램의 이름으로 목표를 설정, 운영하고 있다. 이러한 임무를 수행하기 위하여 각 기업은 구체적 실행방안을 함께 구축하고 있다. 예를 들어 6시그마 프로그램을 실행하는 경우, 결과물의 백만 단위의 서비스 실행 기회에서 3.4개 이하의 결함만을 보여야 하는 것이다.

이러한 구체적 목표수준은 경쟁기업에 대한 분석결과와 자사의 능력을 바탕으로 결정되어진 것이다. 바로 이러한 것이 분석 가능한 자료에 기초한 목표 설정과 실행의 올바른 방법이 된다.

구체적 목표의 전개는 상당히 유용할 수 있으며 가끔은 놀라운 결과를 얻을 수 있도록 동기부여를 하기도 한다. 그러나 성공적으로 실행된 6시그마 프로그램에서와 같이 반드시 피드백은 결과에 기초해야만 한다는 것이 중요하다. 만약에 종업원들이 비실현적인 목표를 받게 되면 그들은 화를 내거나 그 임무를 수행하는 것을 포기하게 될 것이다.

경영자는 단지 그들의 기업이 선호하고 있는 접근법이라고 하여 단순히 다른 기업의 접근법을 도용하는 것은 피해야 할 것이다. 아마도 일선 기업에서 "Six Sigma" 프로그램을 실행하고 있다면 대단한 자부심을 가지고 있을 것이다. "Six Sigma가 무엇을 뜻하는가?" 하는 질문을 받았을 때 그들 경영자들은 백만 단위의 생산물중 3.4개의 결함율을 기록하도록 하는 방법이라고 설명할 것이다. 그러나 바로 뒤이어 발생되어지는 문제점은 실제로 그들 기업이 백만 단위당 수백 단위의 결함을 생산하고 있다는 것이다. 이러한 경우는 단지 기존 성공기업에 대한 답습으로 목표가 설정된 것이며 그럴싸하게 들리므로 Six Sigma 프로그램을 자신의 기업에 채택하게 되는 것이다. 자신의 기업이나 상품에 적합한 것인가를 깊게 고려하지 않고 의사결정을 내리는 것이다. 기업에 도움을 주지 않는 목표설정은 의미가 없는 것이다.

❼ 서비스 운영 활동에 대한 종업원들과 소통

과거 국내에서 큰 인기를 끌었던 MBO 즉, 목표에 의한 관리는 구태의연한 것이 되고 말았다. 현장 일선의 라인조직에 의한 '현장 관리'가 과거의 관리 기법을 대신하고 있다. 성공적인 기업들은 관리자가 기업의 실제적인 작업이 이루어지는 현장에서 꽤 많은 시간을 보내고 있다면 더욱 효과적이 될 것이라는 것을 알게 된 것이다. 종업원들과 더불어 시간을 보내는 것과 서비스 운영

향상을 위하여 안건을 제시하는 등의 활동 등은 경영자의 의지를 외부에 적극적으로 표방할 수 있는 좋은 방법이다.

이러한 측면에서 유능한 경영자들은 실제적으로 관리하고 있는 다양한 작업장을 둘러보는데 상당히 많은 시간을 할애하고 있다. 그러한 작업장에서 현장의 종업원들과 서비스 개선 노력에 대해 이런저런 얘기를 나누는 것이다. 그들이야말로 현재의 실적 결과를 통하여 밝혀진 문제점들을 정확히 알고 있으며 성과에 대해 기탄없이 토의할 수 있는 대상인 것이다. 그들은 현장의 종업원들이 안고 있는 근본문제를 풀 수 있는 대책들에 대해 가장 중요한 정보를 가지고 있다고 보아야 한다. 그리고 그들은 향후 발생할 예상 결과에 대한 물음을 던지기도 한다. 이를테면 "어떻게 행했기에 이렇게 되었소?"이다.

경영자들은 종업원들이 의문점이나 질문 사항들에 대하여 올바른 대책이나 답변을 하지 못한다고 공포심을 주거나 자기 자신을 격하시키지 않도록 배려해야 할 것이다. 경영자들이 만들어야 할 대화의 분위기는 종업원들이 그들의 서비스 운영향상 계획들에 대하여 설명할 수 있는 기회를 가질 수 있고, 그러한 기회들을 통해 경영자들이 종업원들의 노력에 대하여 격려할 수 있는 자리가 되도록 유도해야 할 것이다.

이러한 접근방법은 일부 상황에서 상당히 효과적일 것이며, 또 다른 상황에서는 현장을 직접 둘러보는 관리 형태를 취함으로서 현장의 불만족한 결과를 무마할 수 있는 것이다.

❽ 치밀하며 구체적인 방문 계획의 수립

일부 경영자들은 단편적인 경영지식을 바탕으로 서비스 공정이라든지 고객과의 서비스 현장을 수시로 방문하여 점검하곤 한다. 그러나 이러한 경우에 경영이론에 입각해 행동을 하는데도 불구하고 기대한 결과들이 생겨나지 않는 이유를 의아해하게 된다. 그 이유는 종업원들이 이미 그러한 의도를 파악해버렸기 때문에 다음부터는 관리자의 의도는 종업원들에게서 큰 효과를 보지 못하게 된 것이다.

이러한 상황들은 경영자가 앞에서 말한 의도 이외의 것을 가지고 현장에 가거나 현장에서 우연히 어떤 사항을 발견하거나 누군가와 대화 속에서 그러한 것들을 발견했을 경우라고 할 수 있다. 종업원들에게 있어서 경영자들이 단순히 순찰을 목적으로 돌아다닌다고 보이지 말아야 하고 현장 서비스 향상 노력에 대하여 모든 종업원들과 애기를 나눌 수 있어야 한다.

종업원에 대한 접근 태도

종업원들과의 관계를 형성함에 있어 공감을 유도할 수 있도록 접근해야 하며 자연스러운 기회를 통해 접근이 이루어져야만 할 것인데, 종업원들이 억지로 성실한 척 태도를 취하도록 유도해서는 안될 것이다. 만약에 관심이나 업무에 대한 열정이 본의가 아니라 강요에 의한 것이었다면, 종업원들은 그러한 것들을 간파하고 경영자들을 믿지 않고 그들의 존재 자체도 의심스러워 할 것이다. 믿음이라고 하는 것은 단시간 내에 생겨나는 것이 아니라 장시간에 걸쳐서 누적되어진 결과물이라고 할 수 있다. 종업원들이 생각하기에 실수를 저지른 누군가를 나무라기 위해서가 아니라 경영자들이 관심이 있기 때문에 현장에 온다는 것을 인식하기까지는 상당히 많은 시간이 소요된다는 것을 경영진을 알고 있어야 한다.

❶ 긍정적인 피드백

서비스 현장에 관리자가 등장한다는 것은 누군가는 곤란한 처지에 놓여있을 것이라고 상당수의 종업원들은 생각하고 있다. 그만큼 종업원과 경영자가 한곳에 위치한다는 점이 종업원에게는 부담이 되는 것이다. 이와 같은 태도는 경영자가 가능한 모든 종업원들과 우호적인 상호관계를 형성할 때 반대의 양상으로 나타난다고 할 수 있다. 예를 들어 성과 평가의 경우에 최고경영자는 비록 별것이 아닐지라도 혹은 목표에 못 미치더라도 종업원들의 노력에 대하여 치하하는 태도를 가져야 하는 것이다. 아주 단순하고 건설적인 피드백이라도 종업원에게 긍정적 태도를 유발할 수 있지 못하다면 장기적으로 좋지 않은 결과를 낳게 된다. 이렇게 되면 현장의 종업원들은 경영자의 방문을 두려워하게 되고, 그들이 경영자들의 다음 표적이 되는 것이 아닌가를 걱정하게 되는 것이다.

❷ 현장중심의 서비스 개선 노력이 필요

현장 내에서의 문제점과 기회를 파악하고 중요한 성과 측정치를 향상시키는 활동을 하고 있는 경영자들에 대한 예는 주위에서 어렵지 않게 찾을 수 있다. 오랜 시간 동안 회자된다는 점에 대해서 자신들마저도 놀라게 된다. 모토롤라사의 서비스 개선 분야의 예를 들어보도록 하자. 그곳에서는 어떻게 서비스 운영이 전체 기업의 역량 향상과 재무 역량의 강화와 관련성을 가지는지 정확히 알지를 못했기 때문에 애초에 서비스 개선활동을 실행하는데 소홀했다고 할 수 있다. 그러나 다른 부서의 경영자들의 설득과 재촉에 의해서 그것을 실행해 보기로 마음을 먹었다. 그들은 월말이면 상당한 잔업을 일으키고 스태프들에게 스트레스를 주는 재무부서 내에서의 골치 아픈 문제점에 대해 서비스 품질향상을 위한 기법을 적극적으로 적용하여 긍정적 성과를 실현할 수 있었다. 업무의 단순화가 이루어진 것이다. 이제 잔업은 더 이상 필요가 없게 되었으며 과거의 절반 정도의 시간이 소요되었고 업무와 관련된 곤란했던 상황들이 사라지게 된 것이다.

❸ 적절한 지원의 실행

선도적 기업의 경영자들은 품질개선 특히 현장에서의 서비스 품질개선을 위한 분야에 대한 자금지원에 대해서는 필요성을 공감하고 실행에 주저하지 않는 편이다. 금전적인 면뿐만 아니라 시간적인 측면에 있어서도 개선활동에 대한 비용은 상당히 높다고 할 수 있으며, 그 성과는 투자된 원가들에 비하여 훨씬 높다고 할 수 있다. 서비스 운영에 자금을 투자한 거의 모든 기업들은 실제로 서비스 운영개선에 소요되는 비용보다도 더욱 더 많은 수익을 실현한다는 것을 확인하고 테스트하여 이러한 투자가 현명했다는 것을 증명해 보이고 있다.

경영자들이 실제의 투자비용에 대한 확실한 회수 방안 즉 수익실현의 방법을 제시하지 않았는데도 자금을 투입한다는 것은 잘못된 의사결점임을 알아야 한다. 이에도 불구하고 상당히 많은 기업에서 이러한 확실한 회수방안에 대한 파악 없이 자금투입이 이루어지고 있다. 대부분은 비용이 얼마가 소요될 것인가를 알고 있으나 그 기업이 그러한 활동으로 실제적인 효과를 볼 것인가를 알고 있는 사람은 거의 없다고 할 수 있다. 이는 그 결과를 정량화할 수 없기 때문이라고 할 수 있다. 예를 들어서 만약에 고객의 만족도가 과거에 비해 10점 만점에 3점이 올랐다면 그 기업에 있어서 증가된 가치는 무엇이겠는가? 따라서 미래 잠재된 고객들의 소비 행태를 예측하기 위한 시도는 가치의 증가분에 대한 적절한 측정방법이 될 것이다.

서비스 운영 향상활동에 있어서 가장 중요한 요소는 자금, 시간 그리고 인력이라고 할 수 있다. 이러한 자원을 할당할 때 서비스 개선활동은 단순히 일시적 프로그램이나 매년 한 번쯤 실시하는 것이 아니라는 것을 상기할 필요가 있다. 안정적인 서비스 개선은 수년간의 시간이 요구되는 광범위한 조직 문화와 조직 운영의 변화라고 할 수 있다.

이 부분에 경영자들이 가장 많이 저지르는 실수는 색다르게 접근하여 업무를 수행함으로서 목표가 실행될 수 있을 것이라고 믿는 것이다. 혹은 짧은 시간동안, 적은 비용으로, 추가적인 인력의 충원 없이 그러한 일들이 수행될 수 있지 않을까를 기대하고 있다는 것이다. 대답은 절대로 그럴 수가 없다는 것이다. 서비스 개선을 위해서는 수행하기 위한 근원적인 자원을 필요로 하고 있으며 이러한 각 자원이 각각 얼마나 소요될 것인가를 알려주는 일반화된 규칙이 존재하지도 않는다. 그러나 이를 성공적으로 수행한 기업의 경영자들과의 대화를 통하여 일종의 통찰력은 얻을 수 있을 것이다. 그들이 어떠한 종류의 자원을 투하하였는지 그리고 만약에 그들이 충분하게 자원을 할애했는지를 알아보는 것이 중요하다. 그리고 또한 대부분의 경우에 투자된 비용이 적지 않다는 것과 그에 따르는 이윤도 높다는 것을 발견하게 될 것이다.

④ 미래를 보는 식견이 필요

대부분의 경영자들에게 있어서, 서비스 운영과 관련된 활동에 자신의 업무시간을 할당한다는 것은 자금이나 필요인력을 단순히 투입하는 것에 비하여 상대적으로 더욱 어렵다고 보아야 한다. 비록 이러한 어려움이 분명하다고 하여도 서비스 개선을 위한 노력에 시간을 할애한다는 것은 자금이나 인력의 할당에 비하여 더욱 더 혹은 동등한 수준의 중요성을 가지고 있는 것이다.

일단 시간을 할애할 경우에도 구체적으로 얼마의 시간을 할애해야 하는가를 알고 있지는 못하지만, 대부분의 경우는 그들이 생각하는 이상의 정도라고 할 수 있다. 대부분의 경영자들은 하루에 1시간이라도 팀 활동이라든지 계획을 수립한다든지 종업원들이 참여할 수 있는 조직을 구축하는 등의 서비스 운영 향상 활동에 시간을 할애한다면 그들의 서비스 개선을 위한 의지를 충분히 보이고 있는 것이라고 생각하고 있다. 그렇지만 이것만으로 충분하다고 생각한다면 큰 오산이다.

이러한 점도 훌륭한 시작이라고 할 수 있기는 하지만, 이 정도로는 부족한 것이다. 우수한 성과를 실현하며 서비스 품질이 조직문화화 되어있는 조직에서는 경영진의 적극적 시간 할애가 보편적이다. 아니 대부분의 시간을 서비스 개선에 할애하고 있음을 알아야 할 것이다. 이러한 활동으로는 종업원과의 대화, 관련 의사결정, 훈련과 팀 활동, 회의 주제가 포함된 시간이다.

성과중심의 운영 피드백

서비스 운영은 단순히 서비스 과정을 측정하고 이를 향상하는 것 이상의 내용을 포함하고 있다. 이는 기업을 운영하는데 있어서의 다양한 측면들을 측정하고 향상한다는 것을 의미하고 있는 것이다. 측정대상은 다음을 포함하고 있다.

- 재무적 측정치financial measures
- 운영 성과 측정치operational measures
- 종업원 만족도의 측정치employee satisfaction measures
- 고객 만족도의 측정치customer satisfaction measures

여기에서 획득된 자료들은 이들을 사용된 측정도구 만큼이나 정확한 것이어야 한다. 진부한 측정도구라든지 설비를 활용하는 경우에는 경영자가 잘못된 결정을 내릴 수도 있는 정확하지 않은 결과를 제시하게 될 수도 있다. 서비스 운영의 가장 큰 특징이라고 할 수 있는 것은 성과를 정확하게 파악할 수 있는 정확한 자료를 활용해야한다는 것이고, 이를 통하여 의사결정에 도움을 줄 수 있어야 한다. 사실상 성과에 대한 모든 중요한 측면들은 성과의 향상을 위해서 필수적인 사항이라고 할 수 있다.

성과측정과 관련하여 가장 중요한 기술적인 발전은 구조적인 특징들을 파악할 수 있는 서비스 운영성과 측정 도구의 개발에 있다고 할 수 있다. 이에 대한 경영자들의 한가지의 책임사항이라고 할 수 있는 것은 최신의 그리고 가장 뛰어난 측정도구들을 원만하게 활용할 수 있는 기업구조를 구축하는 것이다.

이러한 측정도구를 활용하는데 있어서 가장 관심을 기울여야 할 사항은 고객 요구와 그들의 필요한 부분을 중심으로 하는 측정에 바탕을 두고 이루어져야만 한다는 것이다. 고객들에게 가장 중요한 요소를 측정하기 위한 도구들이 최우선의 관심대상으로 고려가 되어야 하는 것이다. 여기에서 서비스 운영을 실행하는 경우에 주의해야 할 사항은 제조 기업에서 제조부문에서만, 혹은 서비스 기업에서 서비스가 이루어지는 부문에 대해서만 성과의 측정 대상으로 고려되지 말아야 한다는 것이다. 제조와 서비스 모든 부분에서 중복되는 업무가 이루어지고 있으며 따라서 배타적인 자료수집이 이루어져서는 안 될 것이다. 훌륭한 측정 시스템을 어떻게 설계하고 각 부서에서 관련 자료들을 어떻게 수집할 것인가에 대해서 깊이 있는 논의가 필요한 이유이다.

경영자가 강력한 의지를 표명하는데 있어 가장 중요한 요소는 올바른 활동들에 시간을 할애하는 것이라고 할 수 있다. 어떻게 경영자가 시간을 할애할 것인가에 대한 변화를 시도하기 전에 현재 어떻게 시간을 소모하고 있는지 면밀하게 고찰할 필요가 있다는 의미이다.

경영자의 입장에서 볼 때 그는 서비스 운영활동에 중요한 임무를 수행하고 있으며, 특히 확고한 의지를 표방하고자 하는 태도의 설정이 중요하다. 그러나 대부분의 경우에 그러지 못하여 비효과적인 접근방법을 행하고 있는 것이다. 이 장에서 우리는 이러한 옳지 않는 활동을 파악할 수 있었으며 경영자들이 서비스 운영을 시행하면서 의사합의를 위하여 꼭 필요한 많은 활동들을 제시하고 있다.

이러한 활동들을 성공적으로 수행하기 위하여 그들의 개별적인 스타일에 어울리는 전략을 개발하는 것이 필요하다. 대부분의 경우에 경영활동이나 의사결정 과정의 상당한 변화를 의미하기는 하지만 그 결과로 볼 때 충분히 노력해볼만 한 것이다. 경영자들은 서비스 운영활동을 실행하는데 있어서 피동적으로 대세大勢에 휩싸이기 보다는 능동적으로 서비스 운영관리 활동을 행하는 자신을 찾을 수 있어야 하는 것이다.

서비스 개선 실행시기

Chapter 02

언제 서비스 개선활동이 시작되어야 할 것인가를 판단하는 것은 서비스 개선의 효과성을 높이는 가장 중요한 첫걸음이 될 수 있다. 복잡한 사전검토로 적절한 실행시기를 놓친다면 그 여파는 전체 개선노력을 물거품으로 만들 수 있기 때문이다.

새롭게 사업을 시행하는 경우에 제조업을 포함하여 어느 업종이라도 서비스 부분은 반드시 포함된다. 이때 고객만족과 서비스 개선 초점이 맞추어진 일종의 시스템 형태로 서비스 운영이 기업 전체에 반영된다. 사양기斜陽期에 접어든 기업의 경우에도 탁월한 회복을 위하여 서비스 운영을 이용하기도 한다. 재정적인 압박으로 위험을 받고 있는 기업의 경우에도 서비스 운영의 활용으로, 고객만족도의 향상과 재정적인 성공을 이룰 수 있는 대규모 기업 시스템의 변화와 기업 문화의 변화를 가능하게 할 수 있다.

신규로 사업을 개시한 기업의 경우와 사양기에 접어든 기업들에서 일정 수준의 서비스 개선 운영 도입에 따른 성공확률이 가장 크다고 보는 것이 일반적이다. 이에 비하여 경쟁이 치열한 시장에서 성숙단계에 접어든 기업의 경우에는 그들 스스로 성공적인 성과를 실현해왔고, 기초가 잘 구축되었고 안정적이며, 재무적으로 안정적인 기업이라고 인식하고 있어 서비스 운영을 통한 획기적 변화를 도모하기는 사실상 힘들다고 할 수 있다. 여기에서는 서비스 운영을 성공으로 이끌기 위하여 조직 내에서 필요한 성공요인들을 살펴보고 이러한 성공을 위하여 시의적절한 서비스 운영프로그램의 활용을 위한 계획 설정방법에 대하여 알아보고자 한다.

시작의 중요성

사실상 지난 10여 년 간 국내외 수많은 기업들이 서비스의 중요성을 인식하고 이에 대한 다양한 프로그램을 시행하려고 노력하였다. 이들 개별 기업의 경우에 서비스 개선과 운영을 시행하는데 있어서의 저변에 깔리는 공통적인 환경적인 요소가 있으며 실행 시기를 판단하게 하는 요소가 있다. 기업문화의 변천이 급진적이지 않게 진행되든 그렇지 않든, 혹은 그것이 성공하든 그렇지 않든 간에 그러한 요소들은 서비스 운영의 시행 유무와 시기에 영향을 미치는 환경과 관련이 되어 있다고 할 수 있다. 아래의 논의에서 성공적인 서비스 운영 시행에 부정적인 영향을 미칠 수 있는 요인들에 관하여 논하려고 한다.

시기선정의 오류

서비스 운영 개선을 시작하려고 하는 기업들의 대부분이 의문시하고 있는 점은 한마디로 왜 기업 활동에서 서비스 운영 개선을 해야만 하는가이다. 이에 대한 대답으로 약간의 차이가 있다 하더라도 서비스 운영 개선을 시작하는 의미를 잘못 인식하는 경우가 대부분이다. 예를 들어 많은 기업들은 그들 기업의 고객들이 서비스 개선의 시행을 바라고 있기 때문에 이를 시행하고 있다고 한다. 또 어떤 기업들은 경쟁기업보다는 우위를 점할 수 있는 계기로서 남들에게 인정받기 위해서 이를 시행하고 있으며, 또 타 경쟁사들이 그들을 능가할 수 있는 계기를 사전에 제거하기 위하여 이를 시행하기도 한다고 얘기한다. 그 외 기업의 경우에도 서비스 운영관련 경영학 관련 서적을 읽었거나 강연을 들었거나, 그것이 뛰어나다고 생각하는 최고 경영자에 의해 시행되고 있는 것이 현실이다.

단순히 고객들을 만족시키거나 경쟁력을 강화하기 위하여 혹은 조직 내 대수 의견을 따르기 위해서 서비스 개선 활동을 시작하는 것은 잘못된 계기를 가지고 실행한다고 보아야 할 것이다. 이는 단순히 교과서적 견지를 가지고 접근하는 것이다. 서비스 개선을 시행하는데 있어서 가장 올바른 계기라고 할 수 있는 것은 조직의 모든 부문에 대한 실제적 성과의 향상이 되어야 할 것이다. 그 모든 부문은 바로 재무적 성과, 고객 만족도, 그리고 종업원 만족도 등을 포함하는 것이다. 무엇보다도 지표로써 측정 가능한 것이어야 한다.

서비스 개선을 위한 접근

전사적 입장에서 서비스 개선을 통한 성과의 향상을 꾀하는 기업들은 개선활동이 좋은 성과를 줄 것이라는 것을 확신하고 실행하게 된다. 일부 기업들은 서비스 개선이 가져올 효과에 대한 환상을 가지기도 한다. 예를 들어 외부의 컨설턴트를 통해 서비스 개선을 꾀하고자 하는 기업이 있다고 하자. 이 경우에 대부분의 기업들이 공통적으로 가지는 문제점은 누군가에 의해 실행된 것으로 보이는 획일적, 보편화된 프로그램을 실행하고 있다는 것이다. 이러한 경향은 외부 컨설턴트를 이용하는 경우에 더욱 보편적으로 일어나는 현상이다. 따라서 기업의 입장에서는 흥미롭게 서비스 개선활동을 시행하는데 한계를 가지게 된다. 즉 단순히 마케팅 추진책으로서 외부에 알리기 위한 목적의 서비스 개선만 이루어지게 되는 결과가 나타나게 되며 컨설턴트의 능력을 과신하게 되는 결과가 초래된다. 각 기업의 상황에 맞은 선별적이며 고객화된 접근이 이루어지는 경우는 드물게 되고, 대부분의 기업들은 이를 시행하는데 있어서 뭔가 지름길을 찾거나 혹은 비용의 최소화나 노력을 절감할 수 있는 기법들을 바라고 있는데 이는 기대하기 어려운 것이 사실이다. 이러한 기업들에 있어서 서비스 개선활동은 의도한 결과를 내는데 실패하기 마련이다. 서비스 운영은 장기적인 프로그램이며 노력이나 자금의 집중적인 투자가 필요하고 그 어떤 지름길도 존재하지 않는다고 보아야 한다.

대부분의 서비스 관리와 관련된 개념들이나 기법들은 매우 간단하며 이해하기 쉬운 것들이다. 따라서 왜 서비스 개선 노력을 시행하는데 있어서 그렇게도 많은 비용이 소요되는지에 대하여 의아해 하는 경우가 많다. 대부분의 경우에 필요한 요구사항으로 적절한 훈련 프로그램과 서비스 개선 위원회, 몇몇의 팀조직 그리고 몇 가지의 사전 조사와 벤치마킹 교육 정도면 충분하다고 생각하고 있다. 결국은 실행 시기에 대한 잘못은 서비스 개선 활동실행에 따른 충격을 전혀 인식하고 있지 못하거나 잘못 이해하고 있는 기업에서 발생하는 것이라고 할 수 있다. 이러한 경향은 성숙기에 접어든 기업일수록 더욱 뚜렷하게 나타나는 경향이다.

단언할 수 있는데, 이들 기업이 늘 성공적일 것이라고 생각되어지지만 실은 최고의 시장 점유율을 보유하고 있는 경쟁기업과는 달리 언제나 추격자에 불과할 것이다. 서비스 개선 활동을 실행할 수밖에 없는 것은 서서히 잃고 있는 시장 점유율과 이를 이미 인식하고 있는 일부의 바람 때문이라고 할 수 있다. 경영자는 서비스 개선 프로그램을 시행하려고 하나 추가적인 자금이나 시간의 투입 없이, 단기간에 이의 완성을 바랬던 것이다. 경영자는 개선활동의 실행이 기업의 변화를 유도할 수 있을 것으로 보았으며 고객만족 측정 활동도 더욱 자주 실행될 것으로 기대하였다.

상당수의 기업들이 서비스 개선활동의 시행에 두려움을 가지고 있음에도 불구하고 실제로 적지 않은 유무형의 자원을 투자하고 있다. 그러나 아직도 투자가 부족한 실정이며 실행 시기도 다소 늦은 감이 있다. 오늘날의 선도적인 기업들은 서비스 개선과 운영의 탁월함이 기업의 핵심역량이 되고 있으며 이들 기업의 서비스 개선은 이미 오래전부터 시작된 것이다.

성공적 실행을 위함 지침

적절한 준비를 통해 적절한 시기에 이루어진다면 기업이 성공적으로 서비스 개선활동을 수행할 수 있을 가능성은 실패할 경우에 비하여 훨씬 높다고 보아야 한다. 그럼에도 불구하고 경험적으로 볼 때 서비스 운영을 실행하고 있는 전체 기업 중 상당수는 추구했던 성과를 이루지 못하고 실패하거나 중도에 그만두는 것으로 알려져 있다. 그러나 이의 성공에 가장 크게 영향을 미치는 요소들에 대하여 잘 알고 있는 기업은 중요 요소들을 반영하거나 변화시킬 수 있을 것이다. 아래에서는 이들 중에서 몇 가지의 요소를 살펴보고자 한다.

❶ 위협

서비스 개선활동의 성공적인 실행을 위하여 꼭 필요한 요소들 가운데서 기업이 처한 위협에 대한 인식을 들 수 있다. 만약에 사업이 잘 되고 고객들이 만족해 있다면 서비스 운영활동이 바라고 있는 변화를 수행한다는 것은 더욱 더 어려운 것이다. 비록 기업이 즉각적인 위협을 전혀 인식하지 못할 정도로 서비스 운영을 잘 수행하고 있다고 하더라도 위협의 인식과 존재는 개선 활동의 성공을 더욱 더 확고히 해 줄 수 있을 것이다. 서비스 개선 효과에 있어서도 거의 치명적 상황에 처해있는 기업에서 변화를 유도하기가 좀 더 용이하다고 알려져 있다.

당장 현재 재무상태만을 바탕으로 기업의 위협을 판단하는 것은 섣부를 수 있다. 그러나 경험이 있는 서비스 경영진이라고 한다면 장·단기적 추세를 통해 위협을 판단할 수 있는 것이다. 보수적인 성향의 관리자가 당사 매출액이 감소를 보이고 있으며 장기간의 수요는 결국에는 감소하게 될 것이라고 예측하여도 기업 내부의 종업원들은 어떠한 위협이나 변화에 대한 긴급함을 느끼지 않는다는데 문제가 있다. 오히려 종업원들은 잔업으로 업무의 부담이 늘어날 것이라 생각하고 당 기업이 위험에 처해있다고 전혀 느끼지 않는다. 능력이 부족함에도 불구하고 대부분의 기업에서 장기간의 위협에 직면하고 있어도 종업원이나 경영자들은 그러한 것들이 극복될 수 있는 것들이라고 낙관적으로 생각한다. 이러한 기업들의 경우에는 제조업이든 서비스업이든 개선 활동을 시행하는 시기가 고객만족도의 하락이나 시장 점유율의 하락이 발생하기 이전에 실시되어야 한다.

❷ 참여의 범위

조직 내에서 서비스 개선활동을 성공적으로 실행할 수 있는데 영향을 미치는 두 번째 요소인 포괄적 참여는 종업원들의 개선활동을 대하는 태도와 관련이 있다. 비록 참여라고 하는 것이 위협과 상당 부분 관련이 있다고 할지라도 위협의 존재가 항상 참여를 필요로 한다고는 할 수 없다.

서비스 개선 활동과 같은 변화전략에 대한 참여는 참여, 비참여로 구분되는 것이 아니라 참여 정도에 따라 구분할 수 있다. 단순히 사안별 참여인 동참involvement가 아니라 서비스 개산활동의 시작부터 참여가 이루어지는 참여 즉 commitment가 필요한 것이다. 의사합의 정도인 절반의 참여를 통해 기대한 개선활동의 성과는 요원할 것이다.

참여율 100%, 즉 commitment가 이루어진 종업원의 경우에는 말뿐만 아니라 사고, 행동에서 서비스 역량 개선에 강한 참여를 보이고 있다. 그 다음 수준의 참여를 보이고 있는 종업원들의 경우에는 사고, 즉 생각에서는 강한 참여를 보이고 있다. 그들은 서비스 운영의 실행에 대한 제반 지식을 파악하고 있으며 이는 성공적인 기업을 이루는데 도움이 된다는 것도 알고 있다. 그러나 감정적인 면에서는 참여가 이루어지고 있지 않으며 서비스 운영 활동지침에 의한 매일 매일의 활동에 대하여 어려움을 느끼고 있는 것이다. 이러한 상황을 힘들어하기에 그들은 서비스 개선 활동에서 요구하는 태도와 상반되는 과거의 행동들로 변화될 수 있다.

절반 정도를 참여하는 종업원들의 경우에는 서비스 개선활동에 대하여 실제 참여는 하고 있으나, 지적인 면이나 감정적인 면에서 한계가 있는 경우이다. 이러한 부류의 종업원들의 경우에는 직위에 따라 기대되는 지시된 행위를 수행할 뿐이다. 형식적인 참여가 이루어지고 있는 종업원의 경우에는 공식적인 행위에 있어서는 노력을 기울인다고 할 수 있으나 개인적인 관심도는 없다고 할 수 있다. 이들은 서비스 개선활동도 단기간에 실시되는 경영 프로그램의 하나로 인식하고 있다. 전혀 참여를 보이지 않는 종업원의 경우에는 명백하게 비참여자라고 할 수 있다. 그들은 서비스 운영이 시간낭비라고 보고 있으며 말로만 떠드는 것이라고 생각한다. 이러한 참여가 전혀 이루어지지 않고 있는 종업원의 경우에는 상당히 문제가 되는데, 그 이유는 이들 중에는 당 기업에서 가장 뛰어나거나 최고의 역량을 보이는 업무 수행자가 포함되는 경우가 있기 때문이다.

❸ 철저한 계획 수립

서비스 개선활동의 성공 가능성에 영향을 미칠 수 있는 요소들 가운데 영향력이 가장 작은 것이 계획, 전략 등이 될 수 있다. 현재 당 기업의 강점과 약점의 측정과 그러한 것들을 긍정적으로 살리기 위한 실행 계획은 다른 요소들에 비하여 덜 중요하다고 할 수 있는데 이는 계획 자체가 장기적인 참여를 형성하는데 크게 기여하지 못하기 때문이다. 그 이전에 서비스 개선활동의 실행을 위한 장기간의 계획이 구축되기 이전에 기존의 기준에 바탕을 두고서 필요한 사항들이 무엇인지 조사되어져야 한다.

일부 규모가 있는 기업들은 장기적 입장에서 다양한 서비스 개선 프로그램을 동시에 실행할 수 있다. 서비스 프로그램에 대한 상세한 세부세칙을 보유하고 있는 경우에는 어떻게 전체 기업 개선활동에 부합하도록 시행할 것인가를 염두에 두어야 한다. 성공적으로 서비스 개선 목표를 달성하기 위하여 중요한 세부목표와 전략을 분명히 명시하고 있어야 하는 것이다. 그러나 그러한 개별 개선 프로그램이 자사의 역량에 비해 너무 앞서가는 수준이어서는 안될 것이다. 많은 기업들이 너무 많은 것들을 너무 빠르게 달성하려는 욕심을 부리고 있으며, 이는 상당한 시간을 투자하여 아주 적게 획득하는 것처럼 서비스 개선의 참뜻에 어긋나는 결과를 초래할 것이다. 또한 그 프로그램들에서 어떠한 결과를 이끌어낼 수 있는 개별 활동들보다는 결과 자체에 대하여 목표가 이루어져야한다. 예를 들어 팀조직에 포함될 종업원을 얼마로 할 것인지에 대한 숫자에 대한 목표치보다는 그러한 팀 조직이 구체적으로 행할 각 활동들에 대하여 목표가 주어져야 하는 것이다.

❹ 프로세스 지향적 접근

서비스 개선활동의 성공가능성에 영향을 미칠 수 있는 또 다른 요소는 이를 시행하면서의 진척도 즉 프로세스라고 할 수 있다. 개선 프로그램을 실시하는데 있어 프로세스의 진행수준이 높을수록 이를 실패할 가능성은 줄어드는 것이다.

모든 개선활동은 일반적으로 3단계를 밟는다고 할 수 있는데 초기 준비과정, 실행, 통합으로 구분할 수 있다. 대부분의 기업들은 서비스 개선에 대해 초기 단계에 초점을 두고 있다. 즉 국내의 서비스 분야는 수준 향상을 위한 준비단계에 접어들었다고 할 수 있다. 이 단계는 서비스 개선의 필요성을 인식하고 종업원들에게 서비스 관련 문제의 해결방법과 팀 활동의 활용에 대한 기본적인 기법들을 교육하고 일부 실행하는 단계라고 할 수 있다. 또한 이 단계에서 팀조직이 형성되며 이러한 팀조직이 서서히 제 역할을 하기 시작하는 단계라고 할 수 있다. 두 번째 실행단계에서는 서비스 개선 노력을 기업문화로 발전시키기 위하여 이들 활동들을 통합하기 위한 변화의 기간이라고 할 수 있다. 기존의 각종 데이터베이스, 급여, 인적자원의 활용, 조직구조들이 관심의 대상이 되고 재설계가 이루어지는 단계이다. 심지어는 고객이나 공급자, 종업원들에 대한 가장 기본적인 시스템들도 변화의 대상이 된다. 서비스 개선활동이 단기간의 계획으로 이루어진다면 그 결과물 또한 단기적인 해결책만을 제시하게 될 것이다. 그리고 마지막 단계에서는 서비스 개선 원칙들이 조직의 구석구석에서 정착되고 통합화되는 단계이다. 서비스 조직이 이 단계에 위치하게 된다면 서비스 개선 프로그램의 효과는 완전히 가시화 된다고 할 수 있다.

❺ 진행 전략

서비스 개선 노력의 성공여부에 영향을 미치는 마지막 요소는 이 프로그램의 실행 전략이 된다. 기업이 개선 노력을 검토할 수 있는 인위적인 조직을 추가로 둔다면 이는 여러 가지 이유로 실패로 결론에 이르게 될 가능성이 크다. 개선 노력의 검토와 계획수립활동은 각 서비스 조직에서 수행되어야 할 것이다. 전략의 또 다른 중요한 면은 조직전체에 걸친 영향력이라고 할 수 있다.

전략의 전개가 효과적이기 위해서는 모든 부서와 부문, 단계를 포괄하고 있어야 한다.

서비스 품질 개선을 위한 접근법

앞에서 지적하고 있듯이 몇 가지의 요소들이 서비스 개선 노력의 실행의 성공 가능성에 영향을 미치고 있다. 여기에 추가할 수 있는 것은 바라던 효과의 달성을 위한 이들 요소들의 조화라고 할 수 있다. 표준 방법과 급진적 방법이라는 2가지의 서비스 개선 실행 접근방법에 대하여 제시하고 이들 각각의 장단점을 논의하고자 한다.

❶ 표준 접근방법

서비스 조직의 대부분에서 서비스 개선을 위한 초기 단계에서 종업원들을 교육하거나 서비스 운영향상 팀을 구축하는 접근법을 시행하고 있다. 수년이 넘게 이 수준의 활동들은 프로세스 리엔지니어링이나 벤치마킹 등의 이름과 혼용되며 진행되어져 왔다. 서비스 개선 팀도 조직의 전부서와 전 단계, 그리고 조직의 구석구석에 구축되어져 왔다. 대규모 조직에서는 순차적 단계를 밟는데 수년이 소요되기도 한다.

초기 단계가 완전하게 구축됨으로서 서비스 개선 효과를 더욱 확대할 방법들을 확인하게 된다. 보통은 전반적인 조직의 시스템이나 공정, 결과에 대한 조사와 병행하여 2 단계가 이때쯤에 시작하게 된다. 조사 작업에서 발견된 사항들은 새로운 시스템을 구성하기 위하여 혹은 기존 공정이나 시스템을 재구성하기 위하여 계획에 반영하는 단계이다. 단계 2의 활동들이 조직에 영향을 미치기 위해서는 최소한 2년 정도의 여유가 필요한 것으로 알려지고 있다.

단계 1을 시행한지 3년 이상이 지난 다음 서비스 개선 표준매뉴얼을 작성한 기업은 단계 3으로 진입하게 된다. 이 단계에서 예방활동 이라든지 종업원들에 대한 권한의 위양 등의 서비스 개선 관련 활동들이 기업문화화 되는 단계라고 할 수 있다. 이렇게 통상적으로 대규모 서비스 기업들의 경우에 서비스 개선의 표준방법은 대략 3년 정도가 소요되는 것으로 평가되고 있다. 소규모 기업들의 경우에는 관리층의 수가 적기 때문에 구조적으로 이 보다도 더 짧은 시간에 기업문화화 하는 것이 가능한 것으로 보고 있다. 그러나 소규모 기업들의 상당수가 아직도 이러한 접근방법을 시행하는데 그 이상의 시간을 보내는 것으로 보고 있다.

❷ 급진적 방법

급진적 접근 방법은 서비스 개선활동의 결과를 확인하기 위해 수년의 시간을 보내는 것을 바라지 않고 시행 결과를 상대적으로 짧은 기간 내에 확인하고자 하는 기업들을 대상으로 한다. 이 접근방법은 공정이나 시스템 혹은 결과들에 대한 조사 작업의 착수로 시작된다. 이러한 조사 작업은 단계 1, 2, 3에서의 실행방안을 개발하는데 기초가 된다. 대부분은 다면적 접근방법을 실행하게 되는데, 이는 국가품질상이나 말콤 볼드리지 상Malcolm Baldrige Quality Award과 같은 성과평가를 위한 다수의 카테고리를 동시에 접근하는 방법이다. 이렇게 된다면 서비스 조직 전반에 걸친 개선활동을 실행할 수 있다는 장점이 있다. 미국의 경우에 글로벌 서비스 기업들은 말콤 볼드리지 상의 기준에 근거하여 조사업무를 시행하고 그 조사업무에서 누락된 부분을 보충하기 위해 급진적인 계획안을 작성, 실행하는 경우가 흔하다.

급진적 접근방법에서는 단계1, 2, 3이 순차적으로 시행되는 것은 아니라 상당히 복잡하게 순서상의 역전이 있을 수 있다. 예를 들어 단계 1의 특징이라고 할 수 있는 훈련과 서비스 개선 팀을 지속하면서 서비스 운영의 향상이나 고객의 만족을 달성하기 위한 예방적 노력들을 반영한 조직 내의 리엔지니어링이 실시되는 경우이다. 이와 유사하게 자체적으로 활동하는 팀조직과 같은 더욱 더 복잡한 단계 3에서의 부분들이 서비스 운영시행 이후 수년이 지나 시행되는 경우도 있을 수 있다. 이러한 모든 경우는 반드시 계획 아래 이루어져야 한다. 이러한 급진적 접근방법은 표준 접근방법에 비하여 더욱 위험이 크다고 할 수 있다. 종업원들이 그러한 변화에 대하여 익숙해져 있지 않기 때문에 실패할 수도 있다. 변화의 수준은 높고 급진적이고 많은 종업원들의 정신적, 육체적 스트레스를 상승시킨다고 할 수 있다. 그러나 상당의 기업들이 이러한 변화를 통하여 성장하고 있다고 할 수 있으며 실제로 기업은 적응력이 뛰어난 개체라고 할 수 있다.

급진적 접근 방법은 표준접근 방법에 비해 상대적으로 짧은 기간 내에 대규모의 자금을 집중 투자한다는 의미에서 재정적인 부담으로 인하여 더욱 더 위험이 크다고 할 수 있다, 결과적으로 현금(유동성)의 부족이 이러한 접근방법을 채택하는데 어려움을 줄 수 있다. 그러나 아이러니하게도 이러한 접근방법을 시행하려고 하는 기업들의 대부분이 상당히 어려운 환경에 처해있으며 재정상태도 나쁜 경우가 다반사라고 할 수 있다.

급진적 접근 방법을 시행하는 경우, 대규모 기업의 경우에 서비스 개선활동이 조직 내에서 완전히 정착되어 통합되는 시기까지 평균 5년 정도의 시간이 소요될 것으로 보고 있다. 소규모 기업의 경우는 이 접근방법을 사용하는 경우에 적어도 2년 정도가 소요될 것으로 보인다.

종업원들의 참여를 유도하기 위한 방안

❶ 실제적 위협의 전파

서비스 개선활동과 같은 경영혁신 프로그램들에 대하여 보다 참여적이기 위해서는 위기 국면이 오히려 더욱 효과적이라고 할 수 있다. 기업이 상당히 곤란한 상황에 처해있다는 것을 종업원들이 인식하는 경우에 그들이 이러한 변화에 뛰어들고 기업의 체질을 다시 튼튼하게 하는데 도움을 줄 수 있을 것이라고 생각을 하게 되는 경우가 흔하다. 성공적인 기업의 경영자들의 경우에는 이를 깨닫고 실제로 위기가 있지 않아도 그것이 과연 필요한 것인가 혹은 위기를 극복할 수 있을 것인가에 대하여 알아보려고 한다. 물론 상황에 따라 다양한 의견과 대답이 있을 수 있다. 기업이 종업원들에 실제로 위기가 있지도 않는데 존재한다고 말해서는 안될 것이며, 이를 의도해서도 안될 것이다. 그러나 기업은 실제의 위협 상황이 발생한 경우에는 종업원들의 변화에 대한 필요성을 확신시키기 위하여 알릴 수 있어야 한다. 최근 대부분의 업종은 경쟁기업에 따른 위협이 정도의 차이는 있으나 존재하기 마련이며, 이들 기업들의 입장에서는 모든 종업원들에 경쟁업체들에 의한 위협상황을 알려야 한다.

해당 업종에서 최고의 위치해 있는 경쟁기업을 구성원들에게 알리고 경우에 따라서는 자사의 수준이 경쟁기업에 비해 경쟁력이 떨어진다는 것도 종업원들에 알려야 할 것이다. 따라서 경쟁업체들이 서비스 개선에 어떻게 집중하여 시장 점유율을 차지하고 있는가를 종업원들에게 보여주어야 하는 것이다. 이는 서비스 수준을 유지하는 것뿐만 아니라 해당 사업 분야에서 전반적 기업역량 향상도 함께 강조하는데 도움을 주게 된다. 이런 경우에 기업의 의도는 종업원들에 두려움을 심어 주려는 것이 아니라 그들에게 변화에의 동기를 주려고 의도 한 것이다. 이의 목적은 해당업종에서 최고의 자리의 있는 업체에서 종종 나타나는 만족과 안주의식을 제거하기 위함이라고 할 수 있다.

❷ 미래의 청사진 제시

단순한 의도를 가지고 장기적인 종업원들의 나태를 제거하기 위한 목적에 기초한 종업원들에 대한 동기부여는 정반대의 결과를 낳을 수도 있다. 실제 혹은 짐작에 기초한 위협의 존재는 행동의 변화를 초래할 수 있으나 그 위협이 제거될 때 까지만 그러하다는데 문제가 있다. 위협이 종업원들이나 관리자들을 동기 부여하여 변화를 유도하는 경우에 위기로부터 벗어날 때까지 당 기업은 서비스 개선 노력을 계속하게 되고 그런 일련의 과정들을 거친 후 안정기에 접어드는 것이다. 즉 이후의 종업원들에 대한 동기 부여와 조직 변화에 관심을 두는 것이 장기적으로 더 효과적인 방법이라고 할 수 있다.

서비스 운영에 대하여 관심을 일으키게 하는 가장 효과적인 방법의 한 가지는 성공사례에 노출시키는 것이다. 상당수 기업들은 다양한 워크숍 활동을 통해 개별적인 각 팀이 제시하는 결과들에 대하여 토론할 수 있는 기회를 열고 있다. 대규모 서비스 기업의 경우에는 수백 명에 가까운 종업원들이 수일 간의 이러한 모임을 위하여 제3의 장소로 이동해 워크숍을 하기도 한다. 기업에 있어서 이는 상당한 비용이 되지만 이러한 투자에서 오는 효익效益은 모든 수준의 관리자나 종업원들이 위험에 대하여 더욱 더 적극적일 수 있으며 기업의 성과를 향상시키기 위하여 끊임없이 방안을 모색하는 변화를 실행하는데 더욱 능동적인 기폭제가 될 수도 있다.

앞으로 지속적으로, 서비스 운영활동을 시행하고 있는 많은 기업들은 악화된 기업의 성과를 더욱 쉬운 방법으로 향상시키기 위하여 새로운 컨설턴트나 새로운 프로그램을 찾으려고 할 것이다. 그러면 그럴수록 서비스 운영의 중요성을 더욱 부각될 것이다. 수많은 서비스 기업들은 그들의 관리관행에 상당한 변화를 일으키고 있는 중이며 서비스 운영 수행에 걸맞은 성과를 보이고 있다. 우리는 이장에서 서비스 운영을 성공한 또 하나의 기업이 될 수 있는데 도움을 줄 수 있는 요소들에 대하여 살펴보았다. 우리는 또한 이를 실행하는 두 가지 접근방법인 표준 접근방법과 급진적 접근 방법에 대하여 살펴보았는데 실행시기의 적절성에 대해서도 논의해 보았다.

서비스 운영을 실제로 행하는 모든 조직의 구성원들에게 이에 대한 확신을 줄 수 있는 충분한 접근방법이 있다. 반복된 평가와 서비스 운영향상 노력을 통하여 실행방법을 계속 재점검하는 것과 서비스 운영을 지속하는 것이 무엇보다도 핵심적인 사항이라고 할 수 있다. 서비스 운영을 의심스러워하고 있는 기업의 경우에는 열심히 노력한다는 것 자체가 성과를 낼 수 있는 방법인 것이다.

교육과 훈련

Chapter 03

교육과 훈련을 통해 이루고자 하는 성과는 준비과정의 치밀함에서 시작된다고 할 수 있다. 투자는 이루어지고 있으나 성과가 없다면 교육과 훈련 자체의 문제점 보다는 사전 준비과정에서의 한계 때문일 것이다. 여기에서는 서비스 개선에 필요한 교육과 훈련 내용을 살펴보고자 한다.

교육에의 투자 효과 극대화 방법

교과서적으로는 훈련을 투자로 생각하라고 하지만 현실적으로 훈련은 비용발생을 동반하고 있다. 교육과 훈련은 투자의 대상 중에서 가장 큰 비용을 유발하는 변화 전략의 한 가지가 된다. 그러나 더욱 중요한 것은 훈련의 실패에 따른 비용은 투자비용보다 더욱 더 크다는 것이다.

이 장에서 교육과 훈련에 관련된 4가지 측면의 서비스 개선단계를 살펴볼 수 있으며 왜 이러한 훈련이 실패로 돌아가는지를 논의할 것이다. 종업원들이 왜 훈련에 대하여 그토록 소극적인지를 탐색해 볼 수 있으며 그러한 훈련과정에 참여하면서도 상당한 수확을 얻지 못하는지를, 그리고 왜 새로운 기술을 연마하고도 그러한 기술이 실제로 작업에서 활용되기 이전에 사장되어 버리는 지를 살펴볼 것이다. 우리는 또한 왜 상당수의 기업들이 그릇된 부분에 교육 훈련을 실시하고 있는지를, 그리고 새로운 경영기법을 연마한 경영자들이 그들의 전통적인 활동행위를 변화시키지 못하는지를 알 수 있을 것이다. 이 장에서 훈련과 관련된 투자가 탁월한 성과로 승화될 수 있고 하위 작업자들의 자질을 향상시킬 수 있는, 서비스 운영과 관련된 실제적 훈련을 설계 도구들에 대해서도 논의하고자 한다.

훈련에 대한 평가

서비스 개선 프로그램을 실행해야만 하는 당위성을 제시하고 난 다음에 가장 우선시 되어야 할 사항은 종업원에 대한 훈련일 것이다. 기존의 어떤 자료들을 보아도 교육과 훈련이야말로 경영혁신 프로그램의 성공을 위하여 가장 중요한 요소라고 천명하고 있다. 대부분의 기업들이 이미 인지하고 있는 부분에 대하여 확정적 결론을 내리고 있는데 그것은 훈련이야말로 서비스 개선활동을 실시함에 있어 통합적이고 핵심적 부분이라는 것이다. 경영자들은 만약에 종업원들이 서비스 개선에 대한 개념에 대하여 이해하고 개선 도구들을 잘 활용하길 바란다면 종업원들에 대한 교육이 반드시 있어야 한다는 것을 잘 알고 있다. 그러나 교육훈련의 다양성과 전달체계의 혼란으로 과연 어떤 훈련이 그들의 조직에 적당하며 얼마나 많은 교육을 실시해야하며 그러한 교육을 누구에게 실시해야 할 것인가에 대하여 많은 관리자들은 명확히 알지 못하고 있다. 아래에서 제시하고 있는 내용은 서비스 개선활동에서의 이러한 중요한 측면에 대한 통찰력을 가지는데 도움을 줄 것으로 기대한다.

개선활동에 필요한 훈련

서비스 개선활동과 관련된 교육 훈련에 성공적인 결과를 거둔 기업들의 경우에는 4가지 단계의 훈련을 기본적으로 실시하고 있다. 첫째 단계는 서비스 개선 프로그램과 관련된 개념 교육이다. 이는 종업원들에게 서비스 운영에 대한 개념과 조직 전체에 서비스 운영이 미치는 영향 등에 대하여 교육하는 단계이다. 그 다음으로는 서비스 개선 도구에 관한 교육과 훈련으로 서비스 운영과 관련된 기본적인 도구들과 이를 활용하는 방법들에 관한 교육이라고 할 수 있다. 세 번째 단계는 구체적 주제에 대한 교육과 훈련으로 실제 업무에서 서비스 운영과 관련된 사항이나 이와 관련된 구체적 주제들에 대한 교육이라고 할 수 있다. 그리고 마지막으로 리더십 훈련이 있는데 이는 이러한 서비스 운영관련 전략을 수행하는데 앞장서야 할 관리자들에 대한 교육이다. 성공적인 서비스 개선활동의 수행을 위해서는 교육훈련의 4가지 단계가 균형을 이루는 것이 필요하다.

❶ 서비스 개선에 대한 개념 교육

이러한 훈련은 1980년대 초의 일본의 공격적 기업운영에 대해 고전하던 미국기업에서 혁신을 주도하던 품질개선 단계에서 발전되어 왔다. 잘 알려져 있듯이 경영혁신과 품질개선을 위한 최초의 교육 훈련은 W. Edwards Deming, Philip Crosby, Joseph Juran의 철학에 기초를 두고 있다. 이 단계에서 실시하는 교육과 훈련의 목적은 서비스 운영에 대하여 또 다른 식견을 갖도록 하는 것이며 새로운 환경에 처한 각 기업을 효과적으로 관리하기 위함이다. 개별 기업이 처한 위기 상황은 다를 수 있으나 이 단계에서의 개념 교육과 대게 유사한 프로그램으로 운영된다.

과거의 교육훈련 프로그램과 유사하게 오늘날의 교육 훈련도 품질경영 혹은 경영혁신에서 주장하는 교육훈련의 철학에 기초하고 있으나 차이점이라고 볼 수 있는 것은 교육의 대상이 되는 개별 기업들의 상황을 일부 반영하며 교육이 이루어져야 한다는 것이다. 서비스 개선과 관련된 개념 교육의 과정은 특별히 구체적인 기법을 교육하는 것이 아니라 종업원들이 직무를 대하는 태도에 대하여 교육을 실시하고 있다. 이 교육은 이후의 교육들이 성공적일 수 있도록 기반을 확립하기 위하여 수립되어져야 하며 이 교육의 성공은 종업원들의 참여 열기에 의하여 평가되어 진다.

❷ 서비스 개선 도구 교육

이 단계의 교육에서 종업원들은 서비스 개선활동에 대한 참여 열기를 실제의 행동으로 옮길 수 있는 방법에 교육을 받게 된다. 이 단계의 교육은 서비스 향상 도구들에 대하여 이해할 수 있게 만들어주며 어떻게 그러한 도구들을 그들의 일상적인 업무에 적용할 것인가에 대하여 교육하게 된다. 이 단계의 훈련을 통하여 종업원들은 문제를 분석할 수 있는 지식, 그리고 그들의 성과를 향상시킬 수 있는 능력을 확보하게 된다. 일반적으로 이러한 기본적인 서비스 운영향상과 관련된 기법이나 도구들에 대한 교육은 사례중심의 교육을 통해 이루어지고 있다.

❸ 교육주제의 구체화

오늘날 이미 대부분의 제조기업과 서비스 기업들은 상품에 대한 품질향상과 서비스 수준개선을 위한 교육 프로그램은 실행하고 있다고 보아야 할 것이다. 물론 정도의 차이는 있을 것이다. 이에 추가하여 구체적으로 발생하는 서비스 상황을 정확하게 이해하고 진단, 평가할 수 있는 능력을 확보하기 위한 교육이 추가적으로 실시되어야 한다. 예를 들어 제조업에서 발당한 기법인 품질기능전개(QFD), 서비스 청사진service blue print 작성 등은 특정 사안의 정확한 이해에 도움이 된다.

❹ 리더십

리더십 훈련은 이른바 '관리자 교육'이라고 불리는 것으로부터 발전되어 오고 있다. 서비스 운영에 필요한 경영관리 체제로부터 변환을 수용하기 위하여, 관리자들이 어떻게 종업원들을 고무시키고 권한을 부여하며 그들의 목표에 이르는데 장애물이 될 수 있는 것을 어떻게 제거할 것인지에 대한 새로운 과정이 추가되고 있다.

필요한 교육 훈련의 수준

일부 서비스 기업의 경우에 훈련과 교육에 투자하는 금액에 대해 상당히 인색하며 훈련에 의한 경험의 획득에 시간을 할당하는데도 그런 경우가 많이 있다. 이러한 경향은 제조업에 비해 특히 두드러진다고 할 수 있다. 기업의 경우에 모든 훈련 교육과정을 몇 시간 수준으로 줄여서 형식적으로 운영하기도 한다. 이렇게 교육이 이루어지면 종업원들이 일정 시간의 교육만으로도 내용을 파악할 수 있다고 예상하지만, 실제로는 그렇게 짧은 시간동안에 필요한 개념들을 모두 이해할 수는 없으며 적용할 수 있을 정도로 기술이나 기법들을 획득할 수조차 없는 것이다. 특히 말콤 볼드리지 상을 획득한 기업들이 주장하고 있는 바에 귀를 기울일 필요가 있는데 그들 기업들은 종업원들에게 최소한 80시간 정도의 경영혁신과 품질향상을 위한 교육을 실시해야 하며, 관리자들을 위한 리더십 교육도 포함해야 한다고 주장한다.

훈련시간을 어느 정도로 할 것인가는 획일적으로 판단하기 어려운 문제인 것만은 분명하다. 다만 서비스 개선 활동을 시행한

지 상당한 기간이 흐른 기업들을 면밀하게 분석해보면 첫해의 교육 시간으로는 약 40~50시간 정도가 최소한의 경우라고 할 수 있다. 이러한 교육은 아래와 같이 할당되는 것이 바람직하다고 할 수 있다. 구체적으로 서비스 개선 개념에 대한 교육에 4~8시간, 서비스 품질 향상 도구에 관한 교육에 12~20시간이상이 소요되며 구체적 주제에 관한 교육에도 사례를 전파하는 등 4~8시간이 필요한 것으로 알려지고 있다. 여기에 부가적인 교육이 약 10시간 이상 소요된다는 점을 고려한다면 경영자의 서비스 수준 개선의 의지는 교육시간의 할애 수준으로도 확인할 수 있을 것이다.

서비스 개선 개념, 서비스 향상 도구 그리고 구체적 주제에 관한 교육과 관련되어 요구되어지는 교육에 추가하여, 이들 교육을 시행하는 첫해에는 관리자들도 서비스 환경에서 종업원들을 어떻게 관리할 것인가에 대하여 수일간의 교육이 필요하다. 뿐만 아니라 관리자들은 매해 계속적으로 이를 시행하면서 필요한 교육을 연속적으로 받아야만 한다. 기업조직이 2단계나 3단계로 계속이동하면서 어떻게 통제하고 권한을 위양하며 자율적인 팀 조직을 운용할 것인가에 대한 교육이 관리자들에게 필요하기 때문이다.

교육의 대상 선택

기업 내의 모든 종업원들에 대한 서비스 개선 개념과 서비스 운영의 향상을 위한 도구에 대한 교육에 최소한의 투자라도 이루어져야만 한다는 것은 앞에서도 언급하였다. 만약에 대규모 조직이 라고 한다면 종업원 각 그룹의 기능적 책임과 특징에 어울리는 독특한 훈련이 필요할 것이다. 서비스 운영 활동을 리더 하고 있는 경영자와 관리자들은 어떤 수준의 종업원들보다도 더욱 더 많은 교육을 받을 필요가 있다. 이러한 교육은 서비스 운영에 대한 개념과 서비스 운영 향상을 위한 도구 그리고 이들 부서마다의 독특한 특징에 어울리는 개별 주제에 대한 교육과 함께 다양한 교육의 지침을 제공하는 리더십 교육도 있어야만 한다.

서비스 개선을 위한 교육훈련 효과성 높이기

상당수의 서비스 개선 프로그램이 궁극적 목적인 서비스 개선에 실패하거나 혹은 금전적인 실패 혹은 단순한 자원의 소모 형태로 나타나는 이유는 서비스 수준 향상 훈련 자체에 대한 개념보다는 이러한 훈련을 대하는 조직의 접근방법이나 이를 전수하는 과정에 문제가 있다고 할 수 있다.

훈련을 실시하는 목적은 다양하다. 우선 종업원들이 성과에 대한 수준이나 이를 대하는 태도에 대해 익숙해지게 하고, 다음으로 지시와 교육을 통하여 능력을 배양하며, 마지막으로 종업원들의 태도 변화를 유도하고 이에 대한 동기부여를 실시하게 될 것이다. 상당수의 기업 조직에 있어서 이러한 목적을 달성하는데 종업원들이 받아들이기 힘든 접근법을 제시하고 있으며, 만약에 이러한 과정이 불가능하다면 서비스 개선노력 자체가 실패하게 되는 것이다. 아래의 논의에서 상당히 좋은 의도로 실행된 경우에도 도대체 왜 교육훈련이 실패로 귀결되는 지에 대해 의견을 제시하고자 한다.

서비스 개선 관련 개념교육의 실패

오랫동안 진행된 대부분 기업에서의 서비스 개선 개념 교육은 그들의 목적한 바를 성취하는데 있어 실패했다고 할 수 있는데 그 이유는 기업 구성원들이 새로운 접근방법에 대한 진정한 가치에 대하여 확신을 못하였으며 또한 기업의 의지부족 때문이라고 할 수 있다.

서비스 개선 개념과 관련된 교육에 있어서 종업원들의 의심이나 회의를 전환시키는 것이 일반적으로 필요한 것이기는 하나 이를 전달하는 경로나 접근방법 등이 기존의 기업이 해오던 것과는 너무나 달라서, 과연 기업이 성공적으로 변화를 완성할 수 있을까 하는 점에서는 회의적이었다고 할 수 있다. 아래에서는 몇 가지의 서비스 개선과 관련된 개념 교육이 실패하는 원인을 나열해 보고자 한다.

❶ 비현실적인 기대

만약에 시행 초기에 너무도 비현실적으로 많은 것을 바란다면 훈련은 비효과적이 될 수밖에 없다. 즉 훈련을 통해 얻을 수 있는 효과는 제한적이라는 것이다. 서비스 개선과 관련된 개념 교육에서 직접적인 서비스 향상 교육을 실시한다고 볼 수는 없다. 이 훈련과정의 목적은 종업원들에게 서비스 운영에 대한 새로운 사고를 심어주는데 있다고 보아야 한다. 그럼에도 불구하고 상당수의 사람들은 이를 시행한 지 얼마가지도 않아서 즉각적인 서비스 운영 향상을 기대하고 있다. 실제로 교육 훈련이 실시되는 중에는 고객들이 체감하는 서비스 운영 수준은 하락한다고 보아야 한다. 그러나 실제로 서비스 수준의 향상을 훈련과정 중에 접하게 된다면 상당수 기업은 실망하게 될 것이기 때문에 변화에 대한 인식의 전환이 필요하다.

❷ 고려되지 않은 기업 특성

각각의 회사에 맞는 교육을 실시하고 있지 않기 때문에 서비스 개선관련 개념 교육은 자주 실패로 돌아가게 된다. 일반적으로 교육은 여러 가지 과정을 하나로 묶어 하나의 전체 프로그램으로 구성하는 것이 일반적이다. 이에 따라 기업 내의 모든 수준의 사람들이 동일한 교육을 받게 되는 한계가 발생한다. 대규모 기업이든 소규모 기업이든 혹은 제조업이든 서비스 기업이든 동일한 교육을 받게 되는 결과가 발생하게 된다.

❸ 필요 없는 교육 프로그램 내용

각각의 부서나 서비스 조직을 구성하고 있는 종업원들의 경우에는 서비스 개선 개념 교육은 그들에게 적용될 만한 것이 아니라고 믿고 있다는 점이 큰 문제이다. 1980년대의 경우에 이러한 교육 프로그램은 대규모의 제조 기업을 구성하고 있는 종업원들에게 적합하도록 만들어진 것이다. 서비스 기업의 종업원들의 경우에는 제조업 중심의 교육 프로그램이 그들에게 적절하지 않다는 것을 알고 있는 것이다. 그들은 서비스 개선을 위한 예방 조치들을 통하여 우수한 서비스 운영을 이루는 것으로 알려진 과정들이 제조기업의 경우에는 필요한 교육 프로그램의 일부라고 알고는 있지만 서비스 기업의 경우에는 이러한 사항들이 그대로 적용되기에는 무리가 따른다는 것을 잘 알고 있는 것이다. 따라서 제조업에서 적용되던 문제해결 기법과 전개과정을 그대로 서비스 기업에 접목하는 것은 서비스 개선 개념 교육이 실해하게 되는 큰 이유라고 할 수 있다.

제조업이든 서비스업이든 오늘날의 대부분의 기업은 Deming, Crosby 혹은 Juran 박사들에 의해 신봉되었던 과거의 품질개선 활동들과 철학적 접근보다는 오류나 불량을 발견하기 위한 프로그램에 오히려 더 열광하고 있다. 관리자들의 경우에는 장기적인 서비스 운영의 향상, 고객만족도의 향상이 아니라 단기적인 재무적 결과에 더욱 치중하고 있는 것이다. 훈련에 참가하는 종업원들의 경우에 일부는 서비스 운영 방식에 대한 새로운 접근은 상당히 중요하다는 것을 알고 있다. 그러나 그들이 속해있는 기업의 그러한 서비스 운영개선 활동들을 바라보는 시각이 그렇게 진지하지 않다는데 문제가 있다. 그들은 지금까지 여러 가지의 경영 프로그램들의 시작과 끝을 수차례 보아왔기 때문에 서비스 운영 역시도 그러한 단기적인 프로그램의 하나라고 보는 것이며 어쩌면 기업의 시각이 변화하지 않는다면 종업원들이 이러한 시각을 가지는 것이 당연한 것일 수도 있다.

❹ 경영층의 리더십 부족

기업 전체적으로 새로운 교육 프로그램을 실시하는 초기 단계에서 실패로 돌아가는 것은 크게 두 가지 원인 때문이라고 할 수 있다. 대부분의 교육 프로그램들이 중간 관리자들과 하위 종업원들만을 대상으로 하고 있다는 것이 첫 번째 이유이며, 경영자들의 경우에는 경영 혁신프로그램을 이끌어나갈 내용들에 대하여 전혀 교육을 받고 있지 않는다는 것이다. 이러한 점은 시사하는 바가 상당히 크다고 할 수 있는데 그 만큼 기업 전체적으로 서비스 운영활동을 바라보는 시각이 진지하지 못하다는 것을 보이는 것이며 경영자의 참여에의 의지 정도에 대해서도 일반 종업원들이 의심을 품게 만드는 것이라고 할 수 있다.

❺ 지속적 개선활동의 부족

상당수의 조직 내에서 종업원들은 교육을 마친 다음에는 몇 달 혹은 그 이상의 기간 동안 서비스 개선과 관련된 아무것도 들을 수 없는 것이 현장의 실상이다. 서비스 운영의 변화는 기업 내외적 환경적 영향으로 인하여 보이지 않는 곳에서 계속해서 일어나고 있으나 종업원들은 전혀 그러한 것을 알지 못하고 있는 것이다. 결론적으로 교육기간이 지나면 그러한 서비스 운영개선 활동은 끝이 난 것으로 판단하고 있는 것이다. 이와는 달리 일부 선도적인 기업에서는 지속적인 교육을 실시하고 있으며, 아주 서서히 이를 진행시켜 지속적인 피드백을 제공하고 있다.

직접적 개선 도구에 대한 교육의 부족

서비스 전문기업의 경우에 상당히 많은 시간을 서비스 수준개선 도구들을 교육하고 개발하는데 보내고 있다. 상당수의 기업들은 그들의 기업 상황에 맞는 교육 프로그램을 자체 개발하고 있지만 이를 외부의 컨설팅 업체로 부터 구매하는 기업도 적지 않은 것이 사실이다. 이러한 두 가지 방법 각각이 모두 비효과적인 훈련으로 연결될 약점이 내포되어 있다.

상당히 규모가 큰 기업들의 경우에는 의견을 자유롭게 펼칠 수 있는 워크숍 형식을 통해 종업원들에게 교육하는 것을 선호하는 편이며, 그러한 곳에서 종업원들은 상당수의 서비스 개선책들을 접할 수는 있지만 실제로 현장에 적용하는데 필요한 교육을 받지 못할 가능성이 크다. 이러한 과정을 모두 마친 종업원들의 경우에 다양한 기법들과 이를 어떻게 이용하는가를 습득하게 될 것이지만 이에도 불구하고 실제로 그들의 작업장에서 습득한 기법을 적용하지 못하는 경우가 발생하게 되는 것이다. 이러한 것들이 왜 서비스 운영개선 도구들에 대한 교육이 비효과적으로 시행되고 있는가를 보여주는 단편적인 예例가 된다. 즉 워크숍 참가 종업원들이 그러한 기법들을 제대로 이용하기까지 충분하게 교육을 받고 있지 못한 것이며, 그들의 작업장에서 적용하기에 충분한 교육이 되지 못하고 있다는 것이다.

❶ 이론교육으로 끝나버리는 현실

일반적으로 교육활동은 3가지 방법을 통해 이루어지게 되는데 그것은 강의와 시현 그리고 실행이라고 할 수 있다. 대부분의 기업수준의 교육은 강의와 시현에 상당한 시간을 할애하고 있다. 그러한 기법들이 과연 무엇이며 그러한 것이 어떻게 이루어져 있으며 어떻게 그러한 기법들을 사용하는 가를 종업원들은 배우게 된다. 그러나 대부분의 작업장에서 그러한 기법들을 종업원들이 실제로 사용하거나 적용할 수 있는 경우는 드물다고 할 수 있다. 즉 교육과 현장이 별개의 프로그램으로 경직되게 운영되고 있는 것이다.

물론 실행의 과정이 포함된 교육의 경우에는 종업원들이 이러한 기법들을 실제로 행하는 과정이 포함되어 있다. 비록 이러한 과정이 없는 것보다는 월등히 우수한지만 이것만으로 충분하지 않는 경우가 대부분이다. 한 가지의 기법들을 배우기 위해서는 하나의 교육이 필요한 것이지만 만약에 교육을 받는 사람들이 상당히 고급의 기법을 필요로 하는 사람이거나 상당한 수준의 기초능력이 있는 사람의 경우라면 단순한 전달식 교육만으로는 한계가 따르는 것이다. 이러한 경우에는 더욱 복잡한 현장 상황을 예측할 수 있기에 현장에서의 대처 능력을 완전하게 터득하기 위하여 상당한 수준의 반복과정이 필요한 것이다.

② 실천 가능한 교육 프로그램의 구성이 필요

종업원들이 현장에서 적용할 수 있는 기법들을 완전히 습득하는데 필요한 서비스 운영향상 도구들에 대한 교육은 대부분 포함하고 있다. 그러나 이러한 경우에는 그들이 실제로 그들의 작업장에서 배운 것을 어떻게 실천할 것인가를 다룬 교육이 없는 경우가 다반사이다. 단지 프로그램의 소개에 지나지 않아 독특한 현장의 상황을 고려한 고객화된 교육이 이루어지지 못하고 있는 것이다. 따라서 종업원들이 그들의 작업장에서 사전에 익힌 기법들을 이용하여 공정이나 성과를 향상시킬 수 있는 기회가 원천적으로 상실되고 있는 것이다.

교육주제의 구체성 부족으로 인한 한계점

대부분의 선도적인 기업들은 교육 훈련의 가장 높은 수준인 특정주제에 대한 교육의 단계로 접어들었다고 할 수 있으며, 이 단계의 기업들의 경우에 대부분의 교육시간을 여기에 할애하고 있다. 대부분의 선도적 기업의 경우에 이제 완벽에 가까운 교육 프로그램을 갖추고 있다. 이러한 교육 프로그램은 개개의 경우로 살펴보면 대단히 우수하다고 할 수 있다. 그러나 전체적인 구조를 살펴보면 절차라든지 사전 요구사항들의 면에서 볼 때 미흡한 점이 있으며, 특정 부분의 종업원들이나 부서에 대해서는 간과하고 있는 측면이 있다. 이러한 포괄적이지 못한 접근이 세 번째 단계에서 서비스 운영활동이 실패로 돌아가는 주요 원인이 된다.

❶ 교육 수요자들의 요구 미반영

기업 전체를 고려하여 교육훈련 프로그램이 개발되거나 외부의 컨설팅 업체로 부터 구매하는 경우가 상당수 있다. 대부분의 조직에 있어서 훈련과정은 각각의 종업원들이 실제로 필요로 하고 있는 내용에 대한 분석과정이 필요하다. 이러한 요구사항에 기초한 교육 프로그램의 개발방침은 개개의 훈련 프로그램을 명확히 인식하는데 더 없이 좋은 방법이 될 것이다. 이러한 방법을 통하여 진정 필요한 교육들이 단지 전체 교육 프로그램 내에서 구색만 맞추는 결과를 초래하지 않을 수 있을 것이다.

❷ 비체계적인 교육 프로그램

상당수의 기업들은 서비스 개선 교육의 자료를 대부분 확보하고 나서야 각 교육과정의 내용을 계획하고 있다. 그러한 점에서 기존의 자료에 기초한 각 과정의 구조는 마치 각 부속들이나 부품들을 마련하고 나서야 자동차를 만들어가는 것과 흡사하다고 할 수 있다. 이와 같은 형태를 교육 프로그램을 개발 중인 대부분의 기업에서 활용하고 있으며 특히 개별 주제에 대한 교육의 부분에서는 더욱 이러한 경향이 뚜렷하다.

관리자들에 대한 리더십 교육의 실패

서비스 수준 향상을 위한 노력은 서비스 운영을 향상하거나 이를 측정하기 위한 단순한 기법들이나 도구들의 나열 이상의 것이라고 할 수 있다. 서비스 운영 은 관리에 있어서의 새로운 시도책이 라고 할 수 있다. 'Out Of Crisis'에서 데밍은 다음과 같이 역설하였다.

> "관리management라는 직무는 감독supervision이라는 것과 다르며 바로 리더십 그 차이이다. 관리는 제품과 서비스의 질적 향상이라는 측면에서 이루어져야 하고 그리고 이러한 의도는 디자인이나 제품에 반영이 되어야 한다. 서구 스타일의 관리에서 요구되는 사항은 관리자가 리더로 변신하는 것이다."

받아들이기 쉬울지 몰라도, 상당수의 관리자와 경영자는 리더십이라는 새로운 접근방법에 대하여 힘들어하고 있는 것이 사실이다. 과거처럼 종업원들의 행동에 대하여 지시하고 통제하는 형태만으로는 서비스 운영이라는 틀 속에서는 기대한 결과를 도출하기 힘든 것이다. 결과적으로 주로 40~50대인 경영자들은 그들 조직을 관리함에 있어서 상당한 변화를 시도해야만 하는 것이다.

관리자가 그 어떠한 도움이 없이 이러한 상당한 변화를 받아들이는 것은 사실 불가능하다고 할 수 있다. 대부분의 경우에 관리자들이 어떻게 리더하고 권한을 위양하며 종업원들을 지휘하는가에 대하여 깊이 있게 의도하고 이를 훈련하기 위하여 기업 차원에서 지원과 교육이 이루어져야만 한다. 그러나 과거에 크게 흥미를 끌지 못한 훈련 프로그램에 단순히 이름만 바꾼다든지 약간의 수정만을 가하는 등의 형태로는 더 나아질 것이 없는 것이다. 이러한 프로그램은 단순한 전달식 강의나 진보된 멀티미디어 기술을 이용한 발표에 의존하기 보다는 실제의 실행에 초점을 맞추고 있어야 하는데, 여전히 시행 초기에 실패를 유도하는 체계는 계속되고 있다.

비록 대부분의 사람들이 관리개발 혹은 자기개발 프로그램을 통해 관리자의 행동이 변화할 것이라고 믿지만 실제로 의도한 변화가 일어났는가에 대해서는 아무런 증거를 찾을 수는 없다. 이와 유사하게도 교육 프로그램을 통한 종업원들의 변화를 유도하는 것도 의구심이 생기는 것은 동일한 맥락이다. 오늘날 제조, 서비스 기업에서 리더십 교육이 실패로 돌아가는 이유는 여러 가지 범주에서 확인할 수 있다.

우선 리더십 교육과정이 과거 이론적인 동기부여 이론에 치중하여 개발되어 있어 현세대의 기업구조와 관리자의 요구를 반영하는데 한계가 있으며 이에 따른 실패가능성이 높아진다는 점을 지적할 수 있다. 과거 국내에서도 잘 알려졌고 일부 실행되기도 했던 목표관리(MBO)의 경우에도 동기부여 이론에 바탕을 둔 교육은 한계가 있다고 지적되기도 하였다. 조직이론을 학습하고 이해하는 데는 무엇보다 중요하겠지만 관리자들의 개별적인 동기를 탐색하는 것은 교육프로그램의 효과성과는 별개의 것이다.

이에도 불구하고 관리자들이 수십 년 전에 배운 허즈버그, 매슬로우 그리고 맥그리거 등의 이론이 아직도 교육되고 있는 실상은 안타까운 일이다. 이러한 동기부여 이론이 틀렸다고 말하기는 어렵지만 관리자들이 그들의 직무를 수행하는데 미치는 영향이라는 측면에서 다시 생각해볼 필요가 있다. 리더십 교육에 그러한 이론들이 포함된 것은 종업원들을 동기 부여시키는 것이 관리자들의 역할과 관련하여 좀 더 효과적일 것이라는 믿음 때문이라고 할 수 있다. 만약에 관리자들이 상당한 양의 동기부여 이론을 교육받게 되면 상당한 효익效益이 있을 것이지만, 몇 시간 수준의 교육을 받고서 동기부여와 관련된 완전한 이해를 통한 확고한 관점의 형성을 기대하는 것은 무리가 따른다.

그 다음의 원인으로 지적할 수 있는 것은 간단한 몇 가지의 규칙만으로 획일적인 분류를 행하고 각 부류에 대한 대응책과 교육내용을 획일화 하는 과정이다. 그것은 종업원들을 분류하고 특징짓는 간단한 규칙을 적용하는 것과 연관되어 있다. 밑바탕이 되는 논리는 어떤 종업원을 분류하면 그들의 관리 스타일을 각 개인에 맞게 적합화 시켜 나간다는 것이다. 관리자들에 교육 되었던 몇 가지의 초기 내용들은 이미 우리가 많이 들어본 것들이다. Lewin, Lippitt, White가 분류한 리더십 유형 즉 민주적 리더십, 전제적 리더십, 자유방임형 리더십이라든지 맥그리거의 X이론, Y이론 그리고 Hershey와 Blanchard의 상황리더십이론이 이에 해당하는 것들이다. 이러한 분류 시스템의 몇 가지는 오늘날의 리더십 교육의 근간이 되기도 한다. Phil Crosby는 조직 내의 리더십 스타일을 분류할 수 있는 자신의 이론을 주창하며 다섯 가지의 리더십 스타일을 제시하기도 하였다.

이러한 분류 체계를 바탕으로 진행되는 교육 프로그램은 대중적이지만 이러한 단순화가 바로 실패의 원인이 된다. 인간이나 조직이 하나의 범주 안에 포함된다는 것은 사실상 불가능하며 획일화하겠다는 발상 자체가 무리라는 것이다. 단순히 동기이론에 대하여 교육을 받는다고 하여 좀 더 훌륭한 관리자가 될 수 있는 것은 아니라는 것처럼, 종업원들을 특정 유형으로 분류할 수 있다고 하여 훌륭한 관리자가 만들어지는 것은 아니라는 것이다.

또 다른 실패의 원인은 이러한 모델이나 유형 분류 기법들의 부가적인 의구심으로서 이러한 모델들이 인간의 행동에 대한 예측지표로서 활용 가능한 것인가 하는 것이다. 결론적으로 본다면 심리학적 모델을 통하여 종업원들을 명명하는 것은 결코 관리자들에게 종업원들의 행동을 예측하든가 통제하는데 활용될 수 없다는 것이다.

리더십 훈련 프로그램이 실패하는 경우에 대부분의 경우에 공통적인 특성이 있다. 일반적으로 이러한 프로그램은 교육 효과를 높인다는 목적으로 개개인의 성향을 몇 가지의 지표들을 활용해 분류, 특징짓게 된다. 일반적으로 사용되어지는 분류 지표는 사람들의 성향, 사고형태, 판단력 등에 기초하여 개개인을 평가, 분류하고 있다. 이와 같은 방법은 일면 상당히 타당성이 있는 것으로 보인다. 어떻게 각각이 분류되었는가에 대하여 대부분의 사람들은 크게 의아해하지 않으며 일반적으로 그들의 성격이 꽤 자세하게 묘사됨으로서 이를 믿게 되는 것이다. 그러나 이러한 분류방법을 통해 종업원 개개인에 대한 통찰력 확보는 관리자의 리더십 확보와 훈련성과에 매우 미약한 영향만을 미칠 뿐이라는 것이다. 즉 본질적인 리더십 교육 목적과는 별개의 훈련과정이 되는 것이다. 스스로의 성향과 개성의 발견, 자기발견 테스트의 좀 더 큰 가치는 장기적으로 피교육자들의 거부감을 줄일 수 있다는 것이지 교육효과와는 사실상 무관한 것이다.

추가한다면 지속적 보완 교육의 부족은 왜 리더십 교육이 상당수의 기업에서 실패로 돌아가는 지에 대한 중요한 이유가 된다. 워크숍에서 어떠한 기법을 배운다는 것은 이를 실제로 적용한다는 것과는 별개의 것이라고 할 수 있다. 이를 실제의 작업 현장에 적용한다는 것은 이를 배우는 것 보다는 더욱 어려운 것이 사실이다. 특히 기존의 관리 스타일과 상반되는 내용이라면 더욱 더 그러하다고 볼 수 있다. 대부분의 기업에서 관리자들이 새로운 경영기법을 어떻게 실행할 것인가 하는 문제에 대하여 필요한 부분을 피드백하거나 추가 교육을 실시하지 못하고 있는 것이 현실이다. 결과적으로 리더십 교육에 참가하는 아주 극소수의 관리자들만이 그들의 관리관행에 변화를 가져올 수 있는 것이다.

서비스 개념 교육의 훈련 효과를 높이기 위한 방안

기업들은 각 교육과 훈련활동의 성공을 확신하기 위하여 몇 가지의 중요 요소에 대한 체계적 접근이 필요하다. 아래에서 그러한 요소들을 논의할 것이다.

❶ 사례 위주의 교육

서비스 운영개념 교육의 성과를 높이기 위해 실행 가능한 한 가지 중요한 방법은 조직 내에서 종업원들에게 상당히 연관이 있는 사례를 제공하는 것이다. 개념적으로 볼 때 그러한 사례들은 실제적으로 종업원들이 사업장에서 접할 수 있는 내용이어야 한다. 이러한 것들이 가능하지 못할 때 당사와 유사한 형태의 기업 사례를 바탕으로 이루어질 수도 있을 것이다.

❷ 조직 특성을 반영한 훈련 프로그램의 구축

각 기업이 처한 상황에 맞는 교육이 이루어져야 하며 기업 문화를 정확하게 반영해야 한다. 각 교육 프로그램을 통합관리 하면서 기업에 맞도록 개별화한다는 것이 필요한데 외부의 컨설팅 업체를 통한 교육의 경우에도 이에 따라 교육이 이루어져야만 한다. 교육 프로그램은 또한 기업 내 각 부서에 대해서도 특성을 반영해 개발될 필요가 있는데 이는 각 실행방법이나 사례들을 각각의 조직에 정확하게 반영하도록 수정을 가하는 것으로 볼 수 있다. 처음부터 무리한 투자 등을 통해 새로운 훈련프로그램을 개발하기 보다는 컨설팅 업체로부터 통합화된 프로그램을 구매하는 것이 비용측면에서 더욱 효율적일 것이다.

❸ 경영층으로부터의 교육

훈련과 관련된 모든 지침에서 언급하고 있는 점이 경영층의 솔선수범이다. 훈련은 탑다운Top-Down 방식으로 행해져야 하며 이는 조직의 상위 경영자에서 부터 하위 종업원으로 교육 프로그램이 진행되어야 한다는 것을 의미한다. 경영자들은 일부의 축소된 교육에만 참가하기 보다는 교육의 전 과정에 참가하는 것이 필요하다. 만약에 경영자들이 서비스 운영을 리더 해 나가는데 필요한 임무라든지 책임사항들에 대하여 초점을 맞추고 부가적인 교육을 계속하여 받게 된다면 이는 상당히 유익한 것이 될 것이다.

❹ 지속적인 피드백의 실시

서비스 개선 개념 교육의 효과성은 문제점들의 예방이라든지 고객의 만족도를 높인다든지 하는 점에 초점을 맞춘 조직 내의 구체적인 계획이나 변화가 발전적이며 즉각적으로 이루어 질 때 높아진다고 할 수 있다. 예를 들어 어느 한 기업은 서비스 개선 노력의 일환으로 고객만족도를 측정하기 위하여 새롭고 폭넓은 접근법을 시행하고 있다는 점을 조직 내외에 알릴 수 있을 것이다. 또한 시행 중에도 각의 단계에서 종업원들은 어떠한 시행책들이 실제로 이루어지고 있는지 알 수도 있으며 진행과정에 대한 참여도 유도할 수 있을 것이다.

서비스 개선 교육의 효과성을 높이기 위한 방안

❶ 실수에 대한 긍정적 시각

기업 차원의 서비스 개선을 위한 도구 훈련의 효과성을 상승시키기 위한 가장 중요한 활동이라고 할 수 있다. 서비스 수준 향상을 위한 도구와 관련된 훈련에 있어서 종업원들은 그들이 받은 교육을 실제로 실행하는데 있어 충분한 시간을 가져야만 한다. 가장 효과적인 훈련이라고 함은 각각의 기법들에 대하여 실제로 실험을 해보고 이를 통합화하는 것이라고 할 수 있다.

❷ 실행 가능한 체계의 구축

성공적인 서비스 개선 도구 교육은 어떻게 도구들을 그들의 작업장의 환경에 맞게 적용할 것인가에 대한 이해를 필요로 한다. 개념적으로 볼 때 이러한 교육 프로그램은 서비스 향상 활동 전반을 통하여 직접적으로 대할 수 있는 충분한 시간의 확보가 필요하다. 제조 기업에서 품질향상 도구들에 대한 교육과 실행을 병행하여 실시하는 것과 동일한 접근방법이라고 할 수 있다.

구체적 주제별 교육을 효과적으로 실행하기 위한 방법

❶ 피교육 종업원의 선정에 대한 주의

특정 주제에 대한 교육은 기업의 사업전략을 반영하고 있어야 하며 사업전략과 서비스 수준 향상 목적은 훈련의 가장 중요한 동기가 되어야 한다. 아무리 중요한 교육내용이라고 하더라도 교육이 필요한 종업원을 판단하고 집중하는 것 이상으로 효과성을 높일 수 있는 방안은 없을 것이다. 교육 훈련의 목적이 전체적인 사업 목적과 병행될 때에 개별 부서나 직무에 기초하여 어떤 종업원에게 훈련이 필요하며 어떤 주제로 교육을 시행해야 할 것인가를 결정할 수 있다.

❷ 교육 내용의 체계성 확보

몇 가지 훈련을 실시한 이후에 폭 넓게 현장에 적용되길 원하는 기업의 경우에는 구체화된 교육 순서나 사전 요구사항, 개별 부서나 종업원들의 수준에 따라 제시된 교육 커리큘럼이 시스템적인 형태로 구성되어 있어야 한다. 말콤 볼드리지 상과 같은 일종의 표준화된 체계를 경영혁신 프로그램이나 교육 시스템으로 채택하고 있는 상당수의 기업들은 이러한 기준을 각 교육 훈련과정을 나열하고 각 훈련들의 다양한 조합을 제시하는데 이용하고 있다. 기업에서 훈련과정과 교육 프로그램을 설계하는데 명심해야할 점이 있는데 우선 전체 교육대상 계층을 몇 가지로 구분하여 초보, 중간, 고급수준으로 구분한 교육이 이루어져야 하며 그 다음으로 전체 교육대상자들을 위한 기초 교육에서 필수적인 내용은 어떠한 것이 있으며 어떤 점을 선택사항으로 할 것인가를 규정해야 한다. 이렇게 체계적이며 피교육자들을 구분하여 교육하기 위한 커리큘럼의 작성은 짧은 시간의 교육에도 교육 효과를 배가할 수 있는 적절한 방법이다.

❸ 부서별 필요한 교육의 개발

특정 주제에 관한 교육은 기업 내 각 부서별로 고객화하여 개발되는 것이 가장 효과적일 것이다. 예를 들어 제조기업의 경우에도 엔지니어링이나 재무, 생산, 서비스 부서 등에서 서비스 활동을 정도의 차이는 있지만 모두 운영하게 된다. 따라서 각 부서별 특성과 업무의 성격을 고려해 서비스 교육 프로그램과 체계가 구성되어야 할 것이다. 즉 훈련 과정은 각 부서별 요구 사항에 적합하도록 이루어져야 하는 것이다. 각 부서가 독립적으로 운영되며 의사결정이 분산화 되어 있는 기업일수록 이러한 접근법이 더욱 효과적이라고 할 수 있다. 개별화된 훈련 과정에서 필수과정과 선택과정은 각 부서별로 명확화 되어야 할 것이다. 예를 들어 모든 종업원들은 기업의 서비스 운영 철학이나 접근방법에 대하여 개략적으로 설명한 기본 과정을 완벽하게 수행할 것이 요구되고, 이러한 핵심적인 사항이 완료된 이후에 각각의 훈련 일정별로 특별한 주제에 관하여 필수과정과 선택과정으로 분류되어 교육이 실시되는 것이 가장 효과적일 것이다.

❹ 계획단계에서의 교육 프로그램 고려

각 훈련과정이 앞에서 언급한 것처럼, 외부 컨설팅업체로부터 패키지 상태로 구매가 이루어지거나 혹은 자체 인력에 의해 구체적으로 개발되기 이전에는 교육과정을 설계하는데 여러 가지 가능성과 과정을 고려할 수 있어 유연성과 효율성이 허용된다고 보아야 한다. 따라서 초기단계에 유연하게 교육과정을 설계하고 커리큘럼을 작성할 수 있으며 향후 추가로 필요한 사항들에 대해서만 구매하거나 개발한다는 의미가 되어 좀 더 효과적인 교육성과를 기대할 수 있을 것이다.

리더십 교육을 좀 더 효과적으로 실시할 수 방안

❶ 지속적 피드백의 실시

리더십 훈련과정을 완전히 마친 관리자의 경우에 얼마나 성공적으로 새롭게 익힌 경영기법을 잘 활용하는가를 알아보기 위해 피드백이 반드시 필요하다. 미국의 일부 기업들은 교육훈련 전과 후를 비교할 때 리더십 훈련에 대한 피드백을 활용해 관리관행에 변화가 얼마나 이루어졌는가를 종업원을 통해 확인하기도 한다. 이 경우에 리더십에 대한 교육을 실시하기 몇 주 전에 종업원들은 그들 관리자의 관리행위에 대하여 익명의 설문지를 작성한다. 자료가 통계 처리되고 결과가 나와 개선이 필요한 부서가 확인되면 그리고 리더십 관련 워크숍을 가진 지 일정 시간 후에 각 종업원들은 똑같은 설문지를 작성하게 된다. 워크숍 진행 스태프들의 도움을 받아 개별 관리자들은 비교 결과를 확인하게 되며 이를 바탕으로 각각의 강점과 향상되어야 할 부분에 대하여 개별적인 도움을 받게 되는 것이다.

이러한 방법을 사용하여 리더십 교육의 효과를 극대화하고자 함에도 불구하고 몇몇의 관리자들은 여전히 그들의 관리관행을 변화시키는데 실패하고 있는데, 이는 바꿔 살펴보면 리더십 교육이 성공할 가능성을 더욱 높이는 계기가 될 수도 있다. 이에 추가하여 리더의 입장에서 기본적 커뮤니케이션을 위해 필요한 기본적 통계개념을 이 장의 <보충 자료>에 포함하였다.

훈련이 실패로 돌아가는 경우에 단순히 훈련에 대한 개념과 몰입의 부족이라고 치부할 수는 없다. 보통 그런 결과가 발생하는 것은 훈련의 내용과 방법이 명확하지 못하기 때문이라고 할 수 있다. 여기에서 우리는 기업이 전형적으로 실시하고 있는 훈련의 단계와 각 단계에서 이를 실패로 이끌 수 있는 몇 가지의 요소들에 대하여 알아보았다. 우리는 또한 기업조직이 효과적인 훈련 프로그램을 그들의 목적에 맞도록 설계하는 방법에 대해서도 몇 가지의 제안을 하였다. 훈련은 아직도 올바르게 시행만 된다면 여전히 조직에 대한 가장 중요한 투자의 대상이 된다.

보충 자료

1. 통계적 사고의 의미

- 통계적 사고statistical thinking는 개선 활동을 성공적으로 수행하기 위한 토대가 된다. 통상적으로 활용되는 통계 수준은 고급 통계보다는 기본적 원리와 도구에 초점을 두고 있으며 이론적 학습보다는 실무적 실행에 비중을 높게 둔다.
- 통상적으로 통계적 사고는 ❶모든 과제는 다수의 공정으로 구성되며 ❷각 공정에는 반드시 변동이 발생할 수 있으며 ❸변동을 줄이는 것이 최선이라는 의식을 포괄적으로 포함한다.

2. 통계의 의미

통계는 자료를 수집, 정리, 요약, 분석하고 해석, 추정, 예측하는 일체의 활동과 과정을 의미한다. 통계의 종류는 기술 통계와 추론 통계로 나누어진다.

3. 통계적 분석과정

A. 기술통계descriptive statistics

- 수집된 자료의 전체를 대상으로 현상과 상황에 대한 이해를 위해 수행된다. 따라서 그 결과는 표나 그래프의 형태로 나타나게 되며 간략하면서도 의미 있는 정보를 창출하게 된다.

B. 추론통계inferential statistics

- 눈으로 확인되는 부분을 바탕으로 전체를 추정하는데 목적을 둔다.
- 현상에 대한 원인을 설명explanation하는데 목적을 둔다.

C. 모수와 통계량 / 모집단과 표본

- 모집단population: 모든 개체의 집합
- 모수parameter: 모집단의 특성을 나타내는 수로 추정의 대상이 된다.
- 표본sample: 모집단에서 추출된 관측치의 집합 / 표본조사
- 통계량statistics: 표본의 특성으로 통산 표본을 생략하고 통계량이라는 용어를 사용한다.
- 표본조사의 필요성
  - 시간의 신속성
  - 비용의 경제성
  - 측정 영역을 설정할 수 있어 세밀한 조사가 가능
  - 전수조사가 불가능한 경우가 있기 때문이다.

    가. 모집단이 무수히 많은 경우

나. 모집단의 정확한 파악이 불가능한 경우

다. 파괴조사destruction of objects가 이루어져야만 하는 경우

- 표본의 모집단에 대한 대표성을 위해 무작위 추출이 통상적으로 이루어지고 있다.

D. 품질변동의 원인

- 무작위적 변동: 온도나 습도, 원재료 등 운영관리자가 통제할 수 없는 일반적인 이유로 인한 품질의 변동
- 수정 가능한 변동: 기계의 마모, 부정확한 기계설정, 저급원료 등 눈에 띄는 원인으로 야기된 변동
  - 관리 가능한 변동원인에 대하여 공정의 이상이 발생하였다고 보고 이에 대한 대처가 품질관리의 요체라고 할 수 있다.

E. 신뢰구간과 신뢰수준

- 전개과정: 모집단에서 무작위 추출된 n개의 표본을 바탕으로 표본의 평균값을 계산하면 이들의 분포는 모집단의 형태에 관계없이 중심극한정리에 의하여 평균이 μ이고 표준오차가 $\frac{\sigma}{\sqrt{n}}$인 정규분포가 된다.
- 반복적으로 많은 표본을 만들어 표본분포를 만들지 않고 일부 수집된 표본을 바탕으로 혹은 하나의 표본에서 얻은 표본평균($\overline{X}$)은 평균이 μ이고 표준오차가 $\frac{\sigma}{\sqrt{n}}$인 정규분포에서의 결과이므로 모집단평균(μ)의 위치를 중심극한정리를 통

해 파악할 수 있게 된다. 이러한 과정을 통해 $\overline{X}$가 $(\mu \pm 2_{s\overline{X}})$의 범위에 속할 확률은 약 95%이고, μ가 $(\overline{X} \pm 2_{s\overline{X}})$의 범위에 속할 확률은 약 95%이다. 신뢰구간은 $\overline{X}$를 이용하여 계산되고 이때의 신뢰구간 내에는 모수인 μ가 포함될 수도 있고 그렇지 않을 수도 있다. 여기에서 모수가 포함되지 않을 확률을 오차수준이라고 하며 α로 표시한다. 그 반대의 확률은 신뢰수준이 되고 $1-\alpha$로 표시한다.

4. 기술통계량

A. 산술평균

- N개의 관측치 $X_1, X_2, \cdots, X_N$의 산술평균

  산술평균 $\overline{X} = \frac{1}{N}(X_1 + X_2 + \cdots + X_N) = \frac{1}{N}\sum_{i=1}^{N} X_i = \frac{1}{N}\sum X$

  위의 계산공식에 있는 "Σ"는 합산기호이다.

B. 기하평균

- N개의 관측치 X_1, X_2, $\cdots$, X_N의 기하평균geometric mean은 $M_g = (X_1 \times X_2 \times \cdots\cdots \times X_N)^{1/N}$로 계산되며 $\log M_g = \frac{1}{N}\sum \log X_i$로 전개된다.
- 자료에 비정상적으로 큰 값이 포함되어 있을 때, 기하평균은 이 값의 영향을 줄여주어 중심경향치로 좋은 값을 제공해 주지만 측정값에 0 또는 음수가 포함되면 기하평균을

계산할 수 없다.

C. 중앙치

중앙치median는 측정치의 분포가 일정하지 않은 경우나 서수 자료에 대한 중심경향치로 많이 사용되고 있다. 그 의미는 모든 관측치를 크기의 순서대로 나열했을 때 중앙에 있는 위치하는 측정값을 의미한다.

$$\text{중앙치 } M_d = \begin{cases} X_{\frac{N+1}{2}}, & N\text{가 홀수일 때,} \\ \frac{1}{2}\left(X_{\frac{n}{2}} + X_{\frac{N}{2}+1}\right), & N\text{가 짝수일 때} \end{cases}$$

D. 분산

- 평균과 각 측정값 간의 차이를 제곱하여 그 합을 계산한 다음 전체 측정치의 수로 나누어 계산된다. 분산에 $\sqrt{\ }$를 취해 표준편차를 구하게 된다.

$$S^2 = \frac{1}{N}\sum_{i=1}^{N}(X_i - \overline{X})^2, \quad \overline{X} = \frac{1}{N}\sum X_i$$

E. 변동계수

- 변동계수coefficient of variation는 표준편차계수 또는 변이계수라고도 부른다.

$$CV = \frac{s}{\overline{X}}$$

5. 확률 분포

A. 확률변수random variable는 모집단을 표현하고 그 특성을 설명

하는 하나의 특성으로, 두 개 이상의 사건 혹은 측정값 유형을 가질 수 있는 임의의 발생 사건을 의미한다.

B. 확률모형에서 기댓값은 확률적 자료의 집중경향을 나타내는 통계치를 의미한다.

$$\begin{aligned} E(ax+b) &= \sum(ax_i+b)f(x_i) \\ &= \sum ax_i f(x_{i)} + \sum bf(x_i) \\ &= aE(x)+b \end{aligned}$$

$$\begin{aligned} V(ax+b) &= \sum[ax_i+b-aE(x)-b]^2 f(x_i) \\ &= a^2\sum[x,-E(x)]^2 f(x_i) \\ &= a^2 V(x) \end{aligned}$$

C. 이항분포

- 발생 가능한 모든 경우가 두 가지 사건 중에 하나이며 이 중에서 특정 사건이 발생한 빈도의 비율이나 백분율은 이항분포를 따른다고 본다.
- 이항분포는 n번의 베르누이 시행 중 특정 횟수 나타날 확률 분포를 의미한다.
- 이항분포는 p가 0.5일 때, np에 대하여 대칭이 된다.
- 근사치를 설정함에 있어, $np \geq 5$일 때 정규분포에 근사한 것으로 알려져 있다.
- p가 0.1보다 작거나 같은 경우에 $np \geq 50$일 때는 포아송 분포에 근사한다.

D. 이항확률

$$nC_k\ p^k(1-p)^{n-k} = \frac{n!}{(n-k)!k!}p^k(1-p)^{n-k}$$

$n=$ 시행 횟수

$p=$ 특정사상 발생확률

$k=$성공 횟수

E. 초기하분포

- 모집단의 크기가 유한하고 실험을 수행하는 과정에서 모집단의 크기가 줄어든다면, 즉 비복원추출이 지속적으로 이루어진다면 이항분포는 적합한 모형이 아니다. 이러한 경우에는 초기하분포로 정의되는 분포함수를 이용해야 한다.

$$P(x=k) = \frac{({}_RC_k)\,({}_{N-R}C_{n-x})}{({}_NC_n)}$$

- 초기하분포의 평균과 분산

$$\text{평균} = n\left(\frac{R}{N}\right)$$

$$\text{분산} = n\left(\frac{R}{N}\right)\left(1-\frac{R}{N}\right)\left(\frac{N-n}{N-1}\right)$$

F. 포아송 분포

- 포아송 분포Poisson distribution는 주로 단위시간, 면적을 대상으로 두 가지 사건 중 한 사건이 일어날 수 있는 확률사건

을 나타내는 데 이용된다.

- X가 n값을 가질 확률은 다음과 같이 정의한다.

$$P(X=n) \quad \frac{e^{-np}(np)^n}{n!} \quad , \ n=0,\ 1,\ 2,\ \cdots$$

- 포아송 분포에서의 평균과 분산은 동일하며 λ로 나타내며 np가 된다.

G. 정규분포

- 정규분포의 특성은 다음과 같다.
   ❶ 정규확률분포는 좌우대칭이며 확률곡선 상에서 평균치와 최빈치는 동일점에 위치한다.
   ❷ 연속확률분포에서의 전체면적은 100%이다.
   ❸ 곡선은 횡축은 무한대까지 이어진다.
   ❹ 정규분포곡선은 평균과 표준편차에 의해 분포가 결정된다.
- 평균이 μ이고 표준편차가 σ인 정규확률함수는 다음과 같이 나타낸다.

$$f(x) = \frac{1}{\sigma\sqrt{2\pi}} e^{-\frac{1}{2}\left(\frac{x-\mu}{\sigma}\right)^2}$$

- 정규확률분포에서의 확률계산은 정규분포곡선과 횡축 사이의 면적으로 측정되어 정적분에 의해 계산된다.

6. 표준정규분포

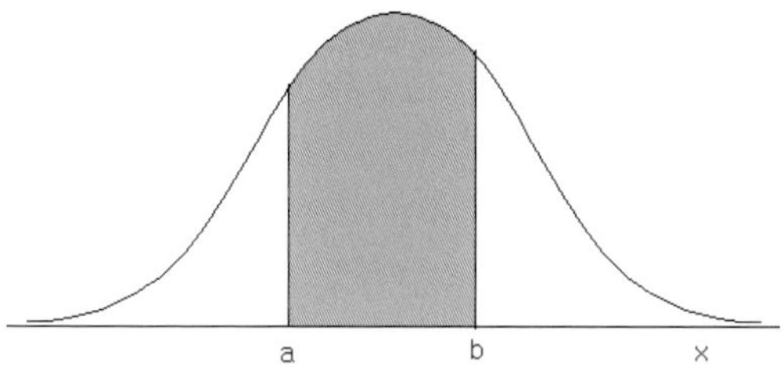

$$p(a \leq x \leq b) = \int_a^b f(x)dx$$

- 실제 계산에서는 Z값이라 부르는 표준 확률분포표를 이용하게 된다.
- Z값은 평균치(Z=0)로부터 표준편차의 몇 배만큼 떨어져 있는가를 나타내는 값이다. 보통은 '표준화'라고 개념으로 활용된다.

$$z\text{값} = \frac{\text{확률변수값} - \text{평균}}{\text{표준편차}} = \frac{x-\mu}{\sigma}$$

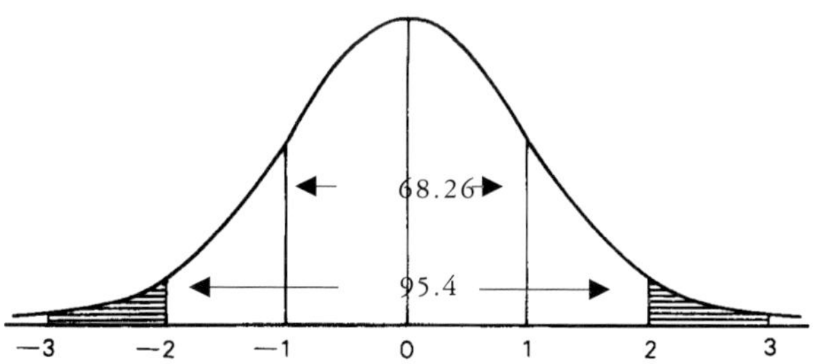

[표준정규분포곡선]

Z값	0과 Z값 사이의 면적 (p(z))
0.5	19.15%
1.00	34.13%
1.50	43.32%
1.60	44.52%
1.64	44.95%
1.96	47.50%
2.00	47.72%
2.33	49.00%
2.50	49.38%
2.58	49.5 %

- 표준정규분포곡선은 Z값에 대한 확률을 나타내는 곡선으로 평균이 0이고, 표준편차가 1인 정규분포곡선이 된다.

• 중심극한정리

- 평균이 μ이고, 표준편차가 σ인 임의의 모집단에서 크기가 n인 표본을 모두 취하면, 표본평균 $\overline{X}$는 n이 커짐에 따라 평균이 μ이고 표준편차가 $\frac{\sigma}{\sqrt{n}}$인 정규분포에 가까워진다.

• 표본분포(정규분포)의 형태

- 표본의 크기(n) 가 클수록 표준오차는 감소하게 된다.
- 모집단이 정규분표라면, 표본의 크기에 상관없이 평균이 μ이고 표준오차가 $\frac{\sigma}{\sqrt{n}}$인 정규분포가 된다.
- 표본의 크기가 크면, 모집단 분포 속성에 관계없이 표본평균은 정규분포를 이루게 된다.

- 표준오차는 모집단 표준편차를 n의 제곱근으로 나눈 값이므로 n이 커지면 표준오차는 작아지게 된다.

7. 추정

- 추정에는 점추정과 구간추정이 있다.
- 점추정은 단일 모수값을 구하고자 하는 노력으로 표준오차가 발생할 수밖에 표본 추정을 고려한다면 모수와의 차이는 발생할 수밖에 없다. 따라서 정확성면에서 권장되지 않는다.
- 구간추정은 모수가 포함될 것으로 보이는 구간을 통계적으로 설정하는 고정이다. 따라서 구간추정은 신뢰구간을 구하는 것과 동일한 의미를 가진다.

A. 원리

- 모집단에서 무작위적으로 n개의 표본(30개 이상을 권고)을 선택하여 각 표본집단의 평균값을 계산하면 이들의 분포는 모집단의 형태에 관계없이 중심극한정리에 의하여 평균이 μ이고 표준오차가 $\frac{\sigma}{\sqrt{n}}$인 정규분포가 된다.
- 따라서 하나의 표본에서 얻은 표본평균($\overline{X}$)은 평균이 μ이고 표준오차가 $\frac{\sigma}{\sqrt{n}}$인 정규분포 상에서의 하나이므로 모집단평균의 위치를 대체적으로 파악할 수 있다.

※ 측정된 단일의 표본평균($\overline{X}$)은 μ와 일치하지 않으며 이때 오차가 발생하게 된다. 이러한 추정오차는 표본평

균과 모평균과의 기하학적 거리가 된다.

B. 모집단 평균의 신뢰구간

- 모집단 모수에 대한 신뢰구간 추정은 σ를 알고 있는 경우와 모르는 경우로 구분하여 설정하게 되다.

- 모집단 표준편차를 아는 경우

$$\overline{X} \sim N(\mu, \frac{\sigma^2}{\sqrt{n}})$$

- 신뢰수준 $(1-\alpha)$의 양측신뢰구간

$$\overline{X} - z_{\frac{\alpha}{2}} \frac{\sigma}{\sqrt{n}} < \mu < \overline{X} + z_{\frac{\alpha}{2}} \frac{\sigma}{\sqrt{n}}$$

- 신뢰수준$(1-\alpha)$의 단측신뢰구간

$$\mu > \overline{X} - z_a \frac{\sigma}{\sqrt{n}} \quad \text{or} \quad \mu < \overline{X} + z_a \frac{\sigma}{\sqrt{n}}$$

- 모집단 표준편차를 모르는 경우

- σ를 모르기 때문에 표본자료를 이용하여 모집단 표준편차를 추정하게 된다.

- σ^2의 불편추정량은 표본표준편차의 제곱인 $s^2 = \frac{\sum(x-\overline{x})^2}{n-1}$

- $t = \frac{\overline{x}-\mu}{\frac{s}{\sqrt{n}}}$ 이며, t 통계량은 자유도 $(n-1)$의 t-분포를 보이게 된다.

- 신뢰수준 $(1-\alpha)$의 양측신뢰구간

$$\overline{X} - t_{\frac{\alpha}{2}} \frac{s}{\sqrt{n}} < \mu < \overline{X} + t_{\frac{\alpha}{2}} \frac{s}{\sqrt{n}}$$

- 신뢰수준 ($1-\alpha$)의 단측신뢰구간

$$\mu > \overline{X} - t_{\alpha}\frac{s}{\sqrt{n}} \quad \text{or} \quad \mu < \overline{X} + t_{\alpha}\frac{s}{\sqrt{n}}$$

• 오차한계를 고려한 표본의 크기

- 오차한계 : $z_{\frac{\alpha}{2}}\frac{s}{\sqrt{n}}$ or $t_{\frac{\alpha}{2}}\frac{s}{\sqrt{n}}$
- 오차한계를 줄이기 위해 $z_{\frac{\alpha}{2}}$를 작게 하려면, 분포의 우측 면적인 α가 커져야 하고, 따라서 신뢰수준($1-\alpha$)은 낮아지게 된다.

8. 검정

- 가설은 확인(검정)되지 않은 개인적 주장을 의미하며 가설검정은 주장에 대한 수용이나 기각 결정으로써 수단은 통계적, 비통계적 방법이 함께 이용되고 있다.

• 의사결정에서의 판단 오류risk

- 가설검정은 표본을 바탕으로 검정을 내리게 되고 증명이 불가능하기 때문에, 가설검정을 통하여 타당한 것으로 선택된 가설도 실제와는 차이를 보일 수 있다.
- 제1종 오류(α risk): 귀무가설이 참인데도 불구하고 이를 기각하게 되는 오류
- 제2종 오류(β risk): 귀무가설이 거짓임에도 불구하고 이를 받아들이는 오류

[가설검정의 오류]

표본통계량에 의한 의사결정	모집단 특성	
	귀무가설의 주장이 맞음	귀무가설의 주장이 틀림
귀무가설을 채택	올바른 결정	제2종 오류type II error
귀무가설을 기각	제1종 오류α-risk	올바른 결정β-risk

- 가설검정의 절차
  - 가설검정에 사용된 표본통계량인 검정통계량을 바탕으로 임계치와 비교하게 된다.
  - 유의수준을 바탕으로 임계치를 결정하고, 검정통계량과 비교하여 이보다 크면 귀무가설을 기각.
- t 통계량을 이용한 가설검정
  - 표본자료를 통해 검정통계량인 t-통계량을 계산하고 t-통계표에서 유의수준에 해당하는 임계치를 찾아 이들 간의 차이가 발생하는가를 통해 가설을 검정한다. 여기에서 t-통계량은 다음과 같이 구해진다.

$$t = \frac{\overline{X} - \mu_0}{s_{\overline{X}}}$$

  - 판단 기준

    | t-통계량 | < 임계치: 귀무가설을 기각 못함.

    | t-통계량 | > 임계치: 귀무가설을 기각

대립가설	기각영역	비고
H_a : $\mu \neq \mu_0$ (양측검정)	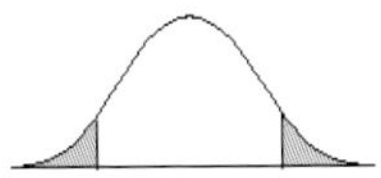	|t-통계량| > 임계치($t_{\frac{\alpha}{2}}$) 이면 귀무가설 기각
H_a : $\mu > \mu_0$ (우측검정)	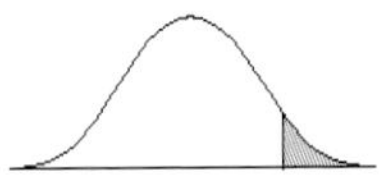	t-통계량 > 임계치(t_α) 이면 귀무가설 기각
H_a : $\mu < \mu_0$ (좌측검정)	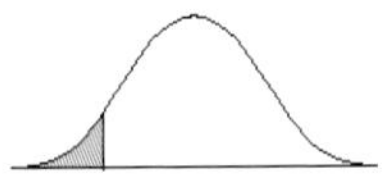	t-통계량 <임계치(-t_α) 이면 귀무가설 기각

서비스 성과관리

Chapter 04

서비스 개선과 향상을 통해 안정적이며 지속적인 수익을 실현하기 위해서는 단기적 성과에 일희일비해서는 안될 것이다. 성과의 수준을 객관적으로 평가할 수 있는 지표의 개발과 성과결과를 냉정하게 판단할 수 있는 경영자의 안목 역시 필요할 것이다. 여기에서는 서비스 개선노력을 통해 발생하는 성과를 어떻게 평가할 것인지에 대해 논의할 것이다.

서비스 수준 개선을 통한 성과의 향상은 그 결과가 구체화되는데 수년의 세월이 걸릴 수도 있다. 그럼에도 불구하고 기업들은 서비스 수준 향상을 시도하는 동안에 그러한 결과를 시행 첫해에서부터 일어나기를 바라거나 매년 발생하기를 바라는 욕심이 있는 것도 사실이다. 서비스 향상 노력의 초기 단계에서의 전략은 시행한 지 짧은 기간 안에 투자에 따른 수익을 발생시키는 것이다. 그러나 대부분의 기업은 그러한 수익을 실현하지 못한다. 이는 대부분의 기업들이 그들의 서비스 운영향상 활동을 단순히 원가 절감의 차원에서 혹은 시간이나 경제적 자원 혹은 그 외의 중요 자원의 절감에만 초점을 맞추고 있기 때문이다. 일반적으로 이러한 활동들로는 성과의 향상이나 고객 만족도 향상, 하부조직의 운영에 대한 효율성의 확보, 재무적 수익의 확보 등이 있을 수 없다. 오히려 잘못된 측정이나 잘못된 행위에 대한 강화, 잘못된 태도를 더욱 고무시키는 실수를 저지르게 되는 오류를 범할 수 있다.

여기에서 우리는 왜 상당수의 서비스 관련 기업들이 성과보다는 수행활동들에 대하여 관심을 기울이고 있는지를 그리고 그러한 활동들이 산출하고 있는 결과물의 한계에 대해 논의할 것이다. 또한 우리는 시간이나 경제적 자원을 잘못 활용하는 몇 가지의 실수사항들을 제시하며, 필요한 활동들과, 각 부서에서 기대하고 있는 성과향상을 실현하는데 도움이 될 수 있는 몇 가지의 제안을 하고자 한다.

성과의 중요성

기업들이 목표에 도달할 수 있는 수단인 활동을 중요시하고 여기에 너무 많은 관심을 기울이는데, 이에 비해 성과에 대해 크게 관심을 기울이지 않는 경향이 있다. 이는 경영학 강의실 안에서도 결과보다는 과정을 중시하라는 의미로 교육되고 있는 부분이기도 하다. 서비스 품질 향상을 위해서는 제조업 분야의 논리를 접목할 필요가 있는데, 지난 수십 년 동안 품질관리, 품질경영의 중요성을 주장한 Deming이나 Crosby와 같은 학자들은 장기간의 품질 향상 노력이나 고객만족을 창출하기 위한 활동들에 비하여 단기간의 재무적인 결과에 비중을 더욱 두고 있는 미국의 경영체계의 경향에 대하여 경종을 울린 적이 있다. 이러한 지적 때문인지는 몰라도 많은 기업들이 단기간의 재무적인 성과에 대하여 강조하지 않고 장기간의 성과향상을 유도할 수 있는 요소들에 관심을 높이고 있다. 이러한 경향은 국내에서도 받아들여져 기업의 모든 종업원들이 장기적 측면에서 적어도 한가지의 자기계발 사항을 제시하도록 유도하기도 하였다. 이것 자체가 잘못된 것은 아니지만 수년 동안 장기적으로 의도한 성과를 보일 수는 없는 것이다. 따라서 혁신 활동들에 대한 측정은 세심하게 실시하되, 목표를 달성하는데 있어 활동성과를 토대로 한 결과의 성공 유무를 관찰하고 측정하는데 관심을 기울여야 할 것이다. 여기서 성과는 초단기적 결과보다는 자율적으로 수립되며 성과실현에 충분히 필요한 시기를 고려한 중기 수준의 결과로 보아야 한다.

여전히 성과보다는 활동에 초점을 두는 방향에서 서비스 운영에도 동일하게 적용되면서 가장 신뢰할 수 있는 기준으로 말콤 볼드리지 상의 기준과 ISO 9000 기준들이 더욱 강화되고 있다. 글로벌 기준으로 이들 두 가지 표준 접근법에서 각 부문별 일정수준 이상의 점수를 유지한다면 활동에 초점을 더욱 두고 있다는 의미가 되어 기업들의 몰입을 더욱 유도하고 있다. 대략적으로 1,000개의 항목 중에서 650개 정도의 말콤 볼드리지 상 기준은 각 기업에서 활용되고 있는 활동들과 서비스 운영향상 접근방법에 기초하고 있다. 따라서 오직 350개 정도만이 성과물에 대한 기준을 제시하고 있는 것이다. 그 기준은 이미 활동하고 있는 품질수준 개선과 관련된 팀의 숫자라든지 서비스 운영향상과 관련하여 투자되는 금액, 이와 관련된 상을 수상한 사람들의 수, 그리고 이에 대한 인식도 등과 같은 지표들에 대한 자료들이다. 인적자원관리에 대한 부분은 특히 중요하게 강조되고 있다.

그런데 초기 모형과는 달리 1993년에 말콤 볼드리지 상 기준의 의미 있는 변화가 발생하였는데. 각 활동들의 효과성 수준을 측정할 수 있는 부분이 추가되었다. 예를 들어 '실제로 종업원들이 받게 되는 서비스 운영향상과 관련된 교육활동 시간' 대신에 실제로 각 훈련이 각 직급에서 어떠한 서비스 품질향상이라는 성과를 유도하였는지를 제출하도록 요구하고 있는 것이다.

말콤 볼드리지 기준과 유사하게 ISO 9000 인증을 받기위한 기준도 기업의 서비스 운영향상 활동들을 포괄적으로 기초하여 이루어져 있는데 각각의 중요한 공정들에 대하여 서류작업을 하거나 통제를 하는 등의 활동들을 실행하도록 기업들을 유도하는데 궁극적인 목적이 있다. ISO 9000 인증에 있어서는 활동의 성과에 대해서는 어떠한 면도 고려되지 않고 있다. 즉 활동이 체계적으로 정리되어 운영되고 있는가에 더욱 관심을 두고 있다. 따라서 ISO 9000 인증이 우수한 성과를 실현하고 있거나 실행되는 중요활동의 효과가 높다 라는 어떠한 증거도 제시받지 않고 있다는 것이다. 따라서 ISO 9000 인증을 받는다면 극단적으로 비효율적 기업의 운영이 될 수도 있는 것이다. 왜냐하면 그 인증을 위해 엄청난 비용을 감수해야 하기 때문이다.

기업의 잘못된 관행

잘못된 산출물의 성과에만 전략을 집중하며 자원을 투자하고 있는 기업이 많이 있다. 그들이 수행하고 있는 잘못된 활동들이나 혹은 수행하는 잘못된 방법들로 향상된 성과나 고객 만족도를 상승시킬 수는 없으며 그렇다고 서비스 제공과정의 공정 효율성도 향상시킬 수는 없다. 더욱이 잘못된 지시사항이나 잘못된 활동들에 대한 강화가 이루어지고 있어 잘못된 태도들을 고취시키는 오류를 범할 수도 있는 것이다. 따라서 여기에서는 부정적 성과를 발생시키는 기업의 오류들에 대해 논의하고자 한다.

❶ 성과지표의 오류

상당수의 대규모 기업들은 서비스 운영활동들에 따르는 성과를 아래와 같은 사항들을 고려하여 수집한 정보를 바탕으로 평가하고 있다.

- 종업원들이 매년 교육에 투자하는 시간
- 현장에서 활동하고 있는 팀 조직의 수
- 팀 활동에 소속되어 있는 종업원들의 비율
- 기업의 임무나 가치를 이해하고 있는 종업원의 비율
- 개발되고 있는 새로운 서비스 공정의 수
- 서비스 운영 향상을 위한 제안의 수

- 서비스 운영 향상과 관련된 다양한 수상제도에 제출된 건수와 참가 수준

비록 이러한 활동들은 쉽게 측정되고 수집이 되지만, 대신에 기업이 부적절한 산출물을 노리고 이를 실현하기 위한 전략에 자원을 투자하는 잘못된 결과를 초래할 수 있다. 예를 들어 서비스 개선 활동의 초기 수준에 있는 서비스 기업의 목표가 모든 종업원들이 서비스 향상과 관계된 팀 활동에 소속되도록 하는 것이었다고 하자. 이러한 경우에 그러한 팀들을 운용하고 훈련하는데 몇 년의 시간을 보내게 될 것이다. 이러한 지표에 따라서 개인이 두개 이상의 팀에 소속되어 팀 소속만으로 마치 서비스 수준이 이루어진 것으로 착각할 수 있는 것이다. 수년의 기간 동안 고객만족이나 생산성, 사이클 타임, 재무상의 혹은 운영상의 결과에 대한 측정에서 전혀 실적 상승은 일어나지 못할 수 있는 것이다. 어쩌면 생산성은 더욱 낮아질 수도 있는 것이다.

많은 팀조직에서 종업원들에게 왜 팀을 구성하는가라고 질문해보면 대부분의 경우에 정해진 모임시간이기 때문이라고 말한다. 또한 각 팀이 수행하는 업무가 무엇인가? 하는 질문을 받게 되었을 때는 아직 구체적인 주제나 공정을 선정하지 못하였다고 말하는 경우가 대부분이다. 자율적 팀 활동과는 거리가 멀다고 보아야 한다. 이러한 기업에서 각 팀들이 구체적인 개선 분야를 정하고 팀 구성원들이 열심히 노력을 한다고 해도 기업 성과의 향상에 직접적인 역할을 수행하고 있는가에 대해서는 의구심이 드는 것이 사실이다. 이러한 문제가 표면화되면 해결책은 단 한가

지이다. 팀 수를 단계적으로 줄이고 단순히 팀에 소속된 종업원의 수를 높이는 목표치를 활용해서는 안된다는 것이다.

일부 기업은 서비스 운영 성공의 측도로 서비스 개선 활동에 참가하는 종업원의 비율을 활용하기도 한다. 대개 이러한 목표는 서면으로 작성이 되는데 참여 종업원의 기준으로 삼는 것은 대개 24시간 정도의 서비스 운영관련 교육을 받게 되면 참여자로 카운트가 되는 형태이다. 또한 종업원별, 성별에 따른 참여 인정기준에서 약간의 차이를 두기도 한다.

그러고 나서 훈련이 종료된 후에 참여자로 인정된 종업원들을 대상으로 교육에서 받은 내용들을 어떻게 실제로 적용하고 있는지 질문을 받게 된다면 아마도 대부분 실무 현장에서의 활용은 이루어지지 않고 오히려 잊어버렸다는 대답이 대부분을 차지할 것이다. 이들 종업원들은 팀을 능동적으로 이끌어가지도 못했으며 그러한 팀의 구성원으로 적극적으로 참여할 것을 요구받지도 않아 팀 활동에서의 몰입이 그 만큼 부족했던 것이다.

또한 적극적으로 서비스 개선활동을 수행하고 있다고 자부하는 기업들의 경우에 서비스 개선과 관련된 교육에 종업원들이 참가한 시간으로 각각의 서비스 활동 진척도를 평가하기도 한다. 상대적으로 많은 시간을 훈련에 참가한다면 이는 서비스 개선관련 훈련의 질도 자동적으로 그리고 시간과 비례하여 상승한다고 믿는 것이다. 대부분 이론 교육중심으로 이루어진 그러한 교육을 종업원들이 받음으로서 실제적으로 훈련시간만 증가되는 결과를 낳게 되기도 한다. 과연 종업원들이 실제적으로 우수한 훈련을 받는가 그렇지 못한가 하는 부분에 있어서의 문제점은 이를 제대로 측정할 만한 측정지표가 존재하지 않고 있다는 것이다.

❷ 성과실현보다는 행위 자체에 대한 지나친 관심

대다수의 기업, 특히 서비스 기업에서는 각 공정이 기계에 의하기 보다는 인간에 의해 통제되고 있다. 혹은 연구개발 부서나 현장공정에서의 종업원들의 업무 성취도는 측정하기가 대단히 어렵다고 할 수 있다. 결과적으로 많은 수의 기업들이 종업원들의 단순한 업무 성취보다는 종업원들의 태도를 통제하는데 비중을 크게 두고 관심을 기울이고 있다. 행동을 측정하는데 있어서의 약점은 그것 자체가 바로 제대로 된 측정도구가 아니라는 것이다.

예를 들어 대규모의 슈퍼마켓 체인의 관리인은 종업원들이 좀 더 친절한 모습을 보여주길 바라며, 점원들이 늘 웃으며 인사하도록 교육하고 강조하고 있다. 종업원들의 행동이 예외 없이 잘 수행되도록 하기 위하여 보상 시스템을 활용하기도 하며 고객들에게 예의 있는 인사를 잘 하는 경우에 좋은 성과를 보인다고 평가하는 것이다. 그러나 실제로 종업원들은 업무 시간 중 7% 정도를 인사하는데 소모하고 있으며 세달 정도 지나면 고객과의 거래 중 약 85% 정도에서 자연스럽게 인사를 주고받은 것으로 알려지고 있다.

그러나 여기에 문제점이 있는데, 고객에 대한 인사를 듣길 바라지 않거나 이를 확실하게 듣지 못한 약 75% 정도의 고객들에 대해서도 종업원들이 예외 없이 인사를 하도록 하기 위하여 상당한 시간과 자금을 투자하고 있다는 것이다. 불필요한 교육과 훈련이 이루어지고 있는 것이다. 실제로 대부분의 경우에 고객과의 직접면담을 해보면 약 50% 정도의 고객들은 종업원들의 인사를 제대로 듣질 못하고 있는 것으로 드러난다. 약 25% 정도는 확실하게 들었다고 답하였으나 나머지 25% 정도의 고객들은 인사 자체를 바라지 않는 것으로 측정되는 것이다. 이러한 고객들의 요구사항을 고려하지 않은 획일적 접근방법으로는 서비스 개선 노력에 효과성을 기한다는 것은 한계가 있다.

이처럼 전통적으로 기업들은 종업원들의 성과보다는 종업원들의 행위를 통제하는데 너무나도 많은 관심을 기울이고 있다. 실제 효과성에 대한 면밀한 고려는 뒤로 미루고 지표관리의 용이성 때문에 행위통제에 매진한다고 보아야 한다. 따라서 성과를 측정하기 이전에 행위를 측정할 필요는 없는 것이다. 종업원들의 행위에 대한 양적인 성과 측정치를 잘못 이해한데서 비롯되었다고 할 수 있다. 성과에 대한 행동적 결과는 적절하지 못하게 운영되고 있다.

이러한 경우에 종업원들의 행위를 변화시킬 수 있는 동기 부여는 가능할지 모르지만 고객들이 장래에 더욱 많은 물건을 구매할 수 있는 가능성을 높인다고는 볼 수 없는 것이다. 궁극적인 목적이 의미가 없어지게 되는 것이다. 내부성과 실현으로만 끝날 수 있는 것이다. 그러한 것들은 의미 있는 행위의 변화라고 볼 수 없으며 비록 그렇다고 하여도 하부조직의 성과를 향상시키는데 큰 영향을 미친다고는 볼 수 없다.

❸ 고객관계에의 지나친 집중

서비스 기업에서는 고객과 대응하는 종업원들의 경우에 웃음을 짓고 고객과 정답게 대응하며, 문제가 발생하였을 때 그 문제를 잘 해결해줌으로서 고객을 기쁘게 해 주도록 교육을 하고 있다. 결과적으로 극도로 즐거워하고 친절하기만 한 능력 없는 종업원을 만들어, 고객들이 일상적으로 대하게 되는 결과를 초래할 수 있는 것이다.

서비스 개선 노력을 시행하고 있는 조직의 경우에 능력보다는 친절에만 관심을 집중하는 한 가지 중요한 이유는 친절이 상당히 경제적이고 실행하기도 수월하기 때문인 것이다. 대부분의 사람들은 단 하루의 교육으로도 충분히 친절에 대하여 교육을 받을 수 있게 된다. 종업원들에게 각 직무에서 지식이나 능력을 교육한다는 것은 더욱 더 많은 시간과 노력, 자금이 필요한 것이며 이를 위해서는 좀 더 능력 있는 신규 인력이 필요한 것이다.

종업원들이 친절하고 유머 있고 밝은 태도를 가진다고 하여 이러한 것이 경쟁력이 없는 성과에 대한 보상이 될 수는 없다. 즉 경쟁력 있는 성과를 이룰 수 있는 종업원 교육이 훨씬 중요하고 더욱 필요한 것이다. 이러한 접근은 단순히 고객과의 관계만을 고려한 판단이 아니라 관리자의 입장에서도 단순히 친절한 종업원보다는 능력을 가진 종업원을 선호할 것이다.

친절이라는 항목에 과도한 교육 역량을 집중하고, 종업원들이 업무를 수행하는데 있어서 필요한 고유한 능력에의 교육을 소홀히 하는 기업의 경우에 하위 관리자나 종업원들의 능력 향상이라는 목표는 실패로 돌아갈 가능성이 크다.

❹ 원가 절감에의 과도한 초점

상당수 기업들이 서비스 개선성과를 외부에 알리기 위한 자료로 원가절감 수준을 제시하고 있다. 종업원들마저도 실현하기 어려울 것으로 생각한 분야에의 원가절감을 외부에 알려서 본인들의 성과실현을 자랑하고 싶어 한다. 일반적으로 이러한 기업들은 서비스 개선 도구들에 대한 교육을 실시하고 성과를 향상시킬 주제에 대하여 팀을 구성하고 팀 작업을 실시하고 있는 경우가 많다. 그러한 팀 활동은 단기적인 측면에서 기업의 원가를 절감시키는 부문에 대해서만 실시되는 경우가 대부분이다. 서비스 개선이나 고객 만족도 향상은 팀 활동을 통한 성과개선의 대상으로 고려되지 못하고 있다.

삼겹살 구이 식당을 예를 들어 평가해보도록 하자. 만약에 원가절감으로 성과를 평가하는데 초점을 두고 있는 기업이라고 한다면, 고객 만족도라든지 서비스 개선에 대한 측정도구나 자료를 확보하고 있지 않을 것이며, 장기적으로 그러한 지표들의 추세를 파악할 근거도 확보하고 있지 못할 것이다. 아마도 그 기업은 팔려나가는 돼지고기의 양과 버려지는 양, 즉 폐기처분율에 대한 자료에 관심을 집중하고 있을 것이다.

서비스 기업임에도 불구하고 적지 않은 기업들이 팀 실행의 성과평가를 위해 노무비 같은 비용요소에 크게 관심을 기울이고 것은 놀라운 일이지만 현실이 그러하다. 따라서 장기적인 측면에서 고객만족을 통해 서비스 기업의 성과를 실현한다는 기본전제를 간과하고 있다고 할 수 있다. 재무적 실적이나 원가절감에 치중한다는 것은 근시안적인 전략이며 그러한 측도들에 의해서는 고객 만족이나 장기적 성과의 실현이 보장된다고 할 수 없다.

❺ 기업내부 성과에만 관심

기업내부의 성과실현에 과도한 집중을 하는 것이 종업원들을 통한 서비스 개선 성과실현에의 목표 실현에 한계가 나타나는 큰 이유이다. 이들 기업들은 내부나 외부 고객의 만족과는 거의 상관이 없는 공정개선에 큰 관심을 기울이는 경우이다. 공정 개선이 외부 고객이 체감하는 목표와 관계가 없을 수는 없지만 과도한 내부 성과실현에의 관심은 오히려 서비스 개선 노력의 효과성을 감소시킨다고 할 수 있다.

공정의 변환이나 작업 순서의 변화를 통하여, 고객으로부터 주문을 받고 성공적으로 주문을 완료하여 인도하는 시간을 상당히 감소시킬 수 있다. 그러나 고객들이 그러한 공정상의 변화에 따른 결과에 대해서 가지는 관심은 생산 사이클 감소라기보다는 수령한 제품이나 결과물의 수준이 되고, 그 기업에서는 이미 효율적인 주문 처리 공정을 활용했다는 것이 중요한 것이다. 즉 고객이 진정 바라는 것과 기업의 내부 성과실현과는 미묘한 차이가 발생하게 되는 것이다.

규모가 큰 기업일수록 성과평가 측도를 개발하는 인적자원부서에서 성과향상 노력을 시행하기 이전에, 중요한 대상이라고 할 수 있는 고객들의 평가를 반영하는데 오히려 소홀한 경향이 있다. 대기업의 경우에 자금력을 바탕으로 좋은 성과측도를 개발하기 위하여 노력을 경주할 수 있으며 새롭게 개발된 시스템은 기업내부 인력들이 비교적 수긍할 수 있는 수준일수도 있다. 그러나 대부분의 이런 성과평가 측정지표들은 많은 문항들에 대해 과도한 서류작성 작업과 시간측정을 요구하는 경우가 많다. 도입 초기와는 달리 대부분의 경우에 종업원이나 관리자들에게서 외면 받게 되는 것이다.

국내 서비스기업 뿐만 아니라 제조 기업들의 경우에 시간과 경제적 자원을 대상으로 공정의 효율성 향상을 위해 기업 내부 부분에 관심을 집중하고 있다. 이러한 활동들의 대부분은 고객 만족도를 향상시키거나 고객우선 전략과는 사실 상당히 거리가 있는 접근이다. 고객을 우선시하는 전략이나 이와 관련된 요구사항들을 명확히 하는 아주 간단한 절차들만으로도 고객들의 태도를 우호적으로 바꿀 수 있는데도 먼 길을 돌아가고 있는 것이다.

주요 성과변수에 대한 무관심의 원인

서비스 개선과 운영에서 가장 중요한 관리 분야라고 할 수 있는 것은 공정 관리가 될 것이다. 이러한 중요성으로 인해 많은 수의 기업들이 그들의 성과나 결과를 향상시키기 위해 공정을 측정하거나 향상시키는데 노력을 경주하는 결과를 가져왔다. 다양한 교육 훈련과정에서도 서비스 품질개선을 위해 공정관리의 역할을 강조하기도 한다. 대부분의 경우에 이 접근법은 꽤 성공적이라고 할 수 있다. 공정의 분석, 성능의 향상, 중요요소들에 대한 통제에 의해서 결과들은 더욱 더 안정적이며 고객요구에 가까워지고 변동성이 감소하기 때문에 서비스 수준은 향상하게 된다.

그러나 적지 않은 경우에 이러한 성공적 성과를 지속적으로 실현하는데 실패하고 있다. 그 이유는 공정에 해당하는 변수들에 대한 측정과 통제 등에 의해서 서비스 수준을 향상하려면 원하는 수준의 서비스수준을 달성하도록 하는 성과의 변수들에 대한 실증적인 분석이 이루어졌을 때만이 효과적이다. 막연히 공정상의 변수들이 원하는 수준의 결과를 달성될 것으로 보는 것은 너무 안이한 접근이 된다. 종업원들의 행동과 공정변수와 결과 혹은 산출물 간에 어떠한 관계가 있는지 명확히 파악하는데 실패한 경우에는 공정관리에 대한 시도는 오히려 시간이나 경제적 자원의 낭비만을 초래한다.

이러한 대표적인 경우가 벤치마킹이라고 할 수 있다. 본질적인 의미에서 벤치마킹은 매우 가치 있는 활동이다. 그러나 제대로 필요한 수준으로 사용되지 못한다면 의도한 목표를 실현하는데 실패할 가능성이 크다. 경영자들은 자연스럽게 다른 기업을 방문하거나 동료 경영자, 혹은 관련 단체를 통해 다양한 정보를 얻게 된다. 실제로 이러한 정보를 통해 우수한 경쟁기업의 서비스 제공과정과 개선노력에 대한 학습을 하기도 한다. 문제는 관련정보를 너무 다양한 범주에서 획득한다는데 있다. 또한 경영자와는 달리 하위의 관리자라든지 종업원들이 이러한 정보를 받아들일 준비를 하지 않고 있다는 것이다.

벤치마킹을 대상을 어디로 할 것인가도 중요한 맥락이다. 만약에 벤치마킹의 대상이 업종의 일류 서비스 기업이 아니라고 한다면 오히려 시간과 자원의 낭비에 불과할 수가 있다. 대부분의 벤치마킹 대상 기업은 대중매체들에 의해 많은 알려진 기업들인데 실제로 이들 기업들은 우수한 성과를 보여서라기보다는 미디어들과 우호적인 관계를 유지시키고 있기 때문이다. 다시 말해서 이들 기업들에 대해 어떻게 하면 긍정적인 기사가 실릴 수 있을 것인가에 대해서 알고 있다는 것이다. 일부에서는 외부 컨설팅 업체로부터 벤치마킹 대상을 선별하기도 한다. 그러나 이러한 리스트의 상당수는 그 신뢰성이 의심스러우며 일부는 컨설팅 대상 기업을 소개하는 경우도 있으므로 주의가 필요하다.

효율적인 벤치마킹을 위해서는 우선 벤치마킹의 대상 폭을 상당히 줄일 필요가 있다. 예를 들어 비품관리를 어떻게 하고 있는지, 장비의 유지보수에 대한 정책은 어떻게 실시하고 있는지 등으로 구체화할수록 벤치마킹의 효과는 뚜렷하다고 할 수 있다. 벤치마킹의 효과성을 높이기 위해서는 벤치마킹의 대상을 최고 수준의 기업으로 한정하는 것도 필요하다. 구체적인 공정과 그러한 일련의 활동들을 위하여 충분한 계획을 세우고 수행할 목적을 분명히 하는 것도 잊어서는 안된다.

과정과 성과에 대한 균형적 시각

서비스 개선 활동을 성공적으로 실행하고 있는 기업들의 경우에 증가된 매출액이라든지 팀 프로젝트 활동을 통한 수익의 실현만으로도 충분한 가치가 있다고 평가하고 있다. 이러한 기업들의 경우에는 서비스 개선을 통해 초기부터 어느 정도의 수익이 실현된 경우라고 할 수 있다, 여기에서는 궁극적인 목표하고 할 수 있는 수익실현 전략과 활동들을 살펴보도록 한다.

❶ 성과에의 관심표명

서비스 개선활동을 진행하는 기업들은 다양한 부문에 걸친 성과 향상을 목표로 개선 노력을 진행하여야 한다. 즉 일부 부문만을 추구하는 것은 오히려 기업의 전사적 노력에 대한 효과를 경감시킬 수 있다. 예를 들어 고객 만족, 공정 효율성과 같은 운영성과, 재고 수준, 서비스 수준, 재무적 성과, 종업원 만족 등을 포괄적으로 살피는 노력이 필요하다.

서비스 운영과 관련된 모든 활동들은 위의 5가지 결과들에 긍정적인 영향을 미치는 각 활동들의 능력들에 근거하여 평가되어져야 한다. 이러한 부문에 대하여 긍정적인 결과를 산출하지 못할 경우에는 이 부분들에 대한 적절한 수정조치가 취해져야 할 것이다.

❷ 공정 통제에의 초점

대부분의 서비스 운영과 관련된 문제들은 공정의 다양성 때문에 발생한다고 볼 수 있다. 서비스업은 제조업에 비해 특히 고객화된 공정의 필요성을 높게 보고 있다. 따라서 공정을 통제하고 이러한 다양성을 최소화할 수 있는 기업은 높은 수준의 서비스 운영성과를 지속적으로 산출할 수 있을 것이다. 일부 서비스 기업의 경우에는 공정의 다양성에 따른 문제점을 해결하기 위해서는 공정에 대한 감독과 통제가 오히려 더욱 많이 필요하다는 것을 알고 있다. 지금까지 공정의 안정적 관리를 위해 품질관리 분야를 중심으로 무수히 많은 연구가 진행되어져 왔으며 서비스 운영에 대한 주요요인들에 대하여 관리 허용치라든지 규격 상한치라든지 하한치를 구체화 하였다. 그리고 통제기법들이 설계되고 서비스 운영수준에 대한 허용범위 안에서 일정한 결과를 유지하는 폭에서 실제공정에 개발되어져 왔다. 공정통제에 대한 접근방법은 결국 고객들을 위한 모델이라고 할 수 있다.

기계나 컴퓨터에 의해 공정이 통제되는 제조공정의 경우는 상대적으로 용이하게 공정통제가 이루어진다고 볼 수 있다. 그러나 서비스업은 대부분 인력들의 활동에 의해 이루어지는 경우가 대부분이라는 점에서 행동이라는 변수가 가장 변동이 심하고 중요하다고 할 수 있다. 인간은 매 시간 동일하게 반응되도록 조정될 수 없으므로 인간이 포함된 공정의 경우에는 제조업과 같이 정확하게 통제된다고는 볼 수 없는 것이다.

인적활동에 기반을 둔 작업공정의 통제에 성공적인 결과를 유도한 기업으로는 리츠칼튼 호텔을 예로 들수 있다. 그 기업은 전체 호텔업에 대한 750개의 공정을 나누고 각각에 대한 자료를 수집하고 있으며 표준제품에 맞도록 각 전략을 통제하고 있다. 인적활동에 대한 통제전략은 체크리스트 도구를 활용하여 간단히 실행할 수도 있다. 예를 들어 비행기 조종사들의 경우에 모든 비행에 앞서 완벽한 체크리스트를 확인하도록 의무화되어있다. 이러한 것들은 매 시간에 정확하게 업무가 수행되도록 도움을 줄 수 있다.

❸ 향상 수준에 높은 관심

대부분의 기업들은 활동들이 목표했던 결과들을 산출할 수 있는지 그렇지 않는지에 치중하기 보다는 일어난 활동들의 크기만을 측정하는 오류를 범하고 있다. 종업원들이 훈련에 보내는 시간의 크기나 팀 조직에 소속된 종업원의 수와 같은 수준과 함께 이를 통해 어떠한 결과가 발생하고 있는지 추적지표에 대한 관심을 가져야 하는 것이다.

훈련결과의 유효성을 측정하기 위해 전통적인 방법이라고 할 수 있는 훈련시간이라든지 투자자금에 대한 측정이외에도 훈련의 효과를 측정하는데 다양한 기법들을 활용할 수 있다. 이러한 자료는 관리자들에 의한 면담 결과의 내용, 작업 중 행동들에 대한 면밀한 관찰 자료 그리고 실제 직무성과 등에 관한 자료를 포함할 수 있다. 예를 들어 장비의 유지보수를 담당하는 인력의 훈련 효과성에 대한 평가내용은 훈련을 받기 전과 받은 후의 장비보수업무에 대한 생산성과 정확성 항목을 평가할 수 있다. 종업원이 수행하는 직무의 특성을 고려하여 평가항목에 대한 개발이 병행되어야 할 부분이다.

❹ 고객 니즈에 대한 관심

앞에서 언급한 것처럼, 일부 기업의 경우에 내부 성과에 치중한 나머지 고객의 요구 사항을 파악하는데 간과하는 경우가 있다. 이러한 고객의 요구사항에 대한 간과는 상당한 시간과 자금의 낭비를 초래한다. 공정을 향상시키기 위한 활동들을 시행하기 이전에 기업 내부와 외부의 고객들의 요구사항과 우선순위들에 대한 분명한 판단이 있어야 한다. 이것은 너무 중요하며 논리적으로도 분명한 것이기 때문에 서비스 수준 향상을 꾀하는 기업이라면 반드시 사전 점검이 필요한 부분이다. 문제는 대부분의 서비스 개선활동들이 이러한 사전활동 없이 진행되고 있다는 것이다.

❺ 장기적 관점의 중요성

기대했던 현장에서의 서비스 수준개선이 꾸준히 이루어지고 있는 기업의 경우에는 장기적 전략에 초점을 맞추고 있다고 할 수 있다. 단기 전략의 결과가 순간적인 재무적 결과의 향상을 가져올 수는 있지만 단기 재무적 실적이나 원가절감에만 집중한다는 것이 장기적 성과 즉 이익을 창출한다고는 볼 수 없는 것이다.

상당수의 기업들이 서비스 개선활동에 의해 기대되는 결과를 실현하지 못하고 있다. 이러한 결과가 일어나는 이유는 너무 많은 역량들을 수행활동에 의한 성과보다는 활동에만 집중하고 있기 때문이다. 기업들이 서비스 운영을 시행하고 창출 가능한 재무적 실적을 이룩하기 위해서는 고객 만족, 서비스 운영 성과 향상, 서비스 수준 제고 그리고 재무성과, 종업원 만족 등의 결과를 불러올 수 있는 전략이나 활동들에 초점을 맞추어야 한다. 기업의 모든 활동은 이러한 부분들에 영향을 줄 수 있는 능력들에 대하여 바탕을 두고 평가가 실시되어야 할 것이다.

PART 02

서비스
시스템
개선

chapter 05 _ 서비스 개선 실행 전략

chapter 06 _ 성과측정 개선

chapter 07 _ 평가 시스템

chapter 08 _ 보상 시스템

chapter 09 _ 조직구조의 변화

서비스 개선 실행 전략

Chapter 05

서비스 개선을 위해서는 기존의 경영혁신 프로그램과는 차별적 접근이 이루어져야만 할 것이다. 종업원들은 이미 다양하게 진행된 기존의 프로그램에 대한 내성을 가지고 있어 쓸데없는 프로그램의 시작으로 인식할 수 있기 때문이다. 서비스 개선을 위한 표현과 표식의 전개에서 성과에 대한 전파에 이르기까지 기존 혁신 프로그램의 문제점 인식을 바탕으로 새로운 접근을 시도해 보아야 할 것이다.

상당수 기업들이 서비스 운영활동을 시작한 이후에 일정 시간이 지나면 공통된 문제점들에 노출이 된다. 서비스 수준 향상노력의 실행에 따른 초기의 성공에 의해 이루어진 향상은 속도가 당연하게도 떨어지기 시작한 것이다. 팀 조직들에 의해 이루어진 초기의 결과들이 조금씩 예상을 빗나가기 시작하는 것이다. 성과측정 과정에서 파악된 실적 수준은 일정한 수준을 유지하는 정도에서 정체되고 있는 것이다. 종업원들의 사기는 떨어지고 대부분의 종업원들은 서비스 개선노력이 일상적인 업무에 추가적으로 시행되는 활동 프로그램의 정도로만 인식하기 시작하는 단계에 접어든 것이다. 기업이 오히려 종업원들의 잘못된 인식을 더욱 공고히 하도록 방치하고 있는 것이다.

여기에서는 서비스 개선활동이 단순한 프로그램이라는 관념과 함께 이러한 것들이 조직내부를 통합되는데 방해요인으로 작용될 수 있는 면들에 대해 살펴보고자 한다. 서비스 개선노력이 기업에서 어떻게 잘 통합될 것인가에 대하여 논의하고 이러한 노력들이 단순한 프로그램의 한 가지 정도로 평가 절하되지 않도록 확신을 줄 수 있는 몇 가지 팁을 제시하고자 한다.

서비스 개선 노력을 가볍게 보는 원인

서비스 개선 노력의 실행이 서비스 기업의 문화 변화라는 측면보다는 일종의 프로그램으로 인식되는 경우에 기업구조로의 통합은 이루어지지 않았다고 할 수 있다. 서비스 개선 활동은 조직 내부에서 수평적이며 분산적인 구조를 확실히 가지고 있다. 전체적으로 개별 종업원들에 의해서라기보다는 서비스 수준 개선 팀에 의한 서비스 수준향상이 표방되는 기업에서는 분산구조가 특히 일반적이라고 할 수 있다. 이러한 경우에 서비스 개선 팀은 일반적인 조직의 명령계통과는 다른 경로를 통해 업무 지시와 통제를 받는 경우이다. 이런 경우에 서비스 개선 활동은 개개인들이 독자적으로 운용하고 있다.

오래된 기업의 종업원들일수록 많은 수의 경영혁신 프로그램들이 소개되어 진행되다가 사라지는 것을 보아왔다. 대부분은 영문 이니셜로 소개되어진 이들 프로그램들은 슬로건이나 사인, 현수막, 스티커, 혹은 깃발 같은 것으로 제작되어 익숙해져 있다고 할 수 있다. 상당수의 종업원들이 그러한 것을 프로그램의 전형으로 보고 있기 때문에, 서비스 개선활동도 또 다른 프로그램의 하나로 보는 것이다.

서비스 개선활동의 표현의 중요성

전체적인 프로그램을 시행하는데 있어 서비스 개선 노력의 실패 가능성을 줄이기 위해 일종의 선동적인 활동을 하기도 한다. 이런 호소들의 대부분은 서비스 운영이 단순한 프로그램이 아니라는 것들이 종업원들에게 알려 단기간에 끝날 것이 아님을 알리기 위함이다. 문제는 다른 경영혁신 프로그램도 그러했다는 것이다.

서비스 개선을 장기적인 기업문화의 변화라고 보고 이를 반영한 명칭으로 개선 프로그램을 명명하기도 한다. 어떤 기업은 시장 지향적 활동으로 규정하고 과거의 기술 지향적 접근에서 고객 지향적 접근으로 강조대상의 변화를 꾀한다는 의미의 명칭을 부여하기도 한다. 제조업에서 각광을 받던 과거의 경영혁신 프로그램에서 힌트를 얻어 서비스 품질향상을 전면에 내세우기도 한다. 그러나 한편으로는 서비스 개선이라는 단어의 폭이 너무 좁기 때문에 모든 서비스 운영활동에 적용할 수가 없어 생산성을 높인다든지 사이클 타임이라든지 재무적 성과와 그 외의 결과들을 향상시키는 것을 포함하여 전사적 개념으로 확대하기도 한다.

서비스 개선을 자연스러운 기업문화화 하는 것 이전에 이 활동에 명칭을 부여하는 것은 장단점을 동시에 가지고 있다. 장점으로는 이 활동을 명확히 특정 지을 수 있으며 앞으로의 활동에 의미를 부여할 수 있다는 것이다. 그러나 치명적일 수 있는 단점은 명칭을 부여하는 것은 이것도 여느 프로그램같이 유사한 경영혁신 프로그램의 일종이라는 것을 종업원들의 의식 속에 강화시킬 수 있다는 것이다. 상당수의 기업들이 슬로건이나 명칭으로 서비스 개선활동을 시작한다면 여느 활동들과 구분이 없는 것으로 볼 수 있게 만든다는 것을 인정해야 할 것이기 때문에 초기 단계에서는 명칭의 부여보다는 실행의 내실을 다지는데 초점을 두어야 할 것이다.

어느 경영혁신 프로그램이든 처음 시작하는 경우에 현수막 혹은 개개인들의 경우에 배지 달기, 각 부서별로 깃발, 표어등과 같은 다양한 표식을 만들기 마련이다. 서비스 개선활동을 슬로건이나 현수막 혹은 배지 등과 함께 시행하는 서비스 개선 활동이 단지 프로그램이라는 점이 더욱 강화시킬 수 있음을 알아야 한다. 종업원들은 이미 과거의 유사 프로그램도 이와 동일한 방법으로 시작되었다는 것을 알고 있어 새로울 것이 전혀 없는 프로그램의 일종으로 인식하게 된다.

오히려 과대표현을 통해 서비스 개선활동을 표현하는 과거의 행태는 고객들뿐만 아니라 종업원들 사이의 불신을 조장할 수 있다. 단지 슬로건이나 표어만으로 서비스 개선의 목표달성이나 고객 만족도 향상을 달성할 수 있는 것은 아니다. 만약의 활동들이 제품이나 서비스 수준을 기대된 수준으로 향상시킬 수 있도록 기여하지 못한다면 종업원들이나 고객들은 실망하게 될 것이다. 특히 과대표현으로 혁신 프로그램을 표현하는 경우에 실망의 수준은 더욱 높다고 할 수 있다. 예를 들어 고객만족을 내세우고 있는 현수막, 각종 싸인, 표현물 등은 은행, 소규모 가게, 레스토랑 등 서비스가 열악한 곳에서 비교적 쉽게 발견할 수 있다. 예를 들어 "서비스 제일주의", "고객 감동 실현"이라고 주장하고 있는 이러한 슬로건은 역설적으로 해당 기업의 제품과 서비스의 질이 그만큼 낮다는 것을 이미 고객들은 간파하고 있다는 것이다. 결과적으로 고객들은 이러한 슬로건에 대해서 불신을 보이고 있다.

이와 유사하게 고객들뿐만 아니라 종업원도 기업이 제시하는 가치나 의도에 대한 슬로건이나 표식에 대하여 불신을 보이는 경우가 있다. 오늘날 상당히 많은 기업들이 기업의 신념을 강력하게 나타내는 문구를 개발, 사용해오고 있다. 이러한 표식은 일반적으로 서비스 수준, 고객요구의 만족, 안전, 윤리, 일할 맛 나는 등의 단어들을 포함하고 있다. 그러나 대부분의 종업원들은 이러한 표식들이 기업의 올바른 운영을 유도하는데 크게 기여할 것이라고 기대하지 않는다.

기업문화로서의 서비스 개선 문화

성공적인 혁신활동을 수행하고 선도적 단계에 있는 기업들은 서비스 개선 프로그램을 시행하고 있지 않다고 말한다. 단지 그들은 기업문화의 변화 활동을 실행하고 있다고 말한다. 예를 들어 대형 제조기업인 GE사의 경우에는 절대로 그들은 특별한 개선활동을 시행하고 있지 않다고 말한다. 다만 시장 지향적 기업 활동이 이루어지고 있다는 점만 부각하고 있다. 또 다른 의미에서는 서비스 개선을 통한 기업 역량의 확대는 기업 전략의 대대적인 전환이라고 보는 것이 맞을 것이다. 이러한 성공적인 기업들의 의도는 서비스 개선활동을 기업문화로 흡수하여 따로 분리하는 것이 불가능할 정도로 통합화하는 것이라고 할 수 있다. 기업이 이러한 목적을 달성하는데 실패한다면 그것은 상당 부분 그러한 활동을 실행하는 운영상의 문제 때문이지 의도자체의 잘못 때문이라고 할 수는 없을 것이다.

❶ 서비스 개선 담당자 존재의 명암

십여 년 전만 해도 '서비스 운영 관리자'라든지 '서비스 운영 최고경영자' 같은 직책은 존재하지도 않았다. 그러한 것들은 서비스 개선과 운영의 수행을 리더 하는 개인들이 크고 작은 장애에 구애받지 않고 의사결정을 원활히 하기 위해 만들어낸 새로운 직책이라고 할 수 있다. 일반적으로 이러한 '서비스 담당 관리자'라든지 '서비스 운영 최고경영자'는 최고경영자에게 직접보고를 올리는 직무라인을 유지하고 있으며, 다양한 기업 내 사업조직의 서비스 운영활동을 지휘하고 새로운 접근방법을 개발하고 협력하며 서비스 운영활동을 감독할 수 있는 위원회를 조정할 수 있는 중요한 직책을 수행하게 된다.

최근 상당수의 성공적인 기업들이 서비스 운영관리 담당자가 있음에도 불구하고 서비스 운영 담당자나 서비스 최고경영자라는 새로운 직책을 두는 것은 잘못이라고 보아야 한다. 앞에서 언급한 것처럼 가장 중요한 이유는 서비스 운영에 대한 책임을 경영자로부터 이동하게 만든다는 것이며 그만큼 사업의 중요성을 경감시킬 수 있기 때문이다.

서비스 운영관리 부서장이나 새로운 서비스 관리자의 존재는 추가적인 간접비를 유발시킬 수 있는 지원부서가 필요하다는 의미이기도 하다. 비록 그러한 부서들이 규모가 크지 않다고 해도 비교적 짧은 기간 안에 중요 사업부마다 품질관리 선임자라든지 전문적 지원가, 파트-타임 시설, 서비스 운영통제자 등을 둘 수 있기 때문이다. 추가적인 미팅과 행정업무가 있게 되며 잡다한 보고서가 준비되어야 한다. 결국은 추가적인 지원조직들이 생겨나고 유지된다는 것이다.

서비스 개선과 관련된 서비스 운영관리 부서장을 선임하는데 있어 특별한 주의를 기울이지 않는 기업의 경우에 또 다른 문제점에 직면하게 되는데 이는 그러한 직무에 어울리지 않는 인물을 선임하는 것이다. 예를 들어 상당수의 소규모나 중간 정도의 기업의 경우에 대기업에서 서비스 운영관련 분야에서 중간 관리자

였거나 전문가로 활동하는 인물들을 선임하는 경우가 있다. 일반적으로 이러한 인물의 경우에 그 기업이나 사업부에 대해 거의 알지 못한다고 할 수 있다. 선임된 그들이 서비스 운영활동들을 실행할 수는 있겠지만 일선종업원들의 서비스 운영실행 측정이라든지 고객 만족도를 측정하는 데는 실패한다고 보아야 한다.

만약에 대규모 서비스 기업에서 서비스 운영관리 부서장이 만들어지고 유지된다면 대부분의 경우에 권한과 책무를 강화하는 방향으로 이루어지게 될 것이다. 문제는 이런 경우에도 직무에 적절하지 않은 인물을 선정하는 경우가 발생한다는 것이다. 예외가 많이 있기는 하지만 통상적으로 업무 능력이 탁월한 인물을 위기상황이 아닌데 서비스 운영관리 부서장으로 임명하는 기업은 드물다고 보아야 하기 때문이다. 더욱이 더 큰 문제는 이들이 몇 개의 다른 부서도 함께 관리하는 경우가 많다는 것이다. 이러한 인물이 직면하는 가장 큰 문제점은 그들이 기업이나 사업운영에 대해 자세히 알지 못한다는 것이고 이로 인하여 그들의 소임을 달성하기가 어렵다는 것이다.

❷ 조직구조의 이원화

대부분의 규모가 큰 기업의 경우에 서비스 운영을 실행, 감독에 대한 책임을 관련 위원회나 팀들에게 위임하고 있다. 많은 기업들에서 각 사업부의 하위 관리자들과 서비스 운영담당자들은 서비스 개선 위원회 혹은 팀에 소속되어 있다. 이론적으로는 선진 기업문화를 가진 기업의 경우에 최고경영자에 대한 직접 보고가 서비스 개선 위원회나 팀에 의해 이루어지기도 한다.

서비스 운영위원회의 하위에는 사업단위별 혹은 부서별 운영 위원회가 위치하게 될 것이다. 일반적으로 해당 사업부의 최고 서비스 운영관리자에 의해 운영되는 이러한 위원회는 기업 전반을 다루는 전략 위원회와 유사한 업무를 수행한다. 다만 업무영역이 서비스 중심이라는 차이가 있을 뿐이다. 서비스 개선과 운영관련 프레임워크를 기존의 말콤 볼드리지 국가 품질상과 같은 플랫폼을 이용하는 기업의 경우에는 임시 카테고리별 운영 위원회를 두기도 한다. 각 위원회들은 기업 전체 전략위원회에 보고를 올리기도 하고 기업 내의 타 위원회의 파견 인력과 함께 조율 업무를 수행하기도 한다.

상당수의 기업들은 업무 간 조율을 통한 공정 위원회 혹은 팀을 구성하기도 한다. 이들은 몇몇 부서의 인원들로 구성되는데 이들 팀의 목표는 개별 부서입장이 아니라 전체공정의 성과를 향상시키는 것이다. 예를 들어 신제품의 개발이나 도입과 관련된 공정위원회는 R&D부서나 기업 내 자재 관리부서, 마케팅 부서, 재무부서, 안전관리부서, 유지보수부서 등으로부터 차출된 인원으로 구성되고 있다.

발생한 문제의 해결을 가장 근접거리에서 관리하게 되는 서비스 품질 개선 팀은 업무 간 공정향상 팀의 하단에 위치하게 된다. 상당히 큰 규모의 기업들은 수백 개의 팀을 구성하고 있고 특별한 문제점이나 고객에게 서비스 제공 과정에서 발생하는 공정의 향상을 위하여 모든 계층의 종업원들을 포함시켜 팀을 구성하고 있다.

서비스 개선과 실행의 효과성을 높이기 위한 접근방법이 일반적이라 할 수 있지만 이의 약점이라고 함은 복잡한 조직구조를 형성한다는 것인데 이는 실제 조직의 위계구조와는 다른 위원회 혹은 팀의 위계구조가 함께 위치한다는 것이다. 문제는 이들이 기존의 위계구조에 통합되지 않고 있다는 것이다. 이러한 이중의 조직 구조는 서비스 개선활동이 시행되고 있음에도 불구하고 상당수 기업에서 실패로 돌아가는 중요한 원인이 되고 있다. 이러한 것은 서비스 개선활동이 기업 내에서 일상적인 업무형태로 통합되는 것을 방해하고 있다. 또한 이러한 이중구조는 서비스 개선활동이 모든 종업원의 일상적인 업무로 통합되어야 한다는 것이 아니라 몇몇의 위원회 혹은 팀이나 서비스 관리 경영자나 프로그램에 의해서 수행되는 별개의 활동으로 인식하게 만들고 있다는 것이 큰 문제인 것이다.

서비스 개선활동의 실행에 있어서 위원회 혹은 팀을 활용하는 방법은 더욱 더 많은 팀을 만들 수 있는 가능성을 열어놓고 있으며 이미 기능이 약화된 기업 내에서 더 많은 계층을 만들뿐이다. 이러한 활동은 전통적인 조직 구조에 추가의 관리 계층을 더 만들고, 서비스 개선활동에 필요한 위원회나 팀이 추가되는 것에 불과한 것이다.

서비스 개선활동을 조직 내 자연스럽게 통합하는 노력

변화를 창출할 수 있는 활동을 성공하는데 중요한 관건은 조직 내 안정적 통합이라고 할 수 있다. 서비스 개선활동을 조직 내의 구조로 통합하는데 실패한다면 서비스 개선 활동 자체의 실패 가능성이 그 만큼 높아진다고 할 수 있다. 서비스 개선활동이 일상의 기업 운영방법으로 통합될 때에 각 팀 활동에 의해 분리되는 대상이 아니라 모든 종업원이 직무와 책임을 통해 자연스럽게 수행될 수 있는 것이다. 서비스 개선활동을 시행함에 있어서 일종의 단기적 경영혁신 프로그램으로 인식되는 것을 막을 수 있는 5가지의 제안사항들을 제시하면 다음과 같다.

❶ 불필요한 슬로건이나 명칭의 지양

특별히 기존의 프로그램처럼 영문 이니셜 등을 이용한 기호체계를 이용하려고 하지 말아야 한다. 만약에 이러한 서비스 개선활동을 어떻게든 부를 명칭이 필요하면 장기적인 경영전략으로 통합화하는 정도면 충분하다.

❷ 대규모 집회, 과도한 모임의 지양

내실을 기할 수 있는 현장에서의 서비스 공정의 혁신과 품질개선에 집중한다면 무수한 형식적 현수막이나 집회보다 더 효과적일 것이다.

❸ 추가 직책의 개발과 임명의 지양

서비스 개선 담당 부서장을 임명하지 않지 않아야 한다. 만약에 시장의 불안정성이 높은 시기하면 임명하되 한시적으로 유지될 일시적인 직책이라는 것을 분명히 하라.

❹ 성과 평가 전담인력의 불필요

모든 관리자들과 종업원들은 그들이 창출한 서비스 운영수준에 대하여 측정을 받아야 하는 것이고 얼마나 뛰어나게 내부와 외부의 고객들의 요구를 충족시키고 있는가에 대해서도 현장에서의 측정을 필요로 할 뿐이다.

❺ 복잡한 추가조직의 구축을 지양

이 말은 기존의 부서 외에 서비스 수준을 개선한다고 서비스 개선 관련 위원회나 팀과 같은 추가의 조직을 두려고 하지 말라는 것이다. 더욱이 서비스 개선, 고객만족 그리고 서비스 운영을 일상적인 경영자의 활동으로 정착시켜야하는 것이며, 그리고 이미 존재하고 있는 관리모임을 활용하는 것이 더 효과적이라는 것이다.

이러한 통합 활동은 신규 서비스 기업이나 새롭게 운영된 신규사업부에서 쉽게 성취될 수 있을 것이다. 통합에 대한 노하우가 부족한 경우에는 국가 품질상 혹은 말콤볼드리지 기준을 활용하는 것도 좋을 것으로 판단된다.

미국에서는 일정 수준 이상의 기업들은 말콤 볼드리지 상 기준을 기업 구조를 설계하기 위한 기본적 토대로 활용하고 있다. 그 내용은 성과 측정을 규정하고 기업의 전략적 계획을 개발하며 고객의 요구사항을 지속적으로 충족시킬 수 있는 방법을 개발하는데 초점을 두고 있다. 이런 기업들은 특별하게 서비스 개선 프로그램을 추가로 보유하지 않는 경우가 많다. 따라서 종업원들은 서비스 개선 업무와 본디 본인의 업무간의 구분을 하지 못하는 것이다. 예를 들어 Federal Express사의 경우에는 설립된 지 40년이 훨씬 경과했음에도 불구하고 서비스 개선 프로그램을 너무나도 완벽하게 통합하고 있기 때문에 종업원들이 서비스 개선을 구분하여 파악한다는 것은 사실상 불가능한 수준이다. 서비스 개선 프로그램이나 활동을 추가로 보유하고 있지 못하지만 고객 만족을 실현하는데 있어서 동종 업계에서는 최고의 기업으로 분류되고 있다.

신생 소규모 서비스 기업에는 서비스 개선활동을 통합하는 활동이 좀 더 쉬울 것이고 사전에 전혀 서비스 개선 프로그램을 가지지 못했던 Federal Express 사와 같은 경우도 상대적으로 용이하다고 할 수 있다. 언제나 엄격하게 현장의 서비스 혁신을 관리하며 단기간의 성과에 집중하고 있는 중견기업의 경우에는 변화를 유도한다는 것이 상대적으로 어렵다. 만약에 기업이 절대적인 어려움에 처해본 적이 없는 기업이라면 이러한 활동은 특히 더욱 어렵다고 할 수 있다. 그러나 전혀 불가능한 것은 아니며 서비스 개선 활동을 기업의 문화를 변화시킬 수 있는 또 다른 프로그램으로 구축할 필요가 있을 것이다.

기업 문화를 변화시키는 것은 결국 기업 구성원들의 행동을 변화시키는 것이다. 만약에 종업원들의 가치체계라든지 행동에 변화가 일어나기는 하였으나 그들 행동의 변화로 옮겨지지 못한다면 기업 문화는 변화했다고 볼 수 없는 것이다. 이러한 과정은 상당한 훈련을 필요로 한다. 훈련 중에 습득하게 되는 개념들이나 기법들이 현장에서 실제의 작업들에 올바르게 적용될 수 있도록 하기 위하여 끊임없는 교육이 필요한 것이다.

또한 종업원들의 성과에 영향을 미칠 수 있는 중요한 시스템 변화도 필요하다. 종업원들의 성과가 측정되고 그들의 우선순위가 어떠하며, 어떻게 계획 활동이 이루어지며 어떻게 보상을 받고 있는지 하는 것들이 행동의 변화에 중요한 역할을 한다고 할 수 있다.

서비스 개선활동을 수행하면서 초기 단계를 넘어서면 상당수의 기업들은 활동 자체의 정체를 경험하게 되고 노력에 대한 성과실현이 정체되어 있다는 것을 느끼게 된다. 이유는 그들의 활동이 조직 내의 문화와 기업 구조로의 통합이 아직 이루어지지 못했기 때문이라고 할 수 있다. 여기에서는 이와 관련된 몇 가지의 현실적인 문제점을 논의하였다. 어떠한 이유로 기존의 프로그램과 서비스 개선활동을 동일한 수준의 프로그램으로 인식하게 되었는지를 알아보았다. 또한 위원회나 추가팀 구성 및 활동이 긍정적인 효과만을 제시하는 것은 아니라는 것을 논의하였다. 추가하여 서비스 개선활동을 전체 기업전략과 어떻게 통합할 것인가에 대하여 논의하고 몇 가지 사례를 살폈다.

성과측정 개선

Chapter 06

서비스 개선노력 만큼이나 중요한 것은 올바른 성과측정 지표의 개발과 함께 측정 방법을 실행하는가 일 것이다. 성공적으로 서비스 개선을 이룬 기업들은 공통적으로 성과측정 과정에서의 탁월함을 보이고 있다. 올바른 성과측정은 의사결정자가 올바른 의사결정을 내리는데도 기초자료로 활용된다는 점에서 반드시 개선을 실시해야할 부분이다.

서비스 개선에 대한 측정

서비스가 주로 인간행동에 의해 이루어지고 있어 결과에 대한 예측 가능성이 낮음에도 불구하고 일반적으로 서비스 기업은 성과측정 작업을 종업원들을 통하여 실행하고 있다. 종업원 업무활동도 불안정하지만 성과측정도 불안정한 것이 이 때문이다. 올바른 변수에 대해 측정하고 그들 종업원들에게 규칙적인 피드백을 제공하는 것 이상으로 기업성공에 이르는 좋은 방법은 없을 것이다. 그와 반대로 잘못된 대상을 측정하는 것은 기업을 곧 곤경에 처하게 할 수 있는 것이다. 앞서 측정에 대한 언급을 통해 서비스 개선활동과 관련된 실질적인 성과보다는 훈련이나 팀 활동 수준 등의 활동들을 측정하도록 유도하는 이유에 대해서 살펴본 바가 있다. 여기에서는 어떤 방법으로 기업들이 그러한 성과물들을 측정할 것이며 그들이 측정하게 될 변수들은 어떠한 것이 있고, 대부분의 기업에서 성과 측정 시스템의 향상을 위하여 무엇을 할 수 있는가에 대해 논의하고자 한다.

성과측정에서의 문제점

성과 측정과 관련하여 기업들이 저지르는 가장 일반적인 문제점은 서비스 수준 활동 평가에 필요한 중요 요소들 외에 너무 많은 변수들을 측정하려고 욕심을 부린다는 것이다. 역설적으로 그 다음으로 많은 빈도를 차지하는 것은 너무 적은 요소들을 측정하는 것이다. 따라서 왜 기업들이 이렇게 너무 많거나 너무 적은 수의 변수들을 측정하고 있는지, 그리고 기업들이 측정에 있어서 고려해야할 몇 가지의 주의사항 등에 대해 논의하고자 한다.

❶ 기업에 축적된 자료의 방대함

대부분의 기업들이 보유하고 있는 자료는 계획수립이나 전략 실행 과정에서 구축된 자료라고 볼 수 없다. 일반적으로 사업을 시작한지가 오래면 오래일수록 더욱 더 많은 자료가 수집되고 알려지기 마련이다. 오랫동안 사업을 해오면서 누적된 자료는 새로운 혁신 활동에서 사실상 불필요한 것이라고 보아야 한다. 기업의 성과가 잘 이루어지고 있는가를 확인하기 위하여 수 없이 많은 변수들을 측정하고 분석하며 검토해야할 정도로 복잡한 사업은 실제로 존재하지 않는 것이다.

대부분의 기업에 있어서 대량의 데이터베이스가 반드시 필요해서 준비하지는 않을 것이다. 이들 자료들은 단순히 시간의 흐름에 따라서 누적된 것이라고 보는 것이 맞을 것이다. 따라서 점진적으로 양이 늘어나면서 오히려 관리자들이나 종업원들에 의해 무시되기도 하고 비효과적으로 사용될 수 있는 자료만 늘어나게 되는 것이다.

❷ 자료에 기반한 의사결정의 필요성

획기적이며 효과적인 서비스 개선 활동을 위한 하나의 전제조건으로 적절한 측정이라는 점에서는 이견이 있을 수 없다. 적절한 측정이 없이는 절대로 향상될 수 없다는 것이다. 앞서 언급한 것처럼 대부분의 기업에 있어서 성과 평가를 위한 자료의 부족이라는 것은 있을 수 없다는 것이다. 사실상 상당의 경영자나 관리자들은 넘쳐나는 정보와 자료들에 의해 오히려 혼란에 빠질 수 있으며 이를 이용한 의사결정에 어려움을 느낄 수도 있다. 이런 상황이라면 결과 자료를 심도 있게 살펴보며 의사 결정하는 것도 용이하지는 않을 것이다. 또한 어떤 정보들은 해석하기가 난해해서 이해하는 것조차 어려울 수도 있다. 너무 많은 정보들에 혼돈스러워 하거나 너무 난해한 정보들이 즐비할 경우에 적지 않은 관리자들이 직관이나 과거의 경험에 의해 의사결정을 하게 된다. 물론 이러한 경우는 자료를 수집하는 목적에 위배되는 행동이라고 할 수 있다.

자료를 의사결정에 어떻게 활용할 것인가에 대해서는 문화적 차이에 바탕을 두기도 한다. 실제 일본의 기업들은 통계적 절차를 바탕으로 수집된 자료에 익숙하기 때문에 자료에 대한 신뢰성이 상당히 높으며 이를 바탕으로 의사결정을 하는 것에 익숙한 편이다. 계량적 의사결정이 가능하다는 의미이다. 그러나 넘쳐나는 자료에도 불구하고 여타 국가의 기업은 그들의 구미에 맞지 않는 자료라면 과감하게 버리며 직관과 개인적 판단을 바탕으로 의사결정을 하는 것을 쉽게 찾아 볼 수 있다.

개인적 직관과 객관적 자료가 상충되는 경우에 관리자들은 직관을 선호하는 경향이 있다. 또한 관리자들은 자료의 수집과정이나 보고에 있어서의 약점을 부각시킴으로서 그들의 의사결정을 정당화하는 경우가 왕왕 있는 것이다. 이러한 경우에 그들이 일반적으로 이용하는 수단이라고 하는 것은 자료가 너무 어려워 적절히 해석할 수 없으며 너무나도 자료가 방대해서 적절히 분류하기가 어렵다는 것이다.

❸ 종업원 행동에 대한 측정

대부분의 기업에서 각 종업원들 대상으로 비언어적 평가대상이 있기 마련이다. 예를 들면 주위를 청결히 하라든지, 업무 중 조용히 한다든지 혹은 선임자에게 복종하라든지의 내용을 담고 있다. 전사적 행동 지침으로 운영하는 경우도 있는데 도전적 자세를 가질 것과 창의력 있는 행동을 요구하기도 한다. 각각의 행동 중심적 지침을 습득하는 개인의 능력은 그들의 능력을 평가할 수 있는 하나의 잣대로서 이용되고 있다.

기업들이 신뢰할 수 있는 가치 체계의 중요성을 앞에서 언급하였고 성공적 서비스 개선을 위해 중요하다고 봄에도 불구하고, 상당수의 기업에 있어서 비언어적 우선요소들은 성과실현의 중요한 선행지표로 인식되고 있다. 그러나 이것은 종업원들의 서비스 제공 중의 변동성을 줄이고, 작업시간을 늘리기 위한 목적이 대부분이다. 예를 들면 복장의 착용형태, 선임자와의 관계, 회의에서의 행동이 이에 해당한다.

분명한 것은 어떤 기업에서도 관리자가 복장을 어떻게 착용하고 아침 출근 시간이 언제인가에 대한 정확한 통계자료를 보유하고 있지 못하다는 것이며 사실 서비스 개선을 통한 재무적 성과실현에 직접적 선행지표라고 보기도 힘들다는 것이다.

❹ 명확하지 않은 측정

서비스 기업의 성과실현과 관련된 측정에 대해 너무 많은 변수들을 측정하는 문제점이 있음을 앞에서 잠시 언급하였다. 통상적으로 이러한 경우는 대기업에서 흔한 일이다. 그렇다고 소기업들이 측정상의 문제점이 없는 것은 아니다. 일부 소기업의 경우에는 측정의 또 다른 측면에서 실수를 저지르는 경우가 있다. 그들은 너무 적은 수의 핵심적인 변수들만을 고려하여 측정을 하고 있는 것이다.

일반적으로 소규모의 기업의 경우에는 그들 기업의 서비스 개선 노력 정도를 평가하기 위하여 소수의 재무적인 변수들만을 고려하고 있는 경우가 대부분이다. 만약에 평가에 사용되는 변수들의 숫자가 적절하다면, 또 다른 요소들이 관심의 대상이 된다. 그러나 단기간의 재무적인 결과치들은 장기 단위의 측정치인 고객만족도라든지 종업원 만족도, 시장 점유율에 비하여 그렇게 비중있는 선행지표라고 볼 수 없다.

중요한 변수들만을 고려하고 있고 장기간의 성과와 관련된 예측지표들을 무시하고 있는 대부분의 소규모 기업의 경우에는, 대기업에서 행하고 있는 방대한 양의 정보를 측정하기에 시간과 자원이 부족하기 때문에 이러한 방법을 실행하고 있다고 변명할 수도 있다. 그러나 의사결정을 실행하는데 있어서 너무 소규모의 자료를 이용하는 것은 너무 많은 데이터를 이용하는 것만큼이나 문제점을 내포하고 있다.

❺ 실제적 성과와 관련 없는 측정의 실행

대부분의 기업에서 수집된 정보들의 상당 부분은 서로 상충적이고, 일관적이지 못하며 불필요한 것들이다. 예를 들어 종업원들에 대한 성과측정은 관리자들의 성과측정과 관련이 있어야 하며 이는 부서의 성과 측정과 관련이 있어야 한다. 또한 그 위로 올라가 사업부의 성과측정과 관련이 있어야 하며 기업 전체의 성과측정과도 관련성을 가지고 있어야 한다. 다시 말해서 모든 자료들은 기업의 성과측정과 밀접한 관련성을 가지고 있어야 한다는 것이다.

자료들의 비일관성이나 불필요한 정보인지 파악하기 위해 가능하다면 수집된 정보들의 논리적 체계도를 작성하는 과정이 필요하다. 다만 이러한 과정은 상당히 많은 시간이 소모되고 부서간의 이해관계가 상충될 수 있어 어려운 과정을 거쳐야 한다는 약점이 있을 수 있다. 이러한 문제를 일부 해소할 수 있는 접근은 제조업에서 활발히 이용되고 있는 관리도법을 서비스 개선과정에서 적극적으로 활용하는 것이 될 것이다. 서비스의 공정 지향적 특성을 고려하면 성과 유효성을 기대할 수 있다. 이에 대한 내용은 본 장의 <보충자료>에 포함하고 있다.

측정의 올바른 접근태도

동일한 목적을 달성하기 위해 수행되는 경영 프로그램이라고 하면, 기업의 규모라든지 업종에 관계없이 상당히 많은 기업에서 동일한 타입의 변수들이 측정되어져야 한다. 이러한 변수들로는 고객만족, 재무성과, 서비스 수준에 대한 측정, 종업원 만족도, 서비스 운영성과, 생산성지표, 지역사회와의 관계 수준 등은 반드시 측정되어야 할 지표들이다.

기업 내의 개별적인 성과 측정치들은 대부분 이들 측정 범주

안에 들어갈 것이다. 문제는 이들 각각의 성과 측정치들에 대한 가중치라든지 우선순위가 기업에 따라서 다양하게 전개될 수 있다는 것이다. 예를 들어 현금흐름이 어려운 시점에서 기업의 우선순위는 매출의 증대에 있게 될 것이다. 또 다른 기업의 경우에는 고객 만족도라든지 수익 창출에 초점을 두고 가중치를 높게 둘 것이다. 혹은 최근에 이슈가 되고 있는 사회적 기업의 경우에는 환경적인 면이나 지역사회와의 관계를 다루고 있는 점에 우선순위를 부여할 수 있을 것이다. 좀 더 구체적으로 올바른 측정활동이 이루어지기 위해서 필요한 몇 가지 사항들을 정리해보도록 한다.

❶ 고객 만족도의 측정

어느 기업이든 정도의 차이와 방법의 차이가 있을 수는 있지만 고객 만족에 대한 측정은 실시하고 있을 것이다. 고객 불평이라든지 개별 서비스 실행 실패 등의 자료를 분석하며 고객 만족도를 측정하는 기업의 경우에는 더욱 능동적인 접근방법을 택하고 있다고 볼 수 있다. 호텔내의 옷장이나 식당의 테이블위에 고객의 목소리 카드를 남기는 방법뿐만 아니라 상당수의 기업들이 우편이나 전화, 대인면접, 혹은 고객집단면접법을 실시하기도 한다. 이러한 기업들은 고객 카드를 작성하는 고객들이 모든 고객들을 대표한다고 볼 수 없다는 것을 알고 있는 것이다. 일반적으로 매우 불쾌해하거나 매우 만족하는 일부분의 고객들만이 그러한 고객 카드를 작성한다고 보는 것이다. 고객들이 매우 만족해하거나 불만족해한다는 것을 알기위해서 많은 기업들이 여전히 그러한 카드를 이용하고 있지만, 이렇게 수집된 자료를 분석해 본다면 고객 만족도를 측정하는데 있어 매우 신뢰할 만한 측정 방법을 이용하고 있지 못하다는 것을 깨닫게 될 것이다.

❷ 고객 불평 자료의 수집

상당수 기업들이 고객들의 불평사항들을 알아보기 위하여 고객 카드를 통하여 정보를 얻고 있다. 일반적으로 고객 불평수준을 고객 만족의 가장 중요한 성과측도로서 이용하기도 한다. 그러나 고객의 불평사항을 독립되게 측정하는 것도 중요하나 그러한 불평에 대해 신속하게 대응하는 시스템의 존재가 더욱 중요하기 때문에 고객의 불평사항이 곧 고객 만족을 측정할 수 있는 알맞은 측도라고 할 수는 없는 것이다.

이에 대한 한 가지 근거로서 불평 고객 중 어느 정도가 실제로 불평사항을 기업에 알리는지 생각해보자는 것이다. 아마 대부분의 불평고객들은 속으로는 불평을 하고 있을지 모르지만 겉으로는 아무 불평 없이 서비스를 이탈하게 될 것이다. 따라서 단지 고객이 만족했는지 불만족하고 있는지를 판단하는 것 보다는 만족수준을 그래프 형태로 측정하는 방법이 더욱 효과적일 수 있다.

고객 불평사항을 고객의 만족 수준에 대한 측도로서 적절하지 않다는 또 다른 근거로는 대부분의 고객 불평사항이라는 것이 비공식적으로 토로되는 것이며 결과적으로 기록이 이루어지지 않는다는 것이다. 일반적으로 기업의 차원에서 기록이 가능한 유일한 고객의 불평사항은 고객서비스 부서에서의 편지나 전화의 형태로 접수된 것들뿐이기 때문이다. 이러한 정보들은 표본의 대표성이라는 측면에서 신뢰할 수 없는 정보들이라고 할 수 있다.

불평사항에 대한 고객들의 대응

- 제품이나 서비스에 대해서 불만스런 고객 중에서 단지 4%의 고객만이 불평한다. 나머지 96%는 불평으로 인한 귀찮은 경험을 하고 싶지 않다. 그러나 그 중 25%는 심각한 문제를 가지고 있다
- 불평하는 4%의 고객들은 불평하지 않는 96%의 사람들보다 서비스 공급자와의 관계를 더 지속하고 싶다
- 불평하는 사람의 60%는 만일 문제가 해결된다면 계속 고객으로 남고 싶어 한다. 그리고 95%는 문제가 신속히 해결된다면 계속 고객으로 남을 것이다.
- 불만스런 고객은 그들의 문제에 대해 보통 10에서 20명에게 이야기 한다.
- 문제가 해결된 고객들은 약 5명의 사람들에게 그들의 경험에 대해 이야기 한다.

❸ 고객만족도 조사의 문제점

대표적인 고객 만족도의 조사는 응답자들에게 당사가 제공한 제품이나 서비스에 대하여 아래와 같은 척도에 표기하도록 하고 있다. 통상적으로 5점 혹은 7점의 리커트 척도를 활용하고 있다.

이렇게 하여 나타난 자료는 모두 합하여 평균치의 형태로 나타내는데 예를 들어 5점 만점에 3.1 수준이라고 표기하게 된다. 혹은 전체 만점수준의 상대적 비율수준을 이용해 90%의 만족도를 실현하고 있다고 광고하기도 한다. 그러나 고객 만족도를 계산하는데 있어서 척도 설정을 자의적으로 하여 5점에서 2점 정도를

고객만족을 실현하고 있는 것으로 평가하기도 하는데 이러한 기업의 경우에는 고객 만족도를 평가하는데 있어서 퍼센트 형태를 취하지 않는다고 볼 수 있다. 고객 만족수준을 평가하는데 있어서 이러한 접근방법을 택하는 것은 고객을 만족하게 한다기보다는 오히려 기업 의사결정을 애매하게 하는 결과를 낳을 수 있다.

고객의 제품이나 서비스의 선호도를 측정하는 방법 중에 긍정적인 답변을 유도할 수 있는 문항으로 질문하는 경우도 문제가 된다. 기대에 대한 측정이 모호한 서비스 산업에서 그 경향이 뚜렷하다고 할 수 있다. 예를 들어 병원에서 진료 전 대기시간의 수준을 측정하는 경우에 병원의 해당부서에서는 과거의 경험에 비추어볼 때 고객들이 대기한 시간이 어느 정도였는가를 물어볼 수 있다. 이에 대부분의 고객들은 과거의 경험에 비추어 기대된 수준을 표기할 것이다. 만약에 과거의 경험에 비추어볼 때 그들이 기대했던 수준보다도 훨씬 대기기간이 짧은 경우에는 질문에 대하여 상당히 긍정적인 답변을 할 것이다. 과거의 경험에 비추어 볼 때 어떠한 지를 평가하는 문구를 사용함으로서 긍정 답변이 가지는 수준의 범위는 상당히 넓어지게 된다. 개인적 경험의 수준을 바탕으로 응답하고 있어 긍정에 대한 수준도 높으며 대기시간이 짧다는 의미가 자의적으로 해석되는 현상이 발생하게 되는 것이다.

④ 고객 만족도 조사의 설계

고객 만족도의 측정에 있어서 좀 더 뛰어난 기업들은 기업 운영에 대한 정형적 프레임 워크를 활용하는 기업들이라고 할 수 있다. 국가품질상이나 말콤 볼드리지 상의 기준을 바탕으로 접근한다면 시스템적인 측면에서는 상당히 뛰어난 성과를 기대할 수 있다. 일부 기업들은 제품이나 서비스를 경험한 후 고객에 대한 설문지에 등급을 표시하도록 하고 있다. 표준적인 계산방식을 적용하여 학생들의 성적표처럼 등급을 표기하고 가중치의 차이를 두고 항목별 점수를 합산하게 된다. 각 항목별 독립적 평가를 유도하고 있으며 산정된 점수를 다시 평균 처리하여 총합 척도화하는 과오를 범하지도 않아야 할 것이다. 항목별 접근 없이 평균 고객만족도 수준이 어느 정도이라고 말하는 것은 아무 의미가 없다.

❺ 고객만족도 조사 항목 개발

비록 고객 만족도에 대한 조사가 각각의 기업에 대하여 고객화할 필요가 있지만 모든 질문 사항에서 공통적으로 포함시켜야 할 내용도 분명히 있다.

우선 고객들에게 자사의 서비스 수준을 어떤 방법으로 평가하여 표기할 것인지를 명확히 해야 할 것이다. 그 다음으로 고객들의 상품에 대한 의견을 청취할 수 있도록 유도해야 한다.

항목에서는 고객들의 입장에서 그들의 근심사항이나 문제점에 대한 기업의 대응성에 대하여 어떻게 평가하는지를 물어보아야 할 것이다. 그리고 일회성 서비스 상품이 아니라고 한다면 자사를 장기적으로 이용하는 것이 어떠한 지를 알아보아야 할 것이다. 설문문항을 설계할 때 특히 주의해야 하는 것은 시작과 마무리 질문이라고 할 수 있다. 예를 들어 마무리 질문에서는 추가로 제공되길 바라는 서비스에는 무엇이 있는지와 고객 만족도를 상승시키기 위하여 무엇이 필요한지도 측정해야 할 것이다.

❻ 고객 행위를 통한 만족도 측정

더 나은 서비스 상품 개발을 위해서 고객들의 참여가 필요하다는 것은 사실이지만 고객 조사나 고객 집단면접, 고객과의 인터뷰 등은 고객들의 만족도에 대한 정보의 절반정도 밖에는 제공하지 못하고 있다고 볼 수 있다. 더욱 명백한 것은 고객들의 행위에 대한 해석이 필요할 것이다. 서비스가 고객참여를 통해 이루어진다는 단순한 접근을 뛰어넘는 관리자의 태도가 이런 이유로 필요한 것이다.

결과적으로 뛰어난 고객 만족도의 측정은 단순한 조사라든지 집단 면접을 통한 불평사항 접수와 관련된 1차 자료 수집과 고객의 행위와 관련된 만족도 측정 자료를 함께 포함하고 있어야 한다.

전형적인 고객 행위를 파악해 이루어지는 고객만족도 측정은 고객에 대한 수익과 손실, 재구매에 따른 매출액의 증가와 감소, 시장 점유율 등을 포함하고 있다. 몇몇의 선두 업체의 경우에는 모든 고객만족도 관련 자료들을 포함한 고객만족지표나 고객만족지수에 관해 독자적인 계산방법을 가지고 있기도 하다. 각각의 개별적인 지표들은 중요도에 따라서 가중치를 부여하고 있으며 성과의 실현에 있어서 예측지표로서의 등급을 표시하고 있는 것이다. 통상적으로 전체 고객만족도 조사 자료의 45% 정도는 고객으로부터 직접 수집한 자료이며 55%정도는 행위와 객관적 자료와 관련된 것으로 확보하는 것이 적절할 것이다.

훌륭한 고객만족 측정 시스템의 중요한 사항은 고객들이 제품이나 서비스에 관하여 어떻게 느끼는가에 대하여 잘 적용될 수 있도록 변형된 측정 도구나 측정 방법을 확보하고 있는가이다. 규모가 큰 기업이 단순히 종업원들의 의견을 통해 고객 만족도를 간접적으로 측정하는 반면에 규모가 작지만 경쟁력 있는 기업에서는 상당 수준의 시간과 비용을 고객 만족도 측정에 할애하고 있다. 일부 기업들은 전화조사와 우편조사, 고객에 대한 집단 면접, 서비스 현장을 떠나는 고객들에 대해 주차장에서의 고객조사, 관리자들이나 점원들에 의한 점포 내 현장 조사 등을 병행해 사용하기도 한다. 따라서 규모가 크다고 정확하고 효과적인 고객만족도 측정이 이루어진다고 단정할 수는 없는 것이다.

❼ 재무성과 측정에의 오류

대부분의 기업들은 재무적 성과를 측정하는데 있어 이미 보편적으로 활용되고 있는 경쟁력 있는 지표를 활용하고 있다. 다만 최고 경영자에서 일선 종업원들에 이르기까지 그들 각각의 업무성과를 재무적인 지표 중심으로 측정할 필요가 있는 것이다. 수많은 기업에서 재무적인 성과에 대한 측정에 최고 경영자 수준, 즉 전체 기업기준에서만 측정이 이루어지고 있는데 그 이유는 전체 기업단위에서만 변수들을 통제하고 있기 때문이다. 이런 형태로는 종업원별 재무적 성과 측정은 사실상 불가능하다고 볼 수 있다. 어느 정도는 모든 종업원들이 잠재적으로라도 기업의 성과에 대하여 긍정적으로든 부정적으로든 영향을 미친다고 보아야 하기 때문에 이는 잘못된 것이라고 할 수 있다.

❽ 통제 가능한 재무적 요소에 대한 평가

기업들은 통제가 어렵거나 불가능한 종업원 단위의 재무적 요소들에 대한 측정에 특별한 관심을 기울일 필요가 있다. 재무적 성과에 대한 측정을 전체적으로 통제할 수 없으나, 어느 정도는 통제 대상인 재무적 지표들에 대한 측정이 이루어져야 한다. 예를 들어 상품 개발부서가 단지 얼마나 잘 예산 내에서 운영되는가를 측정하는가 하는 것은 비적절하다고 할 수 있다. 반면에 전체 매출액에 따라서 영업부서를 평가한다는 것은 적절하다고 할 수 있다. 상품 개발부서는 비용관련 가이드라인이나 제한된 자원을 사용해야 하는 것이므로 총원가에 대한 유연성을 가지고 있지 않으나 서비스에 대하여 책임을 질 수 있는 가격에 대해서는 통제를 취해야 하는 것이다. 매출액은 상품 개발부서가 일부 통제할 수 있는 영역이라는 시각을 가져야 하는 것이다.

❾ 중요 지표에의 관심 집중이 필요

재무적 변수들은 모든 종업원이 관심을 기울이고 영향을 받을 수 있는 요소 중의 하나라고 할 수 있다. 필요 이상의 많은 자료 축적을 막기 위하여 각각에 대한 측정은 2~3개 정도로 제한이 되어져야 한다고 본다. 예를 들어 영업부서에 대한 가장 중요한 두 가지의 측정 지표는 총매출액이나 총이익이라고 할 수 있을 것이다. 대다수의 기업의 경우에 중, 상층의 관리자의 경우에는 재무적인 성과측정에 있어서 수십 가지의 측정도구들에 의해 평가되고 있다. 종업원들은 또한 서비스 개선 수준이나, 운영상의 결과, 고객 만족도에 관해서 측정되어 지고 있는 것이다. 관리자들은 통제에 필요한 가장 중요한 일부의 요소만을 신경 쓰면 되지, 모든 요소를 고려해서는 안 되는 것이다. 종업원들의 입장에서는 이렇게 광범위하게 관심을 기울이는 관리자들의 행위를 일종의 경고로 인식할 수도 있는 것이다. 이렇게 되다보면 정작 관리자들이 수행해야할 변수들에 대한 재무적 성과에 대하여 전혀 고려하고 있지 못할 수 있다는 것이다.

⑩ 재무적 성과 측정을 위한 평가 지표

일부 IT기업들을 중심으로 선진적인 기업들의 경우에는 재고회전율이나 총이익, 매출액 등의 표준적인 재무적 성과지표를 지나서 과거에는 사용하지 못했던 새로운 재무적 성과지표를 활용하기 시작하였다. 예를 들어 서비스 기업을 중심으로 많은 기업들이 활동기준원가(ABC)를 다양한 부문의 활동수준을 바탕으로 기여된 원가수준을 알아보기 위하여 이용하고 있다. ABC 제도는 조직 내에서 수행되는 활동 기준으로 원가를 배분하는 것으로 시간이나 자금의 감소를 이끌어낼 수 있다는 점을 전제조건으로 하고 있다.

Phil Crosby에 의해서 제시된 또 다른 혁신적인 재무적 접근법은 품질원가(COQ)라고 할 수 있다. 이의 전제조건은 기업들이 상당의 금액을 불량 혹은 서비스 실패 부분을 찾고 이를 시정하는데 소모하고 있으며 이는 뛰어난 상품을 고객에게 제공하는데 실제적인 원가라고 할 수 있는 것이다. 품질비용을 측정하는 기업들이 이러한 비용을 인식하게 되어 이를 적절히 통제하는 업무의 중요성도 함께 알게 될 것이다.

현재까지도 전사적으로 이러한 품질 원가를 측정하고 있으며 실제로 실패요소를 사전에 찾아 예방하는 것이 그러한 실패를 찾고 이를 시정하는 것보다도 훨씬 경제적이라고 제안하고 있다. 이러한 과정을 올바르게 시행을 하면, 다양한 측면의 성과들이 긍정적으로 변화할 수 있을 것으로 기대된다. 서비스 기업을 중심으로 성공적인 예방활동에의 성과가 나타나 시정 조치를 담당하는 인력의 재배치가 이루어지기도 한다. 서비스 공정중의 품질비용을 측정하는 것은 단지 재작업이나 고객에 대한 불평수준을 높이게 되어 단지 서비스 과정중의 문제를 탐색하거나 시정하는 것 보다는 공정을 재설계하도록 자극하게 하는 것이다. 예방적 접근법이 실행되는 경우에는 기업들은 단지 품질비용을 측정하는 것 자체가 더 이상 필요하지 않다는 것을 알게 되는 것이다.

서비스 품질의 측정

모든 기업들은 전체 기업수준이든 기업 내 개별 사업부 수준이든 제품이나 서비스 창출에 가치를 부여한다고 볼 수 있다. 그렇기 때문에 각 기업들은 그들이 생산하는 제품이나 서비스에 대하여 품질수준을 측정할 수 있는 측정시스템을 보유하고 있어야만 한다. 제품/서비스의 품질수준 측정은 단순한 고객 만족 수준 측정과는 차이를 가진다. 어떻게 고객들이 행동 하는가 혹은 고객들의 요구사항은 무엇인가에는 바탕을 두지 않는다. 이러한 자료들은 실제적으로 서비스를 제공하는 부서에서 수집되어질 수 있거나 혹은 분산되어있는 품질수준 측정 과정에서 확보될 수 있을 것이다. 중요한 점은 이러한 측정이 고객이 아니라 기업 내의 종업원들에 의해서 이루어진다는 것이다.

서비스품질 차원

서비스 품질수준에 대한 측정이 단순히 정확도에 관한 측정 정도로 이해될 수 있으나 이것은 그 이상의 의미를 가진다고 볼 수 있다. 정확성이나 일관성, 무결점은 모든 서비스에서 중요하다고 보아야 한다. 서비스 유형과 상황에 따라 서비스 품질의 또 다른 측면이 이들과 동등한 중요도를 가지거나 혹은 더욱 중요하다고 할 수 있다. 어떠한 서비스의 품질수준을 측정할 것인가를 결정하는데 있어 첫 번째 단계라고 할 수 있는 것은 서비스의 어떠한 품질이 고객에게 가장 중요한 측면인가를 규정하는 것이다. 서비스 품질수준의 측정은 제공되는 서비스의 정확성, 고객의 니즈를 충족할 수 있는 완전성, 고객이 알고 있거나 기대하고 있는 바와의 일치성, 고객서비스 수준을 반영할 때 혁신성 확보가 포함되어야 한다.

일반적으로 정확도는 서비스 품질의 가장 중요한 측면으로 알려져 있다. 예를 들어 서비스 상품 당시의 설계규격과 공정규격과 일치하게 고객들에게 제공되는 서비스인지는 고객들의 서비스 접촉이후의 불만을 감소시키는데도 가장 중요한 역할을 한다고 볼 수 있다.

서비스 품질 수준 측정에 있어서의 두 번째 고려해야 할 사항은 완전성이라고 할 수 있다. 이는 과연 모든 고객들의 요구사항들이나 요소들이 서비스에 있어서 나타나고 있는가 하는 점과 관련이 있다. 예를 들어 만약에 송장에 우편번호를 빠트린다면 이는 완전성과 관련된 것이지 정확도와 관련된 것이라고는 볼 수 없다.

서비스 품질 수준 측정에서 세 번째로 고려해야할 사항은 일치성이라고 할 수 있다. 서비스가 정확성이나 완전성에는 문제가 없는데 그 형태가 기존의 가이드라인이나 표준적인 형태를 띠지 않는 경우가 있을 수 있다. 예를 들어 각종 명세에 대한 모든 문서들이 구체적인 틀을 이룸으로서 일치성을 유지하는 것이 중요하다. 그러한 정보는 정확성이나 완전성은 있을지 몰라도 만약에 그 틀이 잘못되어 있다면 일치성에 문제가 있다고 할 수 있다.

서비스 품질수준 측정과 관련하여 혁신성은 또 다른 중요한 부분이라고 할 수 있다. 예를 들어 광고 기획자나 시장 조사자에 대한 혁신성은 가장 중요한 요소라고 할 수 있다. 객관적 수치에 의해 측정될 수 있는 것은 아니지만 품질수준과 관련하여 반드시 고려되어야 할 요소이다.

종업원 만족도 측정

종업원 만족 수준에 대한 측정은 기업의 측정 구조와 데이터베이스에서 제외되는 경우가 종종 있다. Marriott 호텔이나 Federal Express 사와 같은 선도적 서비스 기업들은 종업원의 만족이 고객의 만족에 이르는 첫 번째 단계라고 믿고 있다. 종업원들은 소속된 기업 내에서 만족한 종업원들은 직무에 대한 만족은 말할 것도 없고 동료, 외부의 고객들도 만족시킬 수 있는 동력이 된다고 믿고 있다. 내부 고객인 종업원을 만족시키면 외부 고객의 만족은 자연스럽게 따라오는 것이다. 제품이나 서비스를 통하여 고객들을 만족시키는데 있어 기업이 만족하게 할 수 있는 첫 번째 고객은 바로 기업 내의 종업원인 것이다.

종업원 만족도 측정 지표의 유형

고객 만족과 같이 종업원 만족에 대한 측정은 다양한 지표들을 혼합하여 포함하고 있어야 한다. 대기업들은 거의 매년 종업원의 사기수준 조사를 통한 종업원의 만족도 측정을 실시하고 이를 누적해 보관하게 된다. 그러나 이것만으로는 충분하지 않다. 종업원 만족도에 관한 지면조사인 종업원대상 설문지 활용, 종업원 집단면접과 함께 종업원들이 체감하는 직무, 그들이 대우받는 수준 등에 관하여 종업원들이 어떻게 느끼고 있는지를 여러 장치들로부터 수집하는 것이다. 종업원 만족도에 관한 조사는 전문적 조사기관이나 각 기업에서 기업의 특성을 고려하여 설계되어져야 한다. 그렇다면 종업원 만족도 조사에서는 어떤 내용들이 포함되어야 하는지를 확인해 둘 필요가 있다.

우선 관리자들의 기업 목표 실현을 위한 의지가 포함되어야 한다. 그 다음으로 최고 경영진의 서비스 개선에 대한 동참 의지와 수준에 대한 평가가 포함되어야 하고 기업 성과개선에 대한 종업원들의 참여 기회 수준에 대한 평가와 함께 의사결정의 위양 수준에 대한 종업원의 평가가 이루어져야 한다. 권한 위양수준은 자율적 의식고취와도 직접적 연관성을 가지기 때문이다. 그리고 전반적인 종업원들에 대한 교육과 훈련 수준과 함께 다양한 계층의 구성원들과 열린 대화를 할 수 있는 분위기의 조성 수준, 종업원들이 느끼는 자긍심 수준도 측정이 이루어져야 할 요소들이다.

상당수의 기업들에서는 종업원들이 그들 기업을 퇴사할 경우에 근무 중의 경험이나 회고를 듣게 된다. 이때 이러한 의견의 청취는 피드백의 중요한 정보원천이 될 수 있음에도 불구에도 국내 정서상 이에 대한 큰 관심을 두지 않고 있어 안타깝다. 기업을 떠나려고 하는 종업원들은 종업원들의 사기와 만족을 조사하는데 있어 종종 더욱 신뢰할 수 있는 정보를 제공하기도 하는데 이를 인식하지 못하고 있는 것이다.

고객만족과 마찬가지로 종업원 만족에서도 종업원들의 의견이나 감정보다는 종업원들의 행위에 기초한 측정 지표들이 있다. 예를 들면 작업 중 실수 수준, 이직에 대한 가능성 수준, 종업원들의 불평수준 과 불평 사항, 결근, 이직률 등이 그러한 것들이다.

종업원의 만족도를 측정할 수 있는 가장 뛰어난 방법은 자체 개발된 종업원의 만족 지표라든지 혹은 고객만족지수를 변형하여 사용하는 것이다. 최소한 절반 이상은 종업원의 사기에 대한 조사라든지 집단 면접, 이직 인터뷰 등의 측정에 기초하고 있어야 한다. 여기에 추가하여 종업원들의 행동을 바탕으로 만족수준을 측정해야만 할 것이다.

일반적인 서비스기업을 기준으로 볼 때 종업원 만족도에 관하여 정보를 모은다는 것만으로는 충분하다고 볼 수 없다. 경영자들이 재무적 성과나 고객의 만족도에 관하여 기울이는 관심만큼이나 종업원의 만족도에 기울이는 관심이 높아야 한다는 점이 중요하다고 할 수 있다. 대부분의 기업에 있어서의 경영자들의 경우에 재무적 성과나 생산성과 같은 운영상의 결과에 대해서는 매주에 걸쳐 검토하고 있으며 일 년에 몇 번씩 고객 만족도에 관하여 보고받고 회의를 주제하기도 한다. 그러나 파업과 같은 심각한 문제가 발생하기 이전에는 대부분의 경우에 종업원 만족도에 관한 어떠한 자료도 찾을 수 없다. 이는 대부분의 기업에서 종업원의 만족도가 우선적 위치에 놓여있지 않다는 것을 대변해주는 것이다.

경영자에게 종업원 만족도에 관한 자료를 우선적으로 고려할 수 있게 할 수 있는 방안으로는 종업원 만족도와 함께 부서별 매출 실현 수준간의 상관관계를 제시하는 것이다. 아마 대부분의 경우에 종업원이 만족한 경우에 매출 실현 수준이 높을 것이므로 경영자들의 입장에서는 관심을 기울일 수밖에 없을 것이다.

서비스 공정 중 운영성과에 대한 측정

재무적 성과와 같은 운영성과 측정지표는 보통 각 기업이 확보하고 있는 데이터베이스의 한 부분을 이루고 있다. 이러한 형태의 자료들은 중요하며 또한 단순히 품질수준을 측정하거나 고객 만족도를 측정하는 것과는 차이가 나게 된다. 통상적으로 서비스 기업에서 운영성과 측정지표로 활용하고 있는 요소들로는 생산성, 서비스 제공 사이클 타임, 서비스 실패율 수준, 설비의 활용수준, 고객 서비스 향상과 공정 향상을 위한 제안 수준 등이다.

상당수의 기업에서 운영상의 측정활동은 공정 측정이라고 불리고 있다. 만약에 정확하게만 측정되고 활용된다면 이러한 의미는 높은 품질의 서비스를 창출하는데 큰 도움을 줄 수 있을 것이다. 그러나 운영상의 지표를 측정하기 위한 수단으로서 설계된 변수들은 고객들이 바라는 높은 수준의 서비스 운영을 창출하는데 필요한 중요한 공정상의 측정이라고 볼 수는 없다. 예를 들어 영업부서입장에서는 주문의뢰 빈도가 매출액이나 고객 만족도 수준과는 관련이 있다는 어떠한 근거도 없지만, 주문의뢰 빈도로 영업부서의 성과는 측정되고 있는 것이 현실이다.

공정상의 성과 측정은 종종 구전이나 개인적 미신 혹은 측정이 단지 용이하다는 이유로 이루어지기도 한다. 특히 제조업에 비해 서비스 기업의 경우에 측정이 제조업에 비해 상대적으로 어렵다는 이유로 측정하기 쉬운 분야에 측정이 집중되는 경향이 있다. 예를 들어 상당한 규모의 호텔체인 기업의 경우에 고객화된 서비스 수준을 측정하기 위해 종업원들이 손님들을 부를 때 이름을 부르는가 그렇지 않은가를 측정의 대상으로 삼기도 한다. 호텔이나 욕실의 티슈 끝이 모가 생기게 잘 접어져 있는가에 대해서도 측정을 하기도 한다. 이러한 측정 대상들을 바탕으로 고객들이 특정한 호텔을 이용하는 이유를 설명하는 것은 사실상 어렵기 때문에 엉뚱한 곳에 기업의 자원을 낭비하는 꼴이 된다.

지역사회와의 관계성에 대한 측정

매년 미국의 Fortune지紙나 국내의 다수의 경제관련 매거진에서 가장 우수한 성과를 보인 기업이나 존경받는 기업들을 선별, 조사, 발표하고 있다. 그러한 순위는 대부분의 경우에 동료 경영인들의 의견이나 전문 패널들의 의견을 바탕으로 이루어지게 된다. 이들 조사의 바탕에는 당연히 재무적 성과와 뛰어난 경영전략 등이 포함되어 있다. 윤리적 기업의 명성이나 환경보호, 기업시민정신 등에 기초하여 평가가 이루어지기도 한다. 공공의 책임에 대한 이러한 측정지표들에 대한 측정은 통상적으로 이루어지는 경영자 검토 자료와는 차이가 난다고 할 수 있다. 종업원의 만족도와 같이 통상적 경영자 검토 자료는 외부 환경으로부터의 위험요소가 있을 때만 수집된다고 할 수 있다.

공공에 대한 책임에 대한 측정은 이러한 분야에 대하여 모든 종업원이 측정될 필요가 없는 것으로 앞에서 살펴본 측정과는 차이가 난다. 공공 책임성에 관한 측정은 개별적인 종업원에 대해서라기보다는 기업전체에 적용이 가능한 것이다. 비록 일부 기업이 모든 종업원에 대하여 이러한 측정을 실시하고 있기는 하지만 기업 성과라는 측면으로 요구되어져서는 안될 것이다.

계량적 측정 방법

모든 측정 시스템은 성과를 측정하는데 있어 두 가지의 중요한 기법들에 기초하고 있는데 계량적 접근과 주관적 판단이다. 상대적으로 본다면 계량적 접근이 두 가지 중에서 더욱 객관적이라고 할 수 있다. 일반적으로 이것이 주관적 판단에 비해서 선호되며, 정확성이 높기 때문에 계산될 수 있는 대상은 성과의 측정에 있어 중요한 요소라는 것을 전제로 하고 있다. 당연히 앞에서 언급한 것처럼 어떻게 계산되어지는가 보다는 무엇을 계산하는가가 더욱 중요할 것이다.

계량지표의 측정 과정에 대한 접근

측정 기법으로서 계산은 앞에서 살펴본 측정 카테고리의 모든 경우에 사용된다. 고객 만족 측정과정에서의 고객 불평 수도 일종의 계량치로서 계산되어질 수 있다. 서비스 제공과정에서의 서비스 실패 수라든지 문제점들도 계산 될 수 있는 것이다. 이직한 종업원들의 숫자를 통하여 종업원들의 만족도 수준을 측정할 수도 있다. 기업이 실현한 성과의 또 다른 측면은 계산만으로는 정확하게 측정될 수 없다는 것이다. 이러한 성과의 측정 부분은 어쩔 수 없이 판단에 의존해야 한다. 예를 들어 종업원들이 조사 대상인 경우에 그들이 실현한 성과에 대해 몇 가지 부분에 대하여 개인적 판단을 제기할 수 있도록 열어두는 것이 이에 해당한다. 무작정 개인에 맡겨두는 것이 아니라 판단이 올바르게 진행될 수 있는 지침이 있어야 한다. 예를 들어 구체적 기준의 순위를 반드시 매기도록 하고 개인의 의견이나 기준에 기초하여 순위를 매기거나 총점 형태의 비율로 평가할 수 있는 판단이어야 한다.

구체적 기준에 의한 순위 판단

명확한 기준을 정하고 이를 바탕으로 순위를 매기는 시스템에서 평가자는 성과라든지 사람, 최고에서 최악의 서비스 운영 수준을 나열하는데 이때 하나 혹은 그 이상의 구체적인 기준에 기초하고 있다. 그와 같은 시스템의 대표적인 예는 영업에 따른 매출액이나 이익실현 규모에 대하여 현장 판매원들을 최고에서 최악으로 분류하는 것이다.

이러한 접근방법은 성과를 어떻게 평가할 것인가에 대한 구체적인 기준이 사전에 마련되어 있지 않은 경우에 유용한 방법이라고 할 수 있다. 종업원이나 성과는 순위를 매기기 위하여 또 다른 종업원이나 성과와 비교되어져야만 하는 것이다. 예를 들어 미국의 말콤 볼드리지 상 기준에 따르면 수상 기업을 선정하기 위한 순위 평가시스템은 최종 후보들 가운데서 수상자를 선정하는데 이용되고 있다. 3개 분야(서비스업, 제조업, 소기업)에 있어서 오직 2개 기업들만이 수상할 수가 있기 때문에, 최종 후보들 중에서 수상업체를 선정하기 위하여 순위가 매겨져야 한다.

의견에 바탕을 둔 순위평가

서비스 개선을 위해 사용된 기법과 팀 혹은 개인의 노력을 평가하는데 있어 이용되는 두 번째의 방법은 의견에 기초하여 사람이나 성과, 서비스에 대흔 순위를 매기는 것이라고 할 수 있다. 이러한 형태의 시스템은 제품과 서비스의 어떠한 특징들이 고객들에게 가장 중요한 것인가에 대한 결정을 내리는데 있어 아주 효과적인 방법이다. 예를 들어 패스트푸드점의 경우에는 아래의 특징들을 나열할 것이며, 고객들에게 가장 중요한 부분과 가장 중요하지 않은 점에 대하여 서열을 내리도록 질문을 하는 것이다.

판단기법을 사용하는데 있어서 고객들의 의견에 기초한 서열법은 가장 과학적 근거가 부족한 기법이라고 할 수 있다. 예를 들어 기업들은 기업의 성과향상에 기여하는 종업원들에 대하여 시상제도를 시행하고 있다. 시행되어지는 제안들은 심사위원회에 의해서 최고에서 최악으로 서열이 매겨지게 된다. 이러한 기준에 대하여 평가위원들의 판단만 있을 뿐이며 사전에 설정된 기준이 없거나 있어도 무용지물이라고 할 수 있다. 이렇게 선정된 후보 제안들 중에서 최고에서 부터 순서가 매겨지는 것이다. 대부분의 기업에서 적지 않은 상금을 부상으로 지급하며 종업원들의 참여를 독려하고 있음에도 불구하고 종업원들은 아이디어를 평가할 수 있는 확실한 기준이 주어지지 못하기 때문에 공정한 의견에 의한 평가가 이루어졌다고 누구도 장담할 수 없는 것이다.

구체적 기준에 의한 비율 평가법

판단에 사용되어 지는 기법들 가운데 가장 뛰어나고 효과적인 방법은 구체적인 기준에 의해서 성과들의 비율을 바탕으로 서열을 매기는 것이라고 할 수 있다. 이 방법은 성과 측정치들을 비교하는데 사용되어지는 절대적인 표준이 존재한다는 것을 기본적인 전제조건으로 하고 있다. 구체적인 기준에 기초하여 서열을 매긴다는 것은 서비스 개선과 운영에 대한 각각의 독특한 측면에 대하여 서열을 매기기 위하여 검사 및 평가를 실시하는데 이용되곤 한다. 이러한 기준으로 서열을 매긴다는 것은 서비스의 특성이나 성과에 대한 다양한 측면에 대하여 점수를 매긴 측정치에 기초하고 있다. 예를 들어 말콤 볼드리지상에서 검토의 첫 번째 단계에서도 이러한 시스템을 사용하는데, 숫자로 표기할 수 있는 분야, 즉 서면으로 작성할 수 있는 분야에 대하여 검사자들은 수상후보 추천서에 점수를 기재하는 방식으로 이루어지고 있다.

의견에 기초한 비율 측정법

측정기법으로서의 판단을 사용함에 있어서의 마지막 접근방법은 개개인의 의견에 기초하여 성과들의 결과치에 대한 비율을 구하고 이를 바탕으로 등급을 매기는 것이다. 하나의 서비스나 사람은 그 외의 것들과 비교하기가 쉽지 않으며 비교한다고 해도 사전적 기준에 의한 것이다.

이 측정법에서는 앞에서 언급한 두 번째의 의견에 기초하여 순위를 매기는 접근법이 더 탁월한 효과를 가진다고 볼 수 있다. 다만 약점은 비율을 측정하는데 있어서 기준들이 상황에 따라 유동적이라는 것이다. 일반 학교의 상당수 선생님들이나 교수님들이 이러한 접근법을 사용하고 있으며 이는 그들 자체적으로 이루어진 기준에 따라서 숙제나 보고서를 평가하는 방법과 동일한 절차에 의해 이루어진다.

성과평가 시스템의 재설계

대부분의 기업에서 사용하고 있는 데이터베이스와 성과 측정 및 평가 방법들은 고객지향적인 기업 문화를 실행하기 위해 좀 더 변화할 필요가 있다. 여기서 논의된 자료들을 이미 데이터베이스화 하고 있고, 측정될 변수가 그렇게 많지 않으면 이러한 변화과정은 단순히 측정수단을 추가하거나 삭제하는 것에 지나지 않을 것이다. 그러나 대부분의 기업에서 측정시스템의 문제가 너무 심각하여 이러한 최소한의 변환보다는 그 이상의 것이 필요할 것이다. 그리고 기준 시스템에 좀 더 면밀한 분석을 필요로 할 것이다. 이러한 요구사항은 특히 대규모이고 설립된 지 오래된 기업일수록 더욱 필요하며, 이러한 전략은 상당한 기간과 많은 작업을 필요로 한다. 여기에서는 측정 시스템의 재설계에 필요한 요소들을 살펴보고자 한다.

경영층으로 부터의 시작

측정과 평가에서 가장 중요한 시발점은 최고경영자 단계라고 할 수 있으며 여기에서 시작된 변화의 바람이 일선 종업원으로 전달되어야 한다. 이러한 과정을 통해 측정 및 평가 시스템을 설계한다는 것은 모든 측정요소들이 높은 관계성을 가지며, 중요한 측정 요소들이 조사되어지며 이들이 데이터베이스에 포함되어진다는 가정에 충실한 경우이다.

Federal Express사의 경우에 모든 측정지표들은 크게 3가지의 측정 카테고리에 포함되도록 시스템이 구축되어 있다. 그 측정 카테고리는 사람과 서비스, 이익이라고 할 수 있다. 사람들에 대한 측정변수는 종업원의 만족과 관련이 있다. 서비스는 내부와 외부 고객들의 만족도와 관련이 되어 있으며 이익은 재무적 성과의 대표 지표이다. 데이터베이스에 포함될 지표들을 선택하거나 폐지하는 경우에 이들에 대한 기준이 확립됐을 때, 그 다음단계는 실제로 각각의 지표들을 포괄적으로 나열하는 것이다. Federal Express처럼 고객 만족도, 재무적 성과, 서비스의 품질 수준, 종업원의 만족도, 운영상의 측정치, 공중 관계 등이 예가 될 수 있다.

전사적인 차원에서 이러한 측정 카테고리들을 광범위한 논의 이후에 각 기준에 적합하지 않은 지표들을 제거하게 되며 비율의 형태로 각각의 지표들을 묶게 된다. 이러한 과정을 통해 필요한 지표들을 포괄, 축약할 수 있게 된다. 예를 들어 전체적인 운영상의 비용에 대한 통계치들을 전체 비용에 대한 상대적 크기인 비율의 형태로 나타낼 수 있는 것이다.

또 다른 접근방법들은 몇 개의 개별적 측정 지표들이 하나의 단일한 점수로 묶일 수 있는 경우인데, 이의 예로는 고객만족도 지표나 종업원 만족 지표 등이라고 할 수 있다. 이러한 축약된 통계치들은 자료를 좀 더 분석가능하고 의미를 파악할 수 있는 대상으로 나타낼 수 있다는 장점이 있다. 이상적인 데이터베이스 수준에 대해서는 정해진 기준이 있는 것은 아니지만 기업의 규모를 고려하여 평가할 수 있을 것이다.

대부분의 기업에 있어 재무 상태나 운영지표들은 현재 측정되는 지표들로부터 유의하게 차이가 날 정도로 심각한 변화를 보이지 않을 것이다. 서비스 기업과는 달리 우수한 제조 기업들은 상당히 뛰어난 품질관련 자료를 확보하고 있는데 이 경우에 카테고리 안에서의 변화는 크게 나타나지 않을 것이다. 대부분의 기업에서 성과향상을 위한 활동들은 종업원에 대한 만족과 고객의 만족, 공중에 대한 대응성의 측정에 초점을 두고 있다.

전사적인 차원에서 광범위한 측정 카테고리가 구체적으로 결정되고 난 다음에 그 다음 단계는 기업 내의 각 부서나 사업부가 각각의 전반적인 측정치들 간의 상호관계를 구체적으로 정리해 보는 것이다. 그러한 정리 결과는 각 부서가 각각의 광범위한 지표들에 대하여 지원의 책임을 지는지, 그리고 어느 정도로 중요한 지에 대하여 사전적 이해를 하는데 도움을 줄 수 있다. 예를 들어 서비스 상품개발 팀은 신상품의 성공에 있어서 가장 중요한 책임을 진다고 볼 수 있다. 그러나 그 외의 부서들도 이에 포함될 수 있는 것이다.

마케팅이나 현장 부서 혹은 그 외의 부서들도 지원이나 이차적인 책임을 지고 있는 것이다. 이러한 측정은 상품 개발과정에서 상품개발 팀에 있는 종업원들에게는 상대적으로 높은 가중치를 부여하고 나머지 부서의 인력들에 대해서는 낮은 가중치를 부여하는 형태로 실시할 수 있다.

하나의 사업부 혹은 팀 내의 측정이 종료되면 이와 동일한 형태의 측정 활동을 작업이 또 다른 부서라든지 또 다른 사업부에도 시행될 수 있는 것이다. 이러한 과정은 지속적으로 상층에서 하층으로 이어지며, 이는 측정의 계층이 최고경영자에서 하부의 종업원에 이르기까지 측정이 완료되는 시점까지 계속되게 된다.

그러나 기업 내에서 하방식 측정이 이루어지고 있는 동안에 이러한 과정이 최하단 종업원에게 까지 이르지 못할 수 있으므로 이에 대한 준비를 철저히 해야 할 것이다.

측정 도구는 개발의 산물이라고 할 수 있으며, 개인이나 아주 소규모 기업에 이를 적용한다는 것은 오히려 불필요할 수도 있다. 이러한 소규모 수준에 대한 측정은 개인이나 소기업들이 가진 특징을 고려하여 확실히 연관성 있는 성과치를 측정의 대상으로 삼는 것이 필요하다.

예를 들어 이직 수준이 측정되는 경우에, 이직예정의 작업자는 본인이 맞고 있는 장비의 유지보수라든지, 청소 등을 하지 않으려고 할 것이며 흥미도 없을 것이다. 이직에 따르는 불안감도 있을 것이며 지식의 공유라든지 협동의 체제는 와해될 것이다. 이러한 측정 항목은 소기업에서도 사용 가능하지만 규모가 큰 사업장에서 혼합된 성과에 대하여 주의를 기울여야 하는 경우에도 효과적일 수 있다. 이와 유사하게 규모가 큰 사업장에서는 목표 실현에 대한 보상 등을 측정의 대상으로 삼을 수 있다. 이직이나 개인적인 수준에 있어서의 잘 분류된 측정 수단은 시간이 지나면서 진보되어져야만 한다. 만약에 이직 측정보다도 더 나은 측정 도구가 개발하면 올바른 측정 시스템은 그러한 시스템을 단일의 사업부나 팀에서만 독점하는 것이 아니라 타 사업부나 팀, 혹은 개인에 공유할 수 있도록 독려되어져야 할 것이다.

적지 않은 기업들이 성과 측정과 관련하여 너무 많거나 혹은 너무 적은 자료를 수집하고 있으며, 수집된 자료들이 잘못된 것이거나 적절하지 못하고 불필요한 경우도 있다. 여기에서는 성과 측정과 관련하여 수집되어지는 자료가 가져야 할 특성에 대하여 살펴보았다.

권장되는 자료의 특성을 모두 포괄할 수 있는 완벽한 측정시스템을 가진 기업들도 있지만 대부분의 기업들은 그들의 경영시스템을 완전히 재구축하고 그것들을 측정하기 위하여 여러 지표들을 재평가할 필요가 있는 것이다. 이 장에서는 이러한 두 가지 과정 모두에 대하여 주의사항과 통찰을 제시하는 것으로 결론을 내릴 수 있을 것이다.

보충 자료

관리도

품질특성의 변동에 대하여, 공정이 안정되어 있을 때에는 분산도가 낮고 통계학적으로 안정상태가 유지된다. 그러나 원자재의 문제, 작업자 훈련부족 등으로 인해 공정에 이상이 발생할 수 있으며 이때 분산도가 커진 상태를 불안정상태라고 한다.

관리도는 공정의 관리 상태와 품질수준을 파악하기 위한 그래프로서 관리한계를 구하고 측정된 시료들을 바탕으로 관리 상태를 측정하게 된다.

Ⓐ 관리도의 원리

관리도에서는 품질변동에 대한 확률분포를 바탕으로 관리한계 즉 관리상한과 관리하한을 두고 공정에서의 시료를 바탕으로 측정된 통계량이 관리한계선 내로 들어오면 공정이 안정 상태에 있다고 평가하며 그렇지 않고 관리상한이나 관리하한 밖으로 위치하면 관리되지 않은 상태로 평가한다.

- 공정 상태를 파악하기 위한 목적이라면 공정해석용 관리도라고 하며, 공정을 안정 상태로 유도하기 위한 목적이라면 공정관리용 관리도라고 칭한다.

[품질특성에 대한 변동]

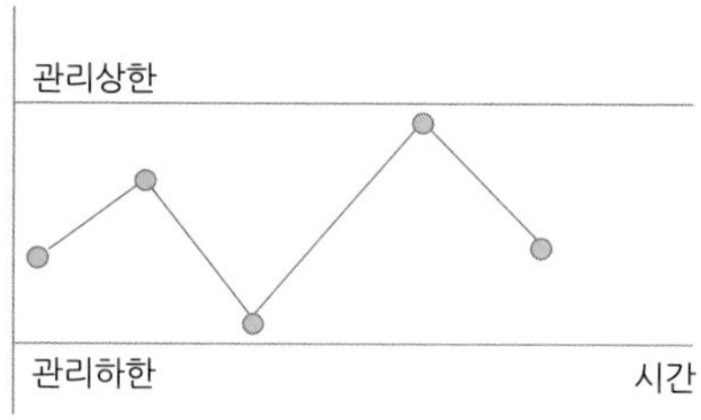

B 공정한계

공정변동의 원인이 우연요인에 의해서만 이루어지고 있다면 공정은 정상상태 혹은 관리 상태에 있다고 보아야 하며, 이때 품질수준은 신뢰성 있는 수준으로 보아 안정된 모수를 지속적으로 보이는 것으로 평가한다. 그러나 이상요인에 의한 공정의 변화가 발생하고 있다면 일정한 모수를 기대할 수 없다. 생산 공정의 이상 유무는 시료의 확률분포가 일정한 수준을 유지하고 있는가를 파악함으로써 진단할 수 있다.

- 관리도에서 공정이 안정 상태에 있을 때, 품질특성치의 평균수준을 중심선(CL)이라 칭하고 통상적으로 중심선으로부터 $\pm 3\sigma$ 떨어진 관리한계선을 각각 관리상한선(UCL), 관리하한선(LCL)이라고 한다.

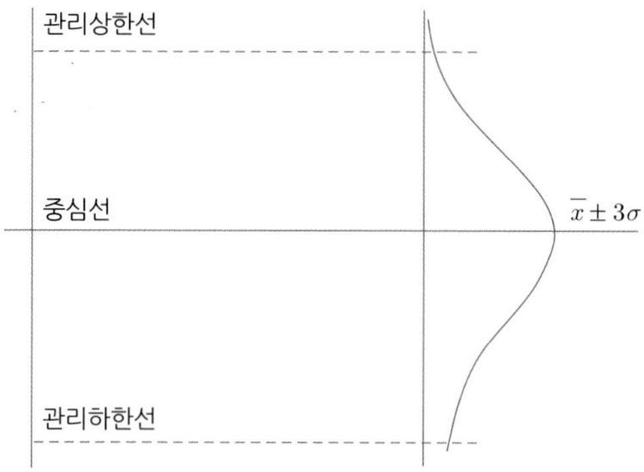

Ⓒ 관리도의 종류

❶ 계량치 관리도

- $\overline{X}$ 관리도: 시료의 평균을 기록하는데 사용되며 통상적으로 R 관리도나 σ관리도와 함께 사용된다.
- R 관리도: 시료의 범위값을 바탕으로 산포도를 통제하고자 할 때 사용되며 $\overline{X}$관리도와 함께 사용된다.
- σ관리도: 산포를 통제하는데 R 관리도와의 차이점은 표준편차를 이용하여 관리도의 중심선과 관리한계선을 계산하게 된다.

❷ 계수치 관리도

- p관리도: 공정 산출물의 불량비율에 대한 결과를 관리하기 위한 목적으로 작성
- np관리도: 불량률에 발생빈도를 곱한 것으로 불량개수관

리도라고도 불리며 시료의 크기 n이 일정하고 불량률 대신 불량품 개수를 관리대상으로 한다는 점에서 차이가 있다.

- c관리도: 그룹 내의 단위수가 일정한 경우에 품질의 결점수를 관리하기 위한 목적으로 작성된다.
- u관리도: 그룹 내의 단위수가 일정하지 않은 경우에 결점수를 관리하기 위한 목적으로 작성된다.

D $\overline{X}$ 관리도

품질특성의 평균이 안정 상태에 있는가를 파악하기 위한 목적으로 작성되며 시료들의 표본평균을 바탕으로 관리한계를 벗어남의 유무, 모양을 통해 평균의 변화를 진단하게 된다.

- 관리한계: $\mu \pm 3\frac{\sigma}{\sqrt{n}}$
- 표본평균을 바탕으로 작성된 표본평균의 평균($\overline{\overline{X}}$)는 모평균의 추정치로 사용되며(중심극한의 정리) 관리도의 CL이 된다. 그리고 표본 범위들의 평균($\overline{R}$)은 σ의 추정치가 된다.

따라서 모평균은 $\overline{\overline{X}}$로 추정되고 σ는 $\frac{\overline{R}}{d_2}$로 추정되기에 관리한계를 정리하면 다음과 같다.

$$\overline{\overline{x}} \pm \frac{3}{\sqrt{n}}\left(\frac{1}{d_2}\right)\overline{R}$$

여기에서 $\frac{3}{\sqrt{n}}\left(\frac{1}{d_2}\right)$는 A_2라는 계수표로 정리하여 사용되고

있다.

따라서 $\overline{X}$관리도의 중심선과 관리한계를 정리하면 다음과 같다.

중심선: $\overline{x}$

관리상한과 관리하한 : $\overline{\overline{x}}\pm A_2\overline{R}$

제시된 자료는 공정중의 생산품목 길이를 관리하기 위한 목적으로 시료를 측정한 자료이다.

표본 번호	관측치					표본 번호	관측치				
1	8	8	7	9	10	11	9	8	9	9	10
2	8	7	9	8	7	12	10	9	9	8	7
3	8	9	7	8	4	13	10	8	7	12	6
4	8	9	9	8	7	14	9	8	9	9	8
5	10	9	11	8	4	15	8	9	9	9	10
6	9	8	7	8	8	16	8	9	9	10	10
7	8	8	8	9	5	17	9	9	8	9	9
8	7	8	9	7	8	18	12	5	8	9	7
9	10	8	9	7	10	19	8	9	9	7	8
10	9	8	9	7	10	20	8	9	7	10	10

이상의 시료결과를 바탕으로 관리한계를 구하고 자료를 관리도 상에 표기하기로 한다. 여기에서 표본평균과 범위를 계산하면 다음과 같다.

표본번호	관측치					표본평균	범위	표본번호	관측치					표본평균	범위
1	8	8	7	9	10	8.4	3	11	9	8	9	9	10	9.0	2
2	8	7	9	8	7	7.8	2	12	10	9	9	8	7	8.6	3
3	8	9	7	8	4	7.2	5	13	10	8	7	12	6	8.6	6
4	8	9	9	8	7	8.2	2	14	9	8	9	9	8	8.6	1
5	10	9	11	8	4	8.4	7	15	8	9	9	9	10	9.0	2
6	9	8	7	8	8	8.0	2	16	8	9	9	10	10	9.2	2
7	8	8	8	9	5	7.6	4	17	9	9	8	9	9	8.8	1
8	7	8	9	7	8	7.8	2	18	12	5	8	9	7	8.2	7
9	10	8	9	7	10	8.8	3	19	8	9	9	7	8	8.2	2
10	9	8	9	7	10	8.6	3	20	8	9	7	10	10	8.8	3

전체 평균은 8.39가 되며 범위의 평균은 3.1이 된다. 이러한 결과를 바탕으로 관리한계를 계산하면 다음과 같다. 여기에서 n=5에서 A_2=.577이다.

$$UCL=8.39+.577(3.1) = 10.17$$

$$LCL=8.39-.577(3.1) = 6.60$$

중심선=8.39

- $\overline{X}$관리도의 불안정이 발생하는 원인

❶ 평균의 급격한 변화: 생산준비과정의 오류
미숙련 작업자의 고용
원자재의 변화
부품의 고장

❷ 자기상관관계: 설비의 마모 진행

작업장 환경의 점진적 변화

❸ 주기현상: 원자재의 계절적 특성 변화
온도와 습도의 주기적 변화
작업자의 정기적 순환 근무

Ⓔ R 관리도

R 관리도에서는 품질특성의 분산도를 측정하여 공정의 안정상태 유무와 그 적절성을 판단하게 된다.

통상적으로 R 관리도는 $\overline{X}$관리도를 보완하기 위한 목적으로 활용되고, 모평균에 이상이 발생하지 않았다고 하더라도 분산도에서 큰 수치를 보이게 되면 표본평균은 이상한 수치들이 다수 나타나게 된다는 점을 고려하여 작성한다.

- R 관리도의 불안정이 발생하는 원인

❶ 평균의 급격한 변화: 미숙련 작업자의 고용
투입된 원자재의 변화가 심각한 수준
설비의 마모도가 진행

❷ 추세현상: 작업자의 능력 향상
작업장 환경의 점진적 변화
작업자의 피곤 증가

❸ 주기현상: 휴식 전후의 차이발생
작업자의 정기적 순환

[R 관리도의 관리한계]

중심선 : $\overline{R}$

관리상한 : $D_4\overline{R}$

관리하한 : $D_3\overline{R}$

[관리한계 산정을 위한 계수표]

관리한계 산정을 위한 계수				
표본크기 n	$\overline{X}$ 관리도	R 관리도		시그마 추정치
	A_2	D_3	D_4	d_2
2	1.880	0.000	3.267	1.128
3	1.023	0.000	2.575	1.693
4	0.729	0.000	2.282	2.059
5	0.577	0.000	2.114	2.326
6	0.483	0.000	2.004	2.534
7	0.419	0.076	1.924	2.704
8	0.373	0.136	1.864	2.847
9	0.337	0.184	1.816	2.970
10	0.308	0.223	1.777	3.078

앞의 $\overline{X}$관리도 작성에서의 예를 적용한다면 관리한계는 다음과 같다. 우선 범위의 평균($\overline{R}$)은 3.1이며 $n = 5$일 때 D_4 2.114이고 D_3는 0이므로 다음과 같이 정리된다.

UCL: $2.114 \times 3.1 = 6.553$

LCL: 0

CL: 3.1

F p 관리도

공정중의 산출물이 양품과 불량품으로 구분되는 경우에, 공정으로부터 정기적으로 확보된 시료들로부터 표본불량률(p)를 계산하여 도표의 형태로 나타낸 것으로 시료의 측정치들이 관리한계를 벗어나게 되면 모집단의 불량률은 p수준을 벗어나는 것으로 판단하게 된다.

[p관리도의 관리한계]

중심선: $\bar{p}$

관리상한: $\bar{p}+3\sqrt{\frac{\bar{p}(1-\bar{p})}{n}}$

관리하한: $\bar{p}-3\sqrt{\frac{\bar{p}(1-\bar{p})}{n}}$

다음의 예를 바탕으로 p관리도를 작성해본다. 일정 시간마다 임의적으로 제조되고 있는 시계 모터가 규격에 적합한지를 파악한다. 따라서 매일 일정시점에 100개의 표본을 조사하게 된다.

표본 번호	표본 크기	불량 갯수	불량률 (p)	표본 번호	표본 크기	불량 객수	불량률 (p)
1	100	8	.08	11	100	1	.01
2	100	4	.04	12	100	2	.02
3	100	5	.05	13	100	3	.03
4	100	2	.02	14	100	4	.04
5	100	4	.04	15	100	5	.05
6	100	5	.05	16	100	4	.04
7	100	2	.02	17	100	7	.07
8	100	2	.02	18	100	3	.03
9	100	3	.03	19	100	2	.02
10	100	8	.08	20	100	8	.08

따라서 $\bar{p}$는 전체 불량 개수 82개를 고려하여 .041이 된다. 따라서 관리한계를 다음과 같이 계산된다.

$$\text{UCL: } \bar{p}+3\sqrt{\frac{\bar{p}(1-\bar{p})}{n}} = .041+3\sqrt{\frac{.041(1-.041)}{100}} = .1004$$

$$\text{UCL: } \bar{p}-3\sqrt{\frac{\bar{p}(1-\bar{p})}{n}} = .041-3\sqrt{\frac{.041(1-.041)}{100}} = 0$$

음수가 나타나는 경우에는 음수의 불량률이 존재할 수 없다는 점을 고려해 0으로 처리한다. CL: .041이 된다.

G np관리도(불량 개수 관리도)

불량품의 개수에 대한 관리도로써 n은 항상 동일한 경우(동일하다고 가정)에 사용된다. 관리도에 표시하는 과정이 상대적으로 수월하기 때문에 사용의 빈도가 높다고 할 수 있다. 여기에서 불량의 발생은 이항분포를 활용하여 작성된다.

불량품 개수(이항분포의 기댓값) = n(표본의 크기)×p(불량률)
불량품 개수에 대한 표준편차 = $\sqrt{np(1-p)}$

np관리도의 관리한계는 다음과 같다.

[np관리도의 관리한계]

중심선: $n\bar{p}$
관리상한: $n\bar{p}+3\sqrt{n\bar{p}(1-\bar{p})}$
관리하한: $n\bar{p}-3\sqrt{n\bar{p}(1-\bar{p})}$

앞의 p관리도에서와 같이 시계모터의 불량수준을 고려하여 관리한계를 계산해보자. 우선 표본비율의 평균을 구하면 다음과 같다.

$\bar{p}$= .041 따라서 중심선은 $n\bar{p}$= 100(0.41) = 4.1이고

$$\text{UCL: } n\bar{p}+3\sqrt{n\bar{p}(1-\bar{p})} = 100(.041)+3\sqrt{(100(.041)(1-.041)}$$
$$= 4.1+5.94 = 10.04$$
$$\text{LCL: } n\bar{p}-3\sqrt{n\bar{p}(1-\bar{p})} = 100(.041)-3\sqrt{(100(.041)(1-.041)}$$
$$= 4.1-5.94 = 0$$

여기에서 불량품은 음수가 나올 수 없으므로 관리하한에서 음수가 나오는 경우에는 0으로 처리한다.

H 결점수 관리도(c 관리도)

c 관리도에서는 제품과 서비스 운영상에서 발견되는 결점의 수를 대상으로 관리도를 작성한다. 여기에서 제품과 서비스는 단위는 일정하다고 가정한다. 불량 개수 관리도와는 달리 일정 범위 내에서의 결점수만을 대상으로 하고 있어 포아송분포를 적용하게 된다. 따라서

결점수의 기댓값(평균)은 C
결점수의 표준편차는 $\sqrt{C}$로 정리된다.

따라서 c 관리도에서의 간리한계선은 결점수인 c가 알려져 있는 경우에 다음과 같다.

$$\text{UCL: } c+3\sqrt{c}$$
$$\text{LCL: } c-3\sqrt{c}$$

그러나 현실적으로 정확한 c를 안다는 것은 불가능하므로 과거 자료를 바탕으로 추정된 c 즉 $\bar{c}$를 활용하게 된다. 최종적으로 관리한계는 다음과 같다.

[c 관리도의 관리한계]

중심선: $\bar{c}$

관리상한: $\bar{c}+3\sqrt{\bar{c}}$

관리하한: $\bar{c}-3\sqrt{\bar{c}}$

예를 들어 다음의 경우에서 c 관리도를 작성해본다. 어떤 제품의 검사단계에서 20대를 검사한 결과 결점수가 다음과 같이 파악되었다.

중심선은 $\bar{c}=2.3$

UCL: $\bar{c}+3\sqrt{\bar{c}}=2.3+3\sqrt{2.3}=6.85$

LCL: $\bar{c}-3\sqrt{\bar{c}}=2.3-3\sqrt{2.3}=-2.24$이므로 0으로 처리된다.

이러한 결과를 관리도로 나타내면 다음의 [그림]과 같으며 전체 검사공정은 관리 상태에 있는 것으로 파악된다.

[검사단계에서의 결점수]

시료번호	결점수	시료번호	결점수
1	1	6	3
2	3	7	2
3	4	8	1
4	2	9	3
5	2	10	2

[제품결함수에 대한 c관리도]

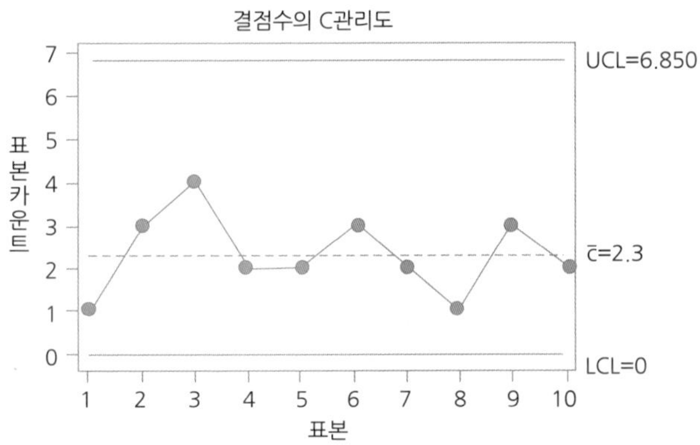

Ⅰ 단위당 결점수 관리도(u 관리도)

u관리도는 단일제품이나 제품군의 결점수를 파악하는 경우에 작성되는 관리도이다. 여기에서 단위당 결점수인 u는 결점수 c를

제품갯수인 n으로 나누어 계산한다. 앞서 살펴본 관리도들과의 차이점은 n이 수시로 바뀔 수 있다는 것이다. 이상의 내용을 수식으로 정리하면 다음과 같다.

단위당결점수$(u) = \frac{c}{n}$

u의 분포를 r고려한다면 평균은 $\frac{c}{n}$ 즉 $\bar{u}$가 되며,

표준편차는 $\sqrt{\frac{\bar{u}}{n}}$ 이 된다. 이를 바탕으로 관리한계를 구하면 다음과 같다.

[u 관리도의 관리한계]

중심선: $\bar{u}$

관리상한: $\bar{u}+3\sqrt{\frac{\bar{u}}{n}}$

관리하한: $\bar{u}-3\sqrt{\frac{\bar{u}}{n}}$

다음의 예를 바탕으로 u관리도를 작성해본다. 어떤 공정에서 랏의 크기가 계속 변화하는 경우에 총 20회 동안 시료들을 수집, 측정하여 n개의 표본 중에서 각각 결점수를 확인한 결과가 다음과 같다.

표본 번호	표본 크기	불량 개수	B단위당 결점수 (u)	표본 번호	표본 크기	불량 개수	단위당 결점수 (u)
1	25	78	3.12	11	30	81	2.7
2	20	42	2.1	12	20	62	3.1

3	20	56	2.8	13	25	63	2.52
4	25	82	3.28	14	25	64	2.56
5	30	84	2.8	15	20	65	3.25
6	15	55	3.67	16	25	54	2.16
7	20	52	2.6	17	25	67	2.68
8	20	62	3.1	18	25	63	2.52
9	20	53	2.65	19	30	52	1.73
10	20	68	3.4	20	25	68	2.72

이 경우의 u 관리도의 관리한계는 다음과 같다. 우선 중심선은 $\bar{u}$이므로 2.73 이고 관리상한은 3.72, 관리하한은 1.74 로 계산되고 있으나 u관리도의 특징이 시료의 크기가 변화하는 것이므로 n에 따라서 그 크기가 변화하게 된다.

관리상한은 $\bar{u}+3\sqrt{\frac{\bar{u}}{n}}$ 은 이므로 $2.73+3\sqrt{\frac{2.73}{n}}$ 이 되고, 관리하한의 경우에는 $2.73-3\sqrt{\frac{2.73}{n}}$ 가 된다. 따라서 n이 20인 경우에는 관리상한과 관리하한이 각각 2.73+1.108로 3.838, 2.73-1.108로 1.622 이 된다. 만약 n이 25인 경우에는 관리상한이 2.73+0.9913으로 3.721, 관리하한이 2.73-0.9913으로 1.738이 된다.

여기에서 c관리도와 u관리도는 그 유사성으로 인하여 사용에의 혼란이 나타날 수 있다. 이때 가장 중요한 판단기준은 표본단위인 n이 일정한가로 판단할 수 있다. 표본크기가 일정한 경우에는 c관리도가 적절하며 그렇지 않은 경우에는 u관리도를 사용해야 한다.

[결함수에 대한 u관리도]

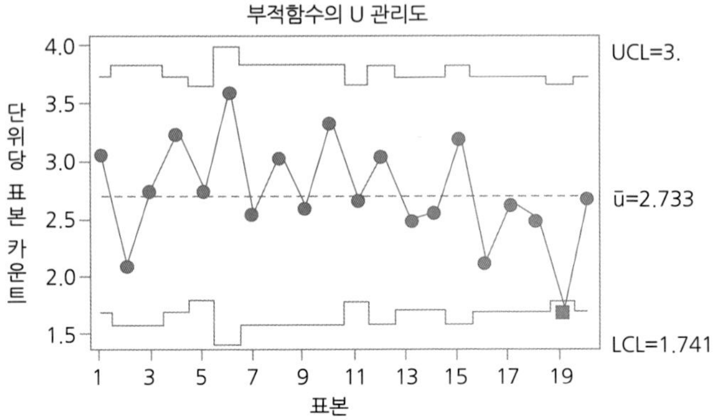
부적함수의 U 관리도
UCL=3.
ū=2.733
LCL=1.741
단위당 표본 카운트
표본
4.0
3.5
3.0
2.5
2.0
1.5
1
3
5
7
9
11
13
15
17
19

평가 시스템

Chapter 07

적절한 평가 지표의 개발과 측정활동은 결국 효과적인 보상시스템을 운영하기 위한 목적이라고 할 수 있을 것이다. 보상은 조작내 인력들의 동기부여에 영향을 미치고 조직의 생산성 높은 활동의 원동력이라고 할 수 있다. 그만큼 올바르지 못한 성과에의 보상은 조직의 위화감과 종업원들의 불만을 불러일으키는 원동력이기도 하다. 여기에서는 효과적으로 운영 가능한 보상시스템에 대해 서비스 기업의 특성을 중심으로 살펴보도록 할 것이다.

보상시스템의 설계

생존과 성장이라는 목적을 달성하기 위해 최선을 다해 노력하는 기업들을 쉽게 찾을 수 있다. 그러나 여기에서 궁금해지는 것은 기업들이 그 목표를 어느 정도로 달성하고 있는가이다. 건강을 위해 의사에게서 건강진단을 받는 것처럼, 기업도 성과에 대한 달성수준을 바탕으로 진단을 받을 필요가 있다.

전통적으로 공급에 비해 수요수준이 높아지면서 생산성이 가장 중요하면서 빈번하게 활용되는 성과지표로 활용되었다. 공급과 수요간의 차이가 줄어들고 경쟁이 치열해지면서 고객들의 선택 대안은 증가하게 되고 더 높은 성능과 서비스를 제공하는 상품의 선택 가능성이 높아지고 있다. 이러한 고객들의 수요 패턴은 기업들의 혁신을 유도하게 되었으며 기업운영은 그 만큼 복잡한 프로세스와 요소들에 대한 고려를 요구하게 된다. 따라서 생산성만을 활용한 기업성과 평가는 한계에 직면하게 된다. 서비스 기업들이 서비스 수준향상을 위한 노력을 실행하고 종업원들에게 권한을 위임하는 과정을 겪으면서, 앞에서 언급한 것처럼 전통적인 성과평가 시스템의 활용은 상당한 제약을 동반한다는 것을 알게 되었다. 간단히 보자면 하드웨어와 소프트웨어가 맞지 않는 것이다. 새로운 시스템이 고객이나 팀워크의 고취에 초점을 맞추는 것에 비하여 과거의 이러한 시스템들은 경영자라든지 경쟁에 초점이 맞추어져 있다고 할 수 있다. 여기에서는 왜 전통적 성과평가 시스템들이 서비스 운영이나 팀 활동을 저해하는 지에 대하여 알아보고자 한다. 그리고 서비스 운영에 맞는 새로운 평가 및 보상시스템을 구축하는 토대를 제시하려고 한다.

성과 평가와 목표의 설정

전통적인 성과평가 시스템이 갖는 중요한 목적 중에 한 가지는 각 개인의 실적 향상을 위한 목표의 수립에 있다. 전통적인 입장에 따르면 실현해야 할 목표가 있으면 성과는 향상될 것으로 보았다. 기업 내에 여러 부서가 동일한 직무를 수행하고 있는 경우에 한 팀 내에 개인에 부과된 목표를 제시하고 또 다른 한 팀에는 팀의 목표를 제시하고, 세 번째 팀에는 개인적인 목표와 팀 목표를 동시에 제시하고 네 번째 팀에는 어떠한 목표도 제시하지 않았다고 하자. 과연 이들 팀 간의 성과는 어떠할 것인지 판단해 보자

아마도 목표가 주어지지 않은 팀의 성과가 가장 낮을 것으로 생각할 것이다. 이러한 상황을 반복한 연구 결과[1]에 따르면, 그러한 생각이 잘못되었다는 결론에 이르게 된다. 실제로는 개별적인 목표만을 제시받은 그룹의 성과가 지속적으로 최악을 기록한 것으로 파악되었다. 전혀 목표를 제시받지 못한 경우는 개인적 목표를 제시받은 경우에 비해 성과가 더욱 높은 것으로 파악되었다. 전통적인 우리의 생각이 여지없이 무너진 것이다.

이 연구애서 흥미로운 것은 개인적 목표만을 제시받은 팀을 제외한 나머지의 모든 그룹들 중에서 팀 목표와 개인적인 목표를 함께 제시받은 팀이 최고의 성과를 기록하였다는 것이다. 그러나 그들 간의 성과의 차이는 그렇게 크지 않았다. 목표설정이 개인이나 팀 성과에 어떤 영향을 미치는가에 대한 기존 연구들의 대

---

1. Mitchell,T. and W. Silver(1990), "Individual and Group Goals When Workers Are Inter-dependent; Effects on Task Strategies and Performance." Journal of Applied Psychonogy 75(2), pp.185-193

부분은 종업원들 전혀 협동적이라고 할 수 없는 상호 독립적인 업무에 대하여 연구를 실행하였다. 그러나 독립적으로 직무를 수행하는 개별적 작업자의 개념이 지배하던 시대는 이미 지나갔다고 보아야 한다. 오늘날과 같이 복잡한 기업세계에서는 종업원들이 협동적일 수밖에 없는 것이다. 결론적으로 오늘날에는 목표설정의 역동성에 대한 이해가 필요하며 개별적인 활동이 아니라 팀 활동에서의 적절한 피드백도 필요하다.

대부분의 성과평가 시스템들은 아직도 개인적 성과 실현과 목표설정이 필요하다는 전제하에서 개발되어지고 있다. 특히 연봉제 하에서 관리자들은 연간 계획을 설정하기 위하여 성과에 대한 피드백을 제공하기 위해서 그리고 결과에 대한 보상을 책정하기 위해서 하부 종업원들과 일대일의 면담을 실시하고 있다. 이러한 시스템은 오케스트라의 지휘자가 각 연주자들과 개별적인 접촉을 하고 그렇게 함으로서 성과의 향상을 기대하는 것과 유사한 형태라고 할 수 있다.

근데 문제가 되는 것은 상당수의 기업들이 그들의 전체 성과측정 및 보상 시스템을 폐지하는 경향이 있다는 것이다. 성공적인 혁신 프로그램의 운영과 관련해서는 문제가 아닐 수 없다. 단지 기업의 부담이나 노조의 오해 때문만이 아닐 것이다. 성과의 향상을 위해서는 시스템의 지속적인 피드백이 필요하다. 그래야만 좀 더 나은 시스템을 구축할 수 있다. 그러한 것은 Deming wheel의 Plan-Do-Check-Action 사이클 중에서 Check 과정과 동일한 것이다. 성과평가 시스템은 과거의 결과와 미래의 구체적인 목표를 지속적으로 반영할 수 있어야 한다. 이렇게 혼돈스러운 시대에서 성공적인 기업을 운영하기 위해서는 많은 양의 피드백을 필요로 한다. 우리는 고객 지향적이고 팀 지향적이며 유연한 작업장을 지원해줄 수 있는 시스템의 재설계를 필요로 하고 있다.

전통적 성과평가 시스템

기업이 전통적인 평가시스템을 보유하고 있는지 그렇지 않은지의 여부를 어떻게 알아낼 수 있는가? 여기에서는 이에 대하여 논의해보고자 한다. 각 기업의 상황과 맞추어 비교해 보는 것이 적절할 것으로 판단된다.

과거의 평가시스템은 종업원들과 관리자들이 실현된 성과에 대하여 토의하고 다음 기간의 목표를 계획하는 공식적인 성과평가 시스템의 순환이라고 볼 수 있다. 공식적인 성과 평가 사이에 종업원들의 성과에 대한 자료를 보관하고 정기적으로 비공식적인 피드백을 실시하기도 한다. 관리자들은 제출이 요구된 성과평가 양식을 채우며 자료를 누적하게 된다. 일반적인 양식들에는 보통 중요한 직책의 임무나 목표, 성과의 표준 등에 관해서 쓸 수 있는 빈 공간이 포함되어 있다. 관리자는 표준과 비교하여 종업원들의 성과를 순서대로 나열하게 된다. 그러한 양식의 제일 마지막 부분에는 종업원들에 대한 평점이 리커트 5점 척도로 기재된다. 이러한 평점을 기준으로 종업원들에 대한 보상이 결정됨으로 성과기준 보상을 종업원들이 거부감 없이 받아들일 수 있게 된다. 일부 양식에서는 팀워크나 혁신, 참석도, 리더십 수준 등의 특성이나 성과평가요소를 포함하기도 한다. 앞으로 다가올 평가기간 동안의 목표가 기재되고 중요도나 실현의 난이도에 따라서 가중치가 부여되기도 한다. 장기간에 걸친 경력개발이나 향상, 실행계획 등의 개발계획을 포함하고 있기도 한다.

각 기업들이 사용하는 양식에는 기재사항들이 약간 차이가 있기도 하다. 어떤 기업에서는 종업원들과 관리자들에게 각각 다른 양식에 답하도록 요구하고 있고 평가 후 결과를 함께 논의하는 형식을 취하기도 한다. 어떤 기업은 관리자가 종업원들의 서열을 평가하기도 한다. 모든 기업이 동일한 포맷으로 종업원들을 평가하고 그들에 대한 성과나 보상을 논의하는 것은 아니다. 그러나 기본적으로 대부분의 기업이 이러한 과정을 공통적으로 준수하고 있다.

전통적 평가방식에서 개선이 필요한 부분

전통적인 평가 시스템은 여러 가지 면에서 서비스 개선과 운영 향상에 기여하지 못하고 있다. 이들에 대한 논의는 대부분의 기존 기업들이 다시 한번 생각해 보아야 할 내용을 담고 있다.

❶ 종업원들의 경쟁심을 부축이고 있음

개별적인 성과에만 집중함으로서 전통적인 평가와 보상 시스템은 경쟁을 조장한다고 보아야 한다. 대부분의 규모가 큰 기업의 종업원들은 이러한 경쟁으로 인해 팀워크의 구축에 어려움을 겪고 있다. 특히 성과를 평가하는 시기가 도래하면 다른 동료들에 비교가 되고 있다는 점이 엄청난 스트레스를 가져온다고 보아야 한다. 이러한 상황이 누적된다면 타 종업원의 우수한 성과가 돋보이는 것도 싫어할 수 있는 것이다. 그나마 이러한 심정을 가진 종업원들은 오랫동안 한 기업에서 묵묵히 근무한 종업원, 즉 충성도 높은 종업원들이라고 할 수 있다. 종업원이 이러한 심정을 가진다고 단순히 종업원들의 문제라고 보는 것은 더욱 문제를 복잡하게 한다고 보아야 한다.

서비스 개선과 운영은 팀워크 활동이 전제되는 시스템에서 상당히 효과적이라고 할 수 있으나, 전통적인 평가와 보상 시스템의 경우에는 타 종업원에게 도움을 준다고 하는 것이 제한적일 수 있다. 이러한 부정적인 면이 종업원들의 서열을 평가할 경우에는 더욱 명확하다고 할 수 있다.

❷ 시스템 자체의 경직성

상당수 기업들이 성과에 대하여 평가와 보상의 증가에 따른 분류된 종업원의 수나 수준이 중간 수준이 높고 높은 등급과 낮은 등급을 받은 종업원의 수는 상대적으로 작은 수를 보일 것으로 기대하게 된다. 이 역시 앞에서 언급한 것과 경쟁을 조장할 수 있는 것이다.

만약에 성과를 향상하고자 한다면 경직된 분류법으로 종업원들을 서열화하는 것은 오히려 한계가 될 수 있다. 다만 다양한 등급을 설정, 유지하고 있다는 것 외에는 아무 것도 없는 것이다. 대부분 이렇게 경직된 수준을 유지하고자 하는 경우에 평균을 구하고 이것을 기준으로 실제 실현된 성과의 수준에 관계없이 상급 수준과 하급 수준으로 분류만 하는 것이다. 이러한 것들은 전체적으로 볼 때 절대로 성과의 향상을 꾀할 수 없는 것이며, 이러한 이유로 인하여 종업원들 간에 경쟁만을 야기하게 되는 것이다. 마땅히 이루어져야할 비교는 팀 내의 종업원들을 대상으로 해서는 안된다.

❸ 계층적 구조의 강화

전통적인 평가시스템에서 관리자는 목표를 세우거나 성과를 감시하고 종업원들의 수준에 대한 서열을 매기는 것을 업무로 삼아왔다. 이러한 접근법은 종업원에 대하여 관리자의 역할이 종업자의 역할과는 다르게 이해되고 있음을 보이고 있다. 그러나 고객에 초점을 맞추고 있는 기업은 그러한 시각을 바꾸고 고객과 서비스 현장 종업원을 최우선으로 대하고 있다. 이러한 기업의 관리자는 종업원들을 지원하는 대상으로 인식되고 있다. 전통적인 평가시스템에서 관리자들은 오히려 과다한 권한이나 임무로 인해 오히려 놀라워하게 되는 것이다.

❹ 시스템 내에 성과에 대한 피드백이 불포함

의외로 관리자들은 종업원들에 대하여 피드백을 제공하는데 대하여 인색한 것을 종종 발견할 수 있다. 일상적 업무 과정에서 관리자들은 생각보다 훨씬 적은 시간을 종업원들과의 시간에 할애하고 있다. 현장의 종업원들은 오히려 고객 서비스와 관련된 상당한 수준의 지식을 가지고 있다고 할 수 있다. 또한 종업원들은 관리자들에 비해 고객들과도 더욱 많은 시간을 보내고 있다는 것이다. 그러나 전통적인 평가시스템에서는 관리자와 종업원들의 만남이라는 것이 상당히 격리되고 있는 것이 사실이다. 평가자와 피평가자의 역할이 가장 큰 이유가 될 것이다. 이러한 가끔의 만남을 통해서는 고객이나 종업원이 겪는 기술적인 문제점들을 피드백하고 의견을 제시하는 것은 사실상 불가능하다고 할 수 있다.

⑤ 평가시스템의 유연성 부족

사실상 평가시스템 자체는 상당히 경직되어 있고 구조화되어 있다. 평가는 대부분 정해진 시기에 이루어진다. 그리고 사전에 준비된 서류양식과 구체적인 절차, 그리고 보상에 의해 구조화가 엄격히 이루어져 있는 것이다. 그러나 직무라고 하는 것은 그렇게 구조화가 높다고 볼 수 없다, 연간 목표도 수시로 수정되는 것이 현실이다. 사전에 준비된 서류양식의 경우에도 문제점이 발생해야만 수정을 위한 토의가 이루어지는 것이다. 그리고 종업원의 기여도도 사전에 이루어진 보상과는 맞지 않는 경우가 있는 것이다.

평가시스템의 개선점

각 기업에서 그들만의 성과평가 시스템을 개발하고 채택하는 것과 관련하여 상당의 발전이 있기는 했지만 새로운 문제점이 발생하고 있다. 예를 들어, 팀조직에 바탕을 두고 서비스가 이루어지는 호텔업의 경우, 자율적인 팀 성과 평가가 실시되는 것을 종종 확인 할 수 있다. 그러나 핵심은 종업원들 스스로가 종업원들을 다양한 기준에 의해서 서열을 정한다는 것이다. 한 팀 내에서 스스로 평가에 의한 서열이 이루어지고 있는 것이다. 이러한 평가는 오히려 팀을 통합하는 것이 아니라 혼란을 가중시키는 것이다.

일부 기업의 경우에는 고객들의 요구사항을 종업원 평가 요소로 활용하기도 한다. 그러한 시스템 하에서는 관리자가 각 종업원들이 대하게 되는 고객들과의 인터뷰를 필요로 한다. 설령 이러한 시스템이 뛰어나다고 하여도 관리자에게 과중한 부담을 주게 된다. 관리자들의 입장에서는 현장 고객들과 직접 접촉이 그만큼 부담스러운 것이다. 전통적인 평가 시스템 내에서도 종업원들과의 정기적인 만남이 이루어지고 있지만 개별 현장 종업원과의 만남은 각각 엄청난 준비시간과 평가 시간이 필요하기 때문에 시간적으로로도 상당히 부담스러운 것이다. 여기에다가 고객들마저 만나야 한다면 엄청난 업무량이 발생하게 되는 것이다.

보상시스템의 재설계

앞서 살펴본 실제적인 현상을 바탕으로 현장에서 평가 및 보상 시스템의 재설계를 시도할 수 있어야 한다. 이를 통해서 종업원들의 바람에 대한 피드백을 제공할 수 있으며 고객들의 바람에 대해서도 피드백을 제공하게 되는 것이고 관리자는 그러한 종업원을 통해서 피드백을 제공받게 되는 것이다. 그러나 이러한 요소들은 조직 유연성과 업무 효율성, 적절한 조직 내외의 커뮤니케이션이 바탕이 되어야 한다. 효과적인 평가와 보상 시스템이 정착되기 위해서는 팀 활동에 대한 전폭적인 지원과 피드백의 통합이 우선 필요하다. 다음으로 팀 활동에서 종업원들의 적극적 동참을 유도할 수 있는 분위기가 조성되어야 한다. 조직 구성원 모두가 수긍할 수 있는 평가 시기의 설정 또한 무엇보다 중요하다. 앞서 여러 번 언급한 것처럼 종업원 각각에 대한 서열의 삭제도 중요하다 하겠다. 개인과 팀에 대한 피드백의 제공과 고객에 대한 자료의 누적도 중요한 전제조건이다. 마지막으로 시스템 설계의 궁극적 목적이 되는 평가결과는 올바른 이용에 대한 엄격한 기준이 있어야 할 것이다.

이러한 전제조건들이 조직 내에 정착되기 위해서는 모든 구성원들이 함께하고 수긍하는 열린 평가가 실시되어야 함은 당연한 것이다. 팀 활동에 기반을 둔 평가 시스템의 경우에는 종업원간 혹은 종업원과 관리자간의 대화를 통해서만이 지속적으로 진전되고 수정되는 평가 시스템이 가능할 것이다.

계획과 피드백의 통합

전통적인 평가시스템의 경우에는 개인에 대한 명확한 업무 개념이 잡혀져 있지 않았기 때문에 관리자와 종업원들 간에는 상당한 의견 충돌이 가능한 구조이다. 따라서 특정한 관리자 개인에게 특정 업무를 고정시키기 보다는 어떻게 업무가 수행되는가에 따라 통합화될 필요가 있다.

이에 대한 해결책으로는 개인이 맡고 있는 사업의 계획과 평가시스템을 하나의 팀으로 통합화하는 과정이 필요하다. 각 그룹들은 그들의 과거 실적에 대하여 토의할 수 있도록 정기적인 미팅이 가능해야 하며 미래에 대한 계획도 수립해야 한다. 업무의 구조가 뚜렷한 관료조직의 경우에도 관리자는 종업원들에게 전략이나 목표에 대하여 브리핑할 필요가 있다.

이러한 접근방법을 통해 관리자의 업무시간을 상당히 줄이고 진정으로 능동적인 팀 활동을 구축할 수 있는 것이다. 여러 번 만난다고 효과성이 높아지는 것이 아니라 하나의 모임에 집중하여 효과성을 높이는 접근법이다. 이러한 정기적인 모임을 통하여 각 구성원들은 그들의 최근 성과를 돌이켜보고 미래의 계획을 세울 수 있다.

이러한 집중화된 구성원간의 모임을 통해 실행가능성과 조직목표에 부합할 수 있는 사업계획 수립의 기반이 형성된다. 즉 상향식 계획수립이 가능해지는 것이다. 상당한 수의 서비스 기업에서 단지 단기적이며 소규모 계획 수립에 종업원들의 의견을 반영하고 있다. 그러나 이러한 의견의 수렴이라는 것이 대개 홍보용의 성격을 띠고 있으며 관리자들이 계획 수립의 권한을 포기 못하는 상황에서 최소한의 관심만을 보이는 피상적인 것들이 되고 있어 본질이 왜곡돼는 현상이 나타나고 있다.

종업원의 동참과 관심은 계획 수립의 기반

구성원들의 모임은 종업원들 스스로가 그들의 업무를 중히 여기 여기도록 끝없는 대화를 통하여 반복적으로 실시되어야 한다. 모임에서 성과의 실현과 관련하여 나눌 수 있는 대화의 주제는 다음과 같은 것이 포함될 수 있다.

- 우선 과거의 성과에 대해 대화를 시작해야 할 것이다. 즉 우리의 과거 성과는 어떠했으며 문제점은 무엇인가를 심도 있게 고민하는 과정이 필요하다.
- 과거의 성과에 대한 피드백과 함께 미래의 상황 즉, 우리의 목표는 무엇이 적절한가를 격이 없이 논의하는 과정도 필요하다.
- 미래의 목표를 달성하기 위해서는 무엇이 필요한가? 즉 노력의 필요성에 대해 목표를 달성하기 위해서 어떠한 노력들이 필요한가를 대화한다.
- 과연 그러한 목표를 달성하기 위해 어떤 지원이 필요한가? 다른 부서로 부터 우리의 목표를 달성하기 위해서 어떠한 도

움을 받아야만 할 것인가?를 논의하는 것은 조직 내 목표의 통합을 위해서도 중요한 대화의 주제가 될 것이다.

오랫동안 기업경영에 우수한 성과를 보여 온 관리자들은 목표 설정이나 평가시스템의 설계과정에 위의 사항들에 대한 깊은 관심을 지속적으로 가진다. 예를 들어 과거 GE의 최고 경영자인 Jack Welch의 경우에는 관리자들에게 다음과 같은 질문을 주요 경영자회의에서 항상 던졌다고 있다.

❶ 시장 상황과 함께, 향후 사업부가 어떠한 위치에 처할 것으로 보이는가?
❷ 사업부의 경쟁 상대들이 경쟁을 이기기 위해 어떠한 활동들을 취하고 있는가?
❸ 당신의 사업부에서는 이러한 경쟁기업의 변동사항에 대하여 어떠한 대응활동을 하였는가?
❹ 이러한 시장 상황 속에서 당신의 경쟁기업들이 행하는 활동 중에서 가장 위협적인 내용은 무엇인가?
❺ 이러한 시장 변동에서 당신의 사업부는 어떤 효과적인 대응책을 준비하고 있는가?

또한 Chrysler의 전회장인 Lee Iaccoca의 경우에는 세 가지의 질문 사항들을 포함하며 분기별로 평가시스템을 체크하였다고 한다.

❶ 앞으로 3개월 동안 실행할 당신의 목표는 무엇인가?
❷ 당신의 계획과 우선 실시사항은 무엇인가?
❸ 목표 달성을 위해 실행하고자 하는 활동들은 무엇인가?

사실 정기적인 검토는 그리 어려운 일은 아니고 어쩌면 아주 간단한 업무로 생각할 수도 있다. 종업원들이 스스로 계획을 수립하고 스스로 설정된 목표의 관리인이 되는 것이다. 이렇게 된다면 생산성은 자연스럽게 올라갈 것이며 동기부여도 자연스럽게 이루어질 것이다. 전체 프로세스에서 본다면 계획, 실행, 정기적 피드백만큼 목표달성에 효과적인 실행방안은 없는 것이다. 따라서 거창하게 구호가 붙지 않아도 열린 평가 시스템이라는 것은 이러한 과정들이 종업원들에게 부여되고 이러한 점을 통하여 팀 전체로 확대되는 것이다.

성과 평가시기의 재조정

종업원과 함께 실시되는 각종 회의와 모임은 작업장에서 업무 중에 자연스럽게 열리는 것이 가장 적절할 것이다. 상당히 많은 기업에서 이러한 만남을 정기적인 간격을 두고, 정기적으로 실시하고 있다. 이를 통해서 각 팀은 차후의 계획을 설립할 수 있는 기회를 가지게 되며 성과를 검토하게 되고 목표의 수정이 가해질 수 있다. 상당수의 기업들은 프로젝트 형태로 목표를 설정하고 평가 피드백이 이루어지고 있다. 이러한 경우에 모임이 프로젝트의 기초에 의해 이루어져야 한다. 즉 프로젝트의 실시 전에 계획의 입안과 프로젝트의 완성 이후에 이의 검토를 위한 모임이 반드시 필요한 것이다. 관광 서비스의 경우에 계절수요가 강한 업종이라는 점을 고려해 계절별로 이러한 과정을 형성하는 것이 더욱 바람직하다. 각 작업그룹들은 그들 팀의 만남에 대하여 특색에 맞게 능동적인 변화를 줄 수 있다.

개인별 서열화 등급 실시 폐지

어떤 형태든지 개개의 종업원들에 대하여 서열을 매기는 제도와 관습은 사라져야만 한다. 그 이유는 종업원들의 입장에서는 서열을 매기는 것과 상위 관리자로부터 심한 업무상 비난을 받는 것을 동일한 것으로 인식하고 있기 때문이다. 심리학자인 Edward Lawler의 이론을 본다면 조직 내에서 3분류로 등급을 실시하고 있다면, 종업원들은 최소한 중간정도의 등급을 받도록 압력을 받고 있는 것이나 다름없다는 것이다. 이러한 일종의 압력은 성과를 향상시킨다기보다 오히려 성과실현에 악영향을 준다고 할 수 있다. 긍정적으로 본다고 하여도 언젠가는 종업원들을 해고하는 수단으로 이용될 수 있다고 생각할 수 있는 것이다.

어떠한 경우에도 서열 시스템의 폐지는 반드시 이루어져야만 한다. 각 팀들이 수행하는 활동들에 대한 보고서만으로도 서열 시스템에서 바라는 결과물을 얼마든지 확보할 수 있는 것이다. 즉 그러한 서열 시스템이 없이도 각 기업들은 종업원들의 활동들에 대한 필요한 자료를 수집할 수 있는 것이다. 종업원들의 제안을 검토한다든지 그들이 혹시 부당하게 취급당하고 있다고 판단되는 경우에는 다양한 지원제도를 통해 해결될 수 있을 것이다.

성과 수준별 피드백의 실시

종업원들은 꼭 관리자를 통해서가 아니더라도 반드시 다양한 경로를 통해서 피드백을 받아야 한다. 소규모 팀에서는 각 구성원들이 그 팀에 속한 또 다른 구성원들에 의해서 피드백을 받을 수 있으며, 특히 서비스업의 경우에는 고객들로 부터의 피드백도 활용될 수 있을 것이다.

서비스 개선활동을 수행하는 팀의 규모가 조금 큰 경우에는 각 개인에 대한 피드백의 수준을 낮출 수 있는데 이러한 이유는 피드백을 받는 당사자가 피동적으로 행동하는 것을 방지하기 위함이다. 어떠한 경우에도 생산적인 피드백이 이루어지기 위해서는 무엇보다 피드백을 받게 되는 당사자가 먼저 자신의 성과를 평가하도록 해야할 것이다. 그들은 자신들의 강점이라든지 성과의 향상부분에 대하여 듣게 된다면 상당히 고무될 것이다. 이러한 과정을 통해 다음 기간 동안의 목표 수립도 기대할 수 있다. 그리고 피드백을 받을 사람이 자신의 성과를 먼저 검토하고 난 후에 팀의 구성원들이 해당자의 성과에 대하여 몇 가지의 의견을 제시하도록 유도해야 한다. 개개인을 가장 잘 파악하고 있는 것은 바로 팀 구성원들이다. 그리고 팀 구성원들은 각각의 구체화된 주제에 대하여 토론을 할 수 있어야 하며 성과의 향상을 위한 방안을 예를 들어 제시할 수도 있어야 한다. 구체적인 형식은 다양하며 워크숍의 형식을 이용할 수도 있을 것이다. 그리고 마지막으로 관리자가 피드백을 제공할 수 있어야 한다. 그렇게 됨으로서 종업원들은 상당히 민감한 문제를 일으켰다고 해도 내부적으로 다시 언급되는 상황을 피할 수 있는 것이고 이를 통해서 그들은 상당히 긍정적인 태도를 보일 수 있는 것이다.

종업원 개개인들에 대하여 피드백을 제공하는 것 이외에도 각 팀들이 얼마나 성과 실행에 최선을 다했는지 파악하기 위해 토의하기 위해서는 약간의 시간적 여유가 주어져야 한다. 많은 요소들이 각 팀의 성과 실현에 영향을 미칠 수 있다. 종업원간 혹은 상하간의 믿음과 대화는 상당히 중요하며 이것이 제대로 이루어지지 못한다면 성과실현에 악영향을 직접적으로 미칠 수 있을 것이다.

일반적으로 높은 성과를 보여주는 작업 팀은 몇 가지의 특징을 가진다. 우선 목표를 지속적으로 높이며 팀 조직 구조를 성과 지향적으로 맞추고 있다. 물론 능력 있는 팀 구성원과 조직적 참여, 외부의 전폭적이며 효과적인 지원도 빼놓을 수 없을 것이다.

고객과 경쟁기업에 대한 자료의 확보

성과에 대한 평가는 실현된 팀 성과와 기업전체의 입장에서 바라본 개별 팀 성과의 비교를 통해서 이루어져야 한다. 이런 맥락에서 고객이라든지 경쟁업체들과의 피드백은 상당히 중요하다고 할 수 있다. 서비스업의 성격을 가지는 프로젝트 산업에서는 고객이 성과의 검토 과정에 참여하기도 한다. 그 외에도 필요할 수 있는 사항으로는 벤치마킹에 대한 자료와 고객들에 대한 조사업무 자료, 포커스 그룹 인터뷰, 서비스 품질관련 고객들로부터의 자료가 필요할 것이다.

서비스 수준 개선을 목표로 하는 팀은 고객이나 경쟁업체의 정보를 수집할 수 있는 정보 시스템과 이러한 정보를 계획 수립의 기본으로 삼을 수 있는 지속적인 시스템을 보유하고 있어야만 한다. 예를 들어 고속도로 관리 사업부에서 고객들의 통행권 재질에 대한 인식을 조사하여 이를 팀 지향적인 목표 수립과 성과측정 시스템의 자료로서 이용할 수 있을 것이다.

문서화된 결과물의 도출

서비스 수준을 개선하기 위한 노력을 실행하며 각 팀들은 합당한 기준을 대상으로 자율적 성과의 측정이 가능하다. 이러한 측정들은 각 성과측정 모임에서 가장 우선적으로 성과평가 시스템 속에서 검토되어야 한다. 그것은 과거에 실현된 성과에 초점을 맞추고 있다고 할 수 있다. 이러한 개방형 성과 평가 시스템이 더욱 세련되어 질수록 팀 내 구성원들은 더욱 더 통합적으로 되어갈 수 있는 것이다. 좀 더 크게 본다면 기업구조가 더욱 오픈 시스템으로 변화되어 간다고 할 수 있다. 기업전략은 더욱 구체화되어가는 것이다. 개방형 성과 평가 시스템은 선언적인 의미를 가진다고 할 수 있으며 각종 문서화 작업을 포함하는 성과평가 업무들의 기본을 형성한다고 할 수 있다.

과거의 사고에 입각한 전통적인 성과평가 시스템은 팀 활동이라든지 지속적인 성과의 향상을 저해하고 있다. 그렇다고 그러한 것들을 완전히 철폐한다는 것은 오히려 잘못이라고 할 수 있다. 대신에 평가 과정의 재수정이 필요한 것이다.

보상 시스템

Chapter 08

경영자와 관리자 그리고 조직 내 전체 종업원들에 대한 보상시스템의 적절성은 성과평가 시스템과 함께 조직의 건전성을 높이기 위한 본질이라고 할 수 있다. 기업들이 진보적인 서비스 개선노력을 경주하기 위해서는 실질적인 보상, 즉 임금에서부터 공정성과 합리성을 바탕으로 설계되어야 할 것이다. 서비스 개선활동과 성과실현을 매개할 수 있는 가장 중요한 원동력은 보상시스템의 적절성이 될 것이다.

경영진, 관리자 그리고 종업원에 대한 보상

최근 들어 거의 모든 국내외 기업들은 고객만족과 서비스 운영의 중요성에 대하여 대체적으로 동일하게 인식하고 있으며 현재 그들이 처하고 있는 상황을 좀 더 획기적으로 변화시키기 위하여 상당한 노력을 경주하고 있다. 비록 그들 기업들이 상당히 진보적인 서비스 개선 노력을 경주하고 있다고 하더라도 실질적인 보상이라고 할 수 있는 임금은 실적 수준에 따라 이루어진다고 보아야 한다.

서비스 개선활동을 효과적으로 진행하고 있는 기업들은 서비스 개선 정책을 효과적으로 지원하기 위해 서비스 운영과 고객들의 만족을 강력하게 매개해줄 수 있는 종업원 보상시스템의 실행을 필요로 한다. 여기에서는 각 기업들이 그들의 장점과 약점을 기반으로 하여 시행하고 있는 몇 가지 최신의 보상 시스템들에 대하여 논의하고자 한다. 그리고 성과를 향상시키기 위해서 사용하고 있는 보상시스템들과 보상 시스템의 의도를 약화시킬 수 있는 요인들을 극복할 수 있는 방안들에 대해서도 살펴보고자 한다.

전통적 보상 시스템의 한계

보상시스템의 전문가라고 할 수 있는 Edward Lawler에 의하면 전형적인 전통적 보상시스템이라고 할 수 있는 대부분의 서구 기업들의 보상시스템은 1950년대에 개발되어 급격한 변화 없이 그 틀을 유지하고 있다. 일반적으로 볼 때, 각 기업들은 유사하게 직무를 평가하고 있는 기업에서의 유사한 보상체계를 그대로 따르고 있으며 보상 척도도 유사한 형태를 보인다. 개개인들이 받게 되는 임금은 그들의 직무와 당 기업에서의 근속년수, 자체적인 기준에 따른 급료체제와 목표치를 달성한 정도에 따른 평가범위의 이내에서 결정 된다.

대개 서비스 기업의 경우 직무등급에 따른 급료 범위는 매우 좁다고 할 수 있다. 예를 들어 하위 현장 책임자들의 급료범위는 2천만 원에서 4천만 원 수준을 보이고 있다. 일반적으로 1년에 한 번 정도 있는 임금의 상승은 3~7%정도이며 이는 시장경기라든지 기업전체의 재무적 성과에 따라 결정된다고 할 수 있다. 아마 이러한 모습이 전통적 보상시스템의 전형이 될 것이다.

위에서 언급한 전통적인 보상시스템의 가장 큰 약점이라고 할 수 있는 것은 뛰어난 성과에 대해서도 동일하게 임금이 지급되고 있으며 평균적인 성과 실현의 경우에 비교해 보아도 그리 높지 않다는 데에 문제가 있다. 이러한 형태의 보상시스템은 종업원들이 최고의 성과를 이룰 수 있는데 전혀 동기를 부여하고 있지 못하고 있다.

미국식 성과급의 실시

미국의 경우에 1980년대 초에 인적자원 부문에서는 기존의 보상시스템을 대체할 수 있는 평가시스템을 모색하기 시작했다. 뛰어난 기업일수록 그들은 종업원들에 대한 보상을 바탕으로 성과 실현이 가능하다고 보고 있다. 당시에 성과급의 실현은 인적자원에 대한 여러 모임에서 가장 중요한 이슈가 되었으며, 이에 따라 점차적으로 이러한 경향이 산업계에 더욱 확대되기 시작한 것이다.

이와 같은 성과에 따른 보상시스템의 문제점이라고 할 수 있는 것은 두 가지 측면에서 살펴볼 수 있다. 그 첫째는 성과에 따른 보상이 가지는 의미의 광범위성이다. 즉 다양한 해석이 가능하다는 것이다. 몇몇 기업에서는 이를 최고경영자들이 그들이 이룩한 성과에 따른 보너스 수준을 결정하고 이를 수령하는 제도로 인식하기도 하였다. 또 다른 문제점은 대부분의 경우에 성과라는 것이 고객들의 만족도 수준이나 서비스 개선과는 관련이 떨어지는 성과들로 측정이 이루어졌다는 것이다.

오히려 부적절하게 설계된 성과에 따른 보상시스템으로 인해서 과거의 협력적이던 팀 활동이 경쟁적인 분위기로 바뀌게 된다. 팀 내의 모든 구성원들이 동일하게 보상을 받게 됨으로서 종업원들이 상당히 의기소침해 질 수 있다. 이는 단순히 본다면 무임 승차자를 양산하는 꼴이 되는 것이다. 또한 기업이나 사업부의 성과가 좋지 않은 경우에 개인이나 팀이 뛰어난 성과를 이룩하여도 추가적인 보상을 받는데 한계가 있을 수 있다.

그 외에 종업원들이 실질적으로 수령하는 보상 수준이 창출한 가치에 비하여 현저히 낮아서 장기적으로 성과의 향상을 꾀하기 쉽지 않다는 것이다. 종업원들은 이러한 인센티브 제도의 허점을 알아차리게 되고 이를 이용하게 되는 것이다. 이러한 이유로 성과에 바탕으로 둔 성과보상 시스템은 변화하게 된다. 즉 목표가 까다로워진 것이다. 더욱 어려워진 목표치로 인하여 대부분의 종업원들은 보상을 획득하는데 어려움을 겪게 된다고 할 수 있다. 오히려 다양한 편법이 생겨날 수 있는 것이다.

보상시스템과 서비스 개선의 연계

주로 대형 서비스 기업들을 중심으로 실시되고 있는 보상제도와 서비스 개선노력을 연계하려는 움직임은 아직까지 효과적이라고 할 수는 없다. 단순한 성과에 기준한 보상체계는 효과적으로 고객의 만족도나 서비스 개선을 지원하지 못하고 있기 때문이다. 문제는 이러한 전략들이 적절하지 못한 종업원 행동을 유도하고 있다는데 어려움이 있다. 이러한 전략들이 가지는 좋지 않은 공통점은 서비스 수준 개선을 개개인이 수령하는 보너스 금액의 증가와 연계하고 있다는 것이다. 또한 일부에서는 관리자 혹은 경영자의 금전적 보상과 연계하기도 한다.

모든 제도가 그러하지만 적절히 운영된다면 아무런 문제가 없겠지만 보상과 서비스 개선을 연계하고자 하는 다양한 노력들은 그들 나름의 문제점을 가지고 있다.

성과수준에 따른 보너스 급여와 서비스 수준의 연계

서비스 수준과 인센티브를 연계하는 것은 기업입장에서 보상과 성과를 가장 간단하게 연계할 수 있는 방법이다. 이러한 접근방법을 통하여 종업원과 관리자들은 그들이 설정한 목표라고 할 수 있는 구체적 서비스 수준을 향상하기 위한 노력에 대해 공동보조를 맞출 수 있게 되는 것이다. 만약에 종업원들이 목표를 달성하게 된다면 그들은 인상된 보상을 받게 되는 것이다. 일부 인센티브의 향상에도 불구하고 서비스 개선과 고객 만족을 위해 요구되어지는 장기적인 행동 변화는 발생하지 않을 수 있다는데 문제가 있다. 이러한 이유는 보상의 상승이 그리 크지 않기 때문이라고 할 수 있다. 대부분의 기업에서 보너스의 상승률은 매년 임금의 10% 내외에서 결정된다. 따라서 뛰어난 성과에 따른 임금의 향상이라고 할 수 있는 것은 통상적 임금의 상승에 대해 1~2% 정도밖에는 높지 않는 것이다. 대부분의 종업원들에게 있어서 이러한 상승률은 뛰어난 성과를 이룰 수 있도록 동기를 유발할 정도는 아니라는 것이다.

이러한 인센티브 시스템이 가지는 또 다른 한계점이라고 할 수 있는 것은 그들이 연간 단위로 이러한 혜택을 받는다는 것이다. 따라서 연중 종업원들을 동기부여 하는데 한계를 가지게 된다. 또한 이러한 전략이 종업원들의 태도에 기초하고 있으므로 제도에 따른 효과를 어느 정도는 경감시킨다고 할 수 있다. 임금 인상이라는 것은 종업원들의 과거의 성과에만 집착함으로써 장래의 행동의 변화를 유도하는데 한계를 가진다.

서비스 수준 개선과 경영자의 인센티브 연계

종업원들의 임금 향상이외에도 정규 임금에 대하여 2배에 가까운 인센티브가 주어진다면 경영자들의 임금에 대해서도 상당 수준이라고 할 수 있다. 이러한 방법은 애초 설정된 제도의 목적을 달성하는데 실패했다고 보아야 할 것이다. 그 이유는 전체적인 인센티브를 결정하는데 고객 만족도라든지 서비스 개선에 대한 가중치가 중요하게 여겨지지 않았다는 것이다. 얼핏 본다면 상당히 시스템적이며 누구에게나 호응될 수 있는 제도로 보이지만 실제 성과실적치, 즉 재무적 실적치에 의한 판단이 절대적이라는 점에서 고객만족이라든지 서비스 개선에 따른 실적과 이에 기초한 인센티브 제도라고 말하기 어려운 것이다.

서비스 개선과 경영자들의 인센티브를 연계하는데 있어 부가적인 문제점이라고 할 수 있는 것은 모든 관리자들을 대상으로 실시하지 못한다는 것이다. 최고 경영자들을 비롯한 일부 경영진에 대해서는 이러한 제도도 제한적으로 이용되고 있다. 특히 국내 서비스 기업에서는 그러한 경향이 더욱 높다. 이러한 포괄적이지 않은 제도의 실행은 오히려 제도 자체를 실시하지 않는 것이 나을 것이다. 나머지 관리자들에게 서비스 개선과 운영에 대한 명확한 시사점을 제시한다고는 할 수 있지만 종업원 대다수에 대해서는 전혀 의미가 없는 것이다.

종업원들의 고객 서비스 능력에 따른 보상

제조업에서 실시되어 왔고 최근에는 서비스 기업에서 점차 관심을 받고 있는 지식이나 기술에 기초하여 인센티브를 결정하는 제도를 일컫는다. 이러한 접근법에서는 종업원들은 그들이 습득한 기술의 종류나 수에 기초하여 시간제급을 받게 된다. 보상 수준을 늘리기 위해 종업원들은 부가적인 기술이나 자격증 취득을 위한 필기시험이나 습득한 기술의 평가를 통하여 그들의 숙련도를 표명하게 될 수도 있다. 기업들은 종업원들이 더욱 가치가 있는 기술을 습득하거나 능력 있는 종업원으로 변모하는 경우에만 더욱 많은 인센티브를 지급한다. 이러한 경우에 종업원들은 그들의 능력을 향상시킬 수 있는 기술을 습득함으로써 급료를 향상시키고 종업원들 자신의 가치를 높일 수 있다.

이러한 보상 시스템은 기업이나 종업원들 모두에게 지극히 공정하다고 할 수 있다. 예를 들어 호텔업의 경우에 대고객서비스 관련 외국어 능통자에 대하여 기술에 입각한 인센티브를 추가로 지급하는 것이다. 이를 통하여 각 종업원들은 설정된 표준에 기반을 둔 실적 향상 기준 테스트를 통해 향상된 인센티브를 받게 된다.

이러한 시스템내의 종업원들은 습득한 기술에 따른 인센티브의 지급이라는 점 때문에 일반적으로 우호적인 태도를 보인다. 즉 인센티브의 향상을 그들이 선택할 수 있다는 것이다. 이러한 경우에 많은 종업원들은 그들의 보상시스템에 대한 불만을 줄일 수 있게 된다.

보유기술에 입각한 보상 시스템의 한계

기술에 입각한 보상 시스템은 지난 30년간 제조업을 중심으로 상당히 보편화되고 있다. 최근 들어서는 서비스업에서도 이에 대한 관심을 보이고 있는 실정이다. 그러나 기술에 입각한 보상 시스템도 약점이 있다고 할 수 있다. 가장 중요한 점은 이러한 접근법이 새로이 습득한 기술이나 훈련에 기초하여 보상은 하고 있지만 서비스 개선이나 고객 만족에의 연관성을 찾기가 쉽지 않다는 것이다. 기술의 습득은 성과의 향상을 가져와야 하는 것이지만 대체적으로는 그렇지 못하다는 것이 문제이다. 뛰어난 보상 시스템이라고 할 수 있는 것은 기업 전체의 목표와 관련된 성과 실현에 따라서 보상이 이루어져야 하는 것이다.

가술에 입각한 보상시스템의 또 다른 문제점이라고 할 수 있는 것은 종업원들이 습득한 기술을 서비스 현장에서 실제로 실행하고 있는가에 대한 의구심이다. 이러한 연계의 확신이 없다면 기술에 입각한 보상시스템은 목표 달성에 아무런 개연성을 가지지 못한 의미 없는 도구로 전락할 것이다. 책상속의 지식은 실제 현장에서는 별 의미가 없는 것이다.

종업원들의 급료를 향상시킨다는 것은 크고 간단하게 본다면 기업의 비용을 상승시킨다는 것이고 이익을 감소시키는 것이다. 오직 종업원들이 그들이 습득한 지식을 적절하게 현장에서 적용하는 경우에만 기업의 성과의 향상이 있을 수 있다고 할 수 있다.

종업원에 대한 이익분배제의 실행

수십 년간 기업들은 관리자들을 동기부여하기 위해서 이익 분배제profit sharing를 실시하고 있는데 그 이유는 그들이 하부 종업원들에게 관심을 지속적으로 가지게 하기 위해서라고 할 수 있다. 최근에 이러한 경향들이 하부의 현장 종업원들 사이에서도 서서히 파급되고 있다. 이러한 보상 시스템은 만약에 모든 종업원들이 이익 분배의 대상으로 인정이 된다면 그들은 더욱 성실해지고 열심히 일하며 원가를 줄일 수 있는 방안을 모색하게 되고 기업의 이익을 향상시킬 수 있을 것이라는 점을 기대하여 실시되고 있다. 이러한 방안들은 팀 조직에 의해서 더욱 고취될 수 있는 것이며 그것은 각 팀의 구성원들이 기업의 성과 향상을 위하여 그들의 노력을 기울일 수 있도록 이러한 보상 시스템이 유도를 하고 있기 때문이라고 할 수 있다.

누가 뭐라고 해도 기업에 있어서 가장 중요한 성과는 이익이라고 할 수 있으며 그러한 이익을 종업원들에게 지급한다는 것은 기술을 교육하고 지원하는 것에 비하여 종업원들을 더욱 동기부여 시킨다고 할 수 있다. 이러한 접근법은 지금까지의 어떠한 제도에 비해 공정한 것이라고 할 수 있다. 이 제도 하에서는 이익이 전혀 없을 경우에 조직 내 모든 구성원들은 추가적인 인센티브 지급을 받지 못한다. 이익 분배에 가장 어려운 문제점이라고 할 수 있는 것은 기술에 입각한 지급과 비슷하게 이익의 분배가 과연 서비스 개선이나 고객 만족도를 향상시키는데 기여하고 있는가에 대한 확신을 가지지 못한다는 것이다. 이익은 서비스 개선이나 고객 만족도와 직간접적으로 관련이 있다고는 할 수 있으나 서비스 개선 이외의 상당히 많은 요소들이 이익에 영향을 미칠 수 있다고 할 수 있다. 특히 기업을 대상으로 서비스를 제공하는 국가 기간산업, 예를 들어 전력이나 도로서비스의 경우에는 서비스 개선이나 고객 만족도와는 다소 거리가 있는 것이다. 단순히 도로 이용고객의 증가가 있는 여름 휴가철에는 관리자들과 종업원들이 이익의 증가로 상당한 양의 인센티브를 지급받을 수 있게 되는 것이다. 그러나 그 후의 몇 달 동안은 상당히 열심히 일을 하고도 전혀 인센티브를 지급받지 못하게 될 수도 있는데, 오히려 국가 기간산업으로 이익이 마이너스를 보일 수 있기 때문이다.

이익 분배제의 또 다른 문제점이라고 할 수 있는 것은 대부분의 기업에서 개별 종업원들은 기업 전체적인 이익의 창출에 대해 큰 영향력을 발휘하지 못하고 있다는 것이다. 이러한 경향은 제조업에 비해 서비스업에서 더욱 높다고 보아야 한다. 비록 모든 종업원들의 성과가 다른 종업원들에게 영향력을 미칠 수는 있지만 개별적인 공헌이라는 것을 찾기는 쉽지 않다. 개인이라든지 부서, 혹은 사업부가 모범이 될 만한 성과를 올렸지만 전혀 인센티브를 받지 못하는 경우가 발생할 수 있으며 이는 기업 전체적으로 볼 때 당해에 인센티브를 줄만한 성과를 올리지 못했거나 경기가 나쁘기 때문이라고 할 수 있다.

이익분배제도의 실패 원인

일반적으로는 그 개념이 건전하고 서비스 개선 노력을 실행하는데 상당히 가치가 있는 것으로 보이지만 대부분의 기업들이 이익분배를 제대로 시행한다고 보기는 어렵다. 이 이유는 이익분배는 일반적으로 다른 기업의 경우를 그대로 모방하거나 정형적으로 꽉 차여진 계획으로 설계되어 있다고 할 수 있다. 개별 기업의 독특한 문화를 반영하고 있지 못하다는 것이다. 이익분배 금액이 종업원들에게 그들이 실행한 업무량에 비교해볼 때 설득력 있는 수준이 아닌 경우가 있다. 즉 종업원들의 불만이 가증될 수 있다는 것이다. 또한 인센티브의 지급은 팀 성과에 전적으로 의존하고 있으며, 전체 팀 구성원들이 일정 성과를 이룩하는데 동등하게 기여하지 못한 경우에도 동일한 기준이 적용된다는데 한계가 있다. 보너스의 지급이 종업원들이 통제할 수 없는 성과와 관련이 있는 경우가 있으며 이러한 경우에는 오히려 혼란을 가중시킬 수도 있다.

성과급 제도의 효과적 실시 방안

여기에서 논의한 다양한 보상시스템들은 이미 조직행동과 인적자원관리 분야에서 전통적으로 실시되고 논의된 방법들이다. 이 가운데에서 기업에서 서비스 개선 노력을 시행하는데 있어서 잠재적으로 가장 성공가능성이 높은 경우는 이익분배제라고 할 수 있다. 이러한 잠재성으로 인하여 이익분배가 좀 더 효과적으로 시행될 수 있는 몇 가지의 방안들을 제시할 수 있다.

우선 고객들이나 시스템 이용자들을 고려하여 고객화된 시스템이 필요하다. 이익 분배제도를 장기적이며 효과적으로 실행하고 있는 기업들은 대체로 종업원들이 포함되어 있는 팀에 의해서 이익분배제도가 설계되어오고 있다. 즉, 팀 고유의 독특성을 살리며 이익분배 제도를 실행한다고 볼 수 있다.

다음으로 인센티브 수준은 종업원들에게 동기를 부여할 수 있도록 양적인 면에서 시기적인 면에서 충분히 커야만 한다. 서비스 기업과 달리 꽤 큰 규모의 제조기업의 경우에는 수백 개의 팀들을 보유하고 있으며 이들 팀들은 상당한 품질수준의 향상과 수억 원 수준의 원가 절감을 가져올 수 있는 공정의 변화라든지 새로운 공정의 구축과 같은 성과를 이룰 수 있다. 이익분배라는 측면에서 이러한 팀들의 종업원들은 상당한 금액을 주식이나 인센티브의 형태로 수령하고 있다. 그러나 기업이 일종의 수고에 대한 감사의 뜻으로 행하는 이러한 행위들이 오히려 종업원들에게는 부정적인 뜻으로 해석될 수도 있다. 적지 않은 종업원들은 그들의 노력들이 다소 사소하게 여겨지고 있다고 판단할 수 있어 오히려 기분이 나빠질 수 있다. 이런 경우에는 오히려 큰 금액으로 인센티브를 지급하거나 각 팀이 실제로 절감시킨 금액에 대하여 일정한 비율을 지급하는 상징적인 보상이 오히려 더욱 성공적인 동기 부여책이 될 것이다.

다음으로는 개인이나 팀의 성과에 대하여 기본적인 보상이 이루어지도록 해야 할 것이다. 국내의 대규모 보험회사는 전적으로 팀 성과에 기초하여 이익분배 제도를 시행하고 있다. 문제를 해결하거나 공정을 향상시킨 팀은 보상을 받게 되는데, 이는 그들이 창출한 가치의 일정 부분을 받게 되는 것이다. 이에 대한 종업원들의 반응은 실제로 공정한 이익분배가 이루어진다고 생각하지 않는 것으로 판단되어 진다. 그 이유는 팀에 소속되어 있는 종업원이 이익을 창출하는데 모두 동등하게 기여했다고는 볼 수 없는 것이며 종업원들 각자가 이미 이것을 알고 있다는 것이다. 팀에 소속된 종업원들이 동등하게 보상을 받게 된다면 상당히 많은 부분을 기여한 종업원들이 그렇지 못한 종업원들에 대하여 오히려 화를 내고 불만을 가질 수 있다.

그리고 적지 않은 기업들이 이익분배 제도를 개인과 팀에 동시에 적용하여 실시하기도 한다. 이러한 제도를 종업원들은 좀 더 공정한 것으로 인식하고 있어 앞서와 같은 제도상의 문제점이 나타나고 있는 기업의 경우에 실시할 수 있을 것이다.

또한 종업원이 실제로 통제할 수 있는 성과지표에 기초하여 운영되어야 할 것이다. 가장 뛰어난 이익분배 제도는 각 부서나 팀에서 활용할 수 있는 결과치에 기초하는 것이라고 할 수 있다. 탁월한 이익분배 제도는 팀 활동을 시작하면서 성과에 대한 의미 있는 성공요소에 대한 측정이 이루어지고 그 영향력이 자연스럽게 조직내부에 파급되도록 확립한 경우라고 할 수 있다. 이런 경우에 새로운 성과지표 개발팀을 구성할 필요가 있다. 이 특별팀에서는 각 팀들이 제시한 성과 향상 방안을 검토하고 측정의 대상을 결정하고 각 팀들에게 지표의 중요성을 객관적으로 전달할 수 있어야 한다. 이러한 일련의 과정은 성과를 향상하는데 있어서 각 종업원에 대한 고객화된 유연성을 제공하는 것이다.

효과적인 보상 시스템의 체계

성공적인 성과를 장기적으로 보이는 서비스 기업들은 종업원들에 대한 보상에 대하여 고객 만족과 서비스 수준 향상을 성공적으로 통합하고 있는 최신의 보상 시스템을 시행하는 기업들이라고 할 수 있다.

❶ 예외 없는 인센티브 제도의 시행

효과적인 보상시스템은 고객 만족도의 향상과 서비스 개선수준의 측정에 기초한 인센티브 제도를 효과적으로 이용하고 있는 기업 시스템을 일컫는다. 예를 들어, Federel Express사의 경우에는 트럭 운전수에서 최고경영자 까지 전종업원이 세 가지의 성공 요소를 기준으로 성과 측정이 이루어지고 있다. 즉 인적 요소의 활용, 서비스 수준, 이익실현수준이 그것들이다. 이 기업의 보상 시스템에서 인적 요소라 함은 경영자, 감독자 혹은 팀에서의 활동하는 모든 개인단위의 성과를 사전에 제시된 기준에 대한 달성비율의 형태로 나타낸 것이다. 종업원의 만족은 고객 만족을 위한 사전 요구사항이기 때문에 종업원들은 그들의 관리자들을 경영능력이라는 측면에서 평가하게 된다. 이러한 평가점수는 인센티브 지급의 필수 요구사항이 되며 기업의 인적 요소에 대한 관심수준을 보이는 중요한 척도가 되기도 한다.

다음으로 서비스 요소는 고객 만족도를 비율 형태로 나타낸 것이다. 외부 고객들과 직접적인 대면을 하지 않는 종업원들의 경우에는 내부고객들의 만족도에 따라서 비율의 형태로 나타난다. 대부분의 대면 서비스에서는 한명의 종업원들이 상당히 다양한 고객들에게 서비스를 제공하고 있다. 예를 들어 기업 내 재무부서의 경우에는 그들의 주된 고객으로 기업 내 직원과 함께 경영자, 판매원, 외부의 거래기업들이 모두 고객이 될 수 있다.

이와는 달리 서비스 수준이나 고객 만족도 모두에 확실한 성과실현을 보이지 못하면 인센티브 수령이 어렵다고 할 수 있다. 예를 들어 종업원들은 그들의 관리자를 상당히 뛰어난 실력가라고 보았으나, 외부 고객들은 그 관리자가 고객들에 대해서는 그다지 많은 관심을 두지 않는다고 여기는 경우에 관리자는 인센티브를 받지 못하게 된다. 그와 반대로 만약에 관리자가 고객들에 대해 다양한 요구사항들에 응대하고 있다고 하더라도 리더십에 낮은 평가를 받은 경우에도 역시 인센티브를 취할 수는 없게 된다.

인적 요소에 대한 면이나 서비스적인 측면에서 일정한 성과를 달성한 종업원들의 인센티브 수준은 결국 실현된 재무적 성과치에 의해 결정되는 것이다. 이러한 요소들에 대한 성과수준은 매 평가기간마다 각 종업원들 대상으로 측정이 되고 인센티브가 지급된다.

Federal Express에서 실시하고 있는 시스템의 뛰어난 점은 단순화에 있다고 할 수 있다. 모든 종업원들은 동일한 세 가지 면의 측정 요소들에 의해서 측정되어 지고 있으며, 이러한 것들은 각각의 종업원들이 소속되어 있는 팀이나 직책의 특성에 맞추어져 시행되고 있다. 인센티브 수준은 매 기간별 인적인 면-서비스적인 면-이익실현에 대한 측정점수를 기초로 지급되고 있다.

이러한 시스템의 성공에 기여하고 있는 요소는 금전적인 면보다는 오히려 종업원들이 매 기간별로 받게 되는 피드백 때문이라고 할 수 있다. 그러한 피드백과 인센티브는 모든 단기적인 측면보다 종업원들이 더욱 중요하게 고려해야할 기업의 성장, 이익의 창출에 초점을 맞출 수 있도록 도움을 주는 것이다.

❷ 성과 기준의 보상

이익분배 제도와 함께 많이 사용되는 보상제도로 실현된 성과수준을 바탕으로 보상을 지급하는 경우이다. 앞의 경우와 크게 차이가 나지는 않는데 대개는 고객만족도, 서비스 운영상의 성과 그리고 재무적 성과에 대한 평가를 바탕으로 이루어진다. 여기에서 운영상의 성과는 효율성 수준, 공정의 속도, 고객 클레임의 감소 등을 평가하는 것이며 재무상의 성과는 예산절감 수준, 재무적 목표치 달성 수준을 바탕으로 측정이 이루어진다. 각 종업원들은 목표대비 실현된 성과를 측정 받게 되며 이를 기준으로 인센티브를 받게 된다.

이 제도의 장점이 최근에 부각되고 있는데, 그 이유는 이 시스템을 구축하기 위한 투자가 그만큼의 성과를 이룬다고 보기 때문이다. 시스템 구축을 위한 토대가 선진화된 기업문화를 바탕으로 한다는 점에서 현재까지 이 시스템을 적용하고 있는 기업들의 성과는 대체로 높은 것으로 알려지고 있다. 매출액과 이익의 증가와 함께 높은 고객의 만족도에 따라 기업의 시장 점유율도 증가하는 것이 알려지고 있다.

❸ 고객만족 수준을 바탕으로 하는 인센티브 지급

주로 장비서비스나 IT서비스 제공 기업을 중심으로 고객만족도에 입각한 인센티브 제도가 빠른 속도로 확산되고 있다. 그 만큼 이들 기업에서는 고객만족도가 기업 성과에 결정적인 영향을 미치기 때문이다. 기업내부의 관리자나 종업원들에 대한 보상은 기업내외의 고객 만족도에 따라서 결정된다.

이를 실행하고 있는 기업들은 기업 전체 수준의 전략 측면에서 고객 만족도에 영향을 받게 되는 자금의 손실, 시장 점유율 수준을 면밀히 추적하게 된다. 이에 따른 목표의 달성 정도에 따라서 모든 구성원들의 인센티브가 결정되는 것이다. 결과적으로 최고경영자에서 하위의 종업원에 이르기까지 모든 종업원들이 고객의 요구사항에 관심을 기울이게 되는 것이다.

❹ 대고객 서비스 수준에 따른 보상의 실시

고객이 지각하는 서비스 수준에 따라서 인센티브의 수준이 결정되기도 한다. 고객과 직접 접촉하는 금융회사들이 이러한 시스템을 적절히 활용하고 있다. 매매 업무나 금융 업무를 담당하는 직원들의 경우에는 전통적이며 획일적인 보상시스템은 적용상의 한계가 있다. 이런 경우에 단순히 거래 수나 고객과의 접촉 수준으로 종업원들의 인센티브가 결정되는 것이 아니라 고객들이 제시한 서비스의 수준에 따라서 지급액이 결정 나게 된다.

이런 경우에 기업의 입장은 오직 서비스만이 그들이 제시할 수 있는 모든 것이며, 그렇기 때문에 그에 기초하여 종업원들에 대한 보상을 결정하게 되는 것이다. 관리자들에 대한 보너스나 고객들과 대면접촉에 대한 보너스는 고객 만족도 수준을 측정한 기록에 따라 결정된다. 고객과 직접 접촉이 이루어지는 일선 종업원들 뒤에서 지원업무를 담당하는 종업원들의 경우는 내부고객들이 판단하는 만족수준에 따라서 인센티브가 결정된다. 만족한 고객은 현재에도 그렇고 앞으로도 당사의 경쟁력을 유지하는데 무엇보다 중요한 역할을 수행한다는 점이 깔려있다.

서비스 기업이 실현한 지난 몇 년간의 재무적인 성공이나 성장율의 상승은 단기적인 재무적 성과보다는 서비스 측면에 관심을 집중함으로서 성공을 이룩한 것이라고 보아야 할 것이다.

❺ 유연한 인센티브제도 실행

이 시스템에서는 종업원들의 인센티브 수준이 일정한 기본급과 함께 약간의 인센티브로 구성되어 있다. 여기에서 인센티브는 종업원들이 구체적으로 제시된 목표를 실현하였을 때 지급이 되며 그 수준이 상당히 유연하게 설정되어 있다고 할 수 있다. 예를 들어 종업원이 기본급으로 200만원을 받고, 최고 130만원까지 인센티브를 받는 형식이다. 이중의 1/3 정도는 상당히 유동적인 부분이라고 할 수 있다. 기업의 실적을 측정하는 경우에 보상에 있어서의 이러한 경우는 서비스 기업이 가지는 유동적인 측면의 비율을 고려하고 있는 것이다. 이 제도를 성공적으로 운영하기 위해서는 낮은 기본급의 유지와 서비스 성과실현과 관련된 중요 성공요소 달성에 기초한 제도의 실행을 중요시하고 있다.

이러한 제도는 서비스 수준 향상을 통해 기업의 안정적 성장을 꾀하고자 하는 기업에서 실시될 수 있을 것이다. 대부분의 기업에서 최고경영진의 임금 수준은 일선 종업원들에 비해 유동적이라고 할 수 있다. 고객 서비스를 중심으로 성과를 실현해야 하는 서비스 기업일수록 전체 임금에서 차지하는 유동적 부분의 수준은 높다. 이러한 추세는 상당히 지속적이며 대부분의 기업에서 모든 종업원들에 대한 유동적인 부분을 점차 늘리고 있는 추세이다. 이는 서비스 운영이나 고객 만족도에 대한 측정치를 기초한 인센티브의 상대적 비율이 점차 증가한다는 의미이다.

서비스 기업에서 서비스 수준의 개선을 이루고자 한다면 종업원들이 바람직한 성과를 이룰 수 있도록 동기를 부여할 수 있는 보상시스템이 필요하다. 이에 가장 효과적인 방법은 보상과 고객만족, 서비스 수준 향상을 연계하는 것이다. 서비스 개선과 운영의 개선, 고객 만족에 대하여 상당한 관심을 기울이고 있는 기업의 경우에는 이러한 서비스 운영의 측면을 보상 시스템에 통합시켜야 하는 것이다. 그러나 대부분의 기업들이 이를 통합하는 작업에 실패하고 있으며 서비스 운영과 보상시스템을 연계시키기는 하고 있지만 이러한 연계가 상당히 느슨하다고 할 수 있다.

여기서 논의한 몇몇 보상 시스템은 생각보다 낮은 성과 실현을 보이고 있으며 일부 시스템은 성과와 급료의 강력한 연계에 기초하고 있다고 할 수 있다. 이러한 시스템을 실행하고 있는 기업들의 종업원들은 향상된 서비스 운영, 상승한 고객 만족도, 직무 성과의 향상을 통한 인센티브의 수령 증가를 기대할 수 있을 것이다.

조직구조의 변화

Chapter 09

적절한 성과 실현과 경영자와 관리자의 리더십 그리고 종업원들의 동참이 효과적으로 이루어지기 위해서는 서비스 조직에 대한 새로운 접근이 필요하다. 여기에서 조직구조는 물리적 구조보다는 종업원들에 대한 권한위임, 경영자의 역할 등을 의미하는 소프트적인 조직구조를 말한다. 서비스 개선을 원활하게 수행하기 위해서는 문제점이 발생한 조직구조에 대해 과감한 혁신이 이루어져야 하며 관리자가 모든 권한을 가지려는 태도는 지양되어야 한다.

종업원에 대한 권한의 부여

뛰어난 성과를 보이지 못하는 서비스 기업들은 서비스 개선 노력을 관리자나 경영진 스스로 실행하기 보다는 종업원들에게 전가하는 경향이 뚜렷하다. 이러한 전통적인 구조에서는 기업들의 서비스 개선노력은 단지 원가절감 활동으로만 비춰질 수 있다. 관리자들이 서비스 개선 노력을 원활하게 수행할 수 있는 권한을 하부의 종업원들에게 위임하고 있지 않기 때문에 이러한 기업들에게 있어서 성공적 서비스 개선은 사실상 불가능하다고 볼 수 있다. 서비스 개선을 원활하게 수행하려면 문제점이 발생한 부분에 대해 권한의 위임을 필요로 한다. 서비스 개선이 성공으로 완성되기 위해서는 일선의 종업원들이 광범위한 권한을 위임받아야 하는 것이다.

여기에서는 서비스 개선 노력의 실행에 있어 권한의 위임이 왜 그렇게 중요하게 인식되고 있는지 그리고 종업원이 참여하는 경우에 기대할 수 있는 긍정적 효과에 대해 논의할 것이다. 아울러 자율적으로 운용되고 있는 팀과 선진적 형태의 권한 위임이 어떻게 높은 성과를 이룰 수 있는 시스템으로서 서비스 개선활동과 연계될 수 있는지 살펴볼 것이다. 물론 생각해볼 수 있는 제약사항에 대해서도 논의가 있을 것이다.

관리자의 권한 독점 이유

실무적으로 초기의 경영활동은 작업자의 직접 활동으로 이루어졌다고 할 수 있다. 대량생산과 검사활동의 분리 등을 이유로 관리자에 의한 경영활동의 실행은 크게 보아도 200년 이내의 역사를 가진다. 그 이전에는 대부분의 직무가 소규모의 현장관리자들에 의해서 수행이 되었다. 대규모 전쟁이 발생하면 여러 사람들의 협력이 필요했었다. 그렇기 때문에 이러한 경영관리 개념들은 군사 활동으로부터 발전해왔다는 것이 가장 설득력 있을 것이다. 따라서 군대의 지휘자/관리자, 군대/종업원, 명령의 하달/의사전달, 전략적사고/행동으로 비유될 수 있다. 종업원들의 복종은 일종의 충성도와 관련이 있다. 명령을 들은 대로 행동을 한다는 것을 단순하게 훌륭한 성과로 혼동을 하기도 한다. 종업원들은 단순하며 하찮은 것으로 인식이 된 것이다. 종업원들에 대한 획일적인 대응이 권한이나 통제가 유지될 수 있는 안전책으로 인식되고 있었던 것이다.

이러한 사고는 아주 깊게 뿌리가 박혀있기 때문에 상당수의 관리자들은 무의식적으로 이러한 입장을 받아들이고 있다. 그들은 단지 과거의 방식을 받아들이기만 하는 것이다. 단지 그러한 문화에 몰입함으로서 그들의 목표로서 무엇이 이루어져야 하며 그 목표를 종업원들이 시행하도록 지시하는 것으로 단순히 인식하게 된 것이다. 게다가 상당수 관리자들이 이러한 옳지 않은 부분에 열중한 나머지 기존의 그들이 가진 특권을 그대로 유지하려는데 만 관심이 있다는 것이다.

이러한 사고의 팽배는 오늘날의 시장 상황과 추세와는 전혀 어울리지 않는 것이다. 경쟁 수준이라든지 유연성에 의해서 승부가 나는 시대에서는 일방적이며 단순히 명령 하달식 통제체제는 어려움이 봉착하게 된다. 고속도로 톨게이트 직원의 예를 들어보기로 한다. 톨게이트 설비에 고장이 발생한 경우를 가정해보자. 종업원은 스스로 일부 장비의 안정 상태와 주변 유지 보수 활동을 실행하려고 하겠지만 문제는 종업원들은 그 만한 결정을 내릴 정도의 권한을 가지고 있지 못하다는 것이다. 그들의 감독자가 그 상황을 검토하기 위해 현장까지 올 때까지 기다려야만 한다. 그것으로 끝나는 것이 아니라 관리자의 관리자, 계속하여 관리자의 또 다른 관리자로 상황은 이전이 될 것이다. 며칠이 지난 다음에 그 톨게이트가 완전하게 복구가 되고 난 후에 화가 난 종업원은 퇴직을 심각하게 고려하게 될 것이다. 종업원들에게 활동을 하도록 권한을 위임하는 위험이 톨게이트가 고장 나서 몇 명의 관리자가 관여해야하고 일부 종업원의 퇴직을 이끌 정도로 가치가 있는 것인지 생각해 보아야 할 것이다.

역설적으로, 관리자들이 더욱 통제라는 측면에 관심을 기울일수록 더욱 통제되지 않는 부분이 발생하게 되는 것이고 더욱 많은 권한을 위임할수록 그 관리자들은 더욱 강력한 입지를 구축하게 되는 것이다.

권한 위임의 진화

수년에 걸쳐서 기업들은 그들의 종업원들에게 다양한 수준의 권한을 위임하기 위해서 노력을 하고 있다. 일부에서는 권한의 위임이 많이 이루어지면 질수록 성과가 더욱 큰 것으로 알려져 있기도 하다. 다수의 경영관련 전문이론과 서적에서도 이 부분을 강조하고 있다. 특히 서비스업에서는 이러한 경향이 더욱 높다고 할 수 있다.

권한의 위임수준에 대해 그 수준은 지속적으로 증가되어야 할 것이며 적절히 실행되고 있는지 수시로 검토되어져야만 한다. 권한 위임의 중요성이 지적된 후 수십 년간 기업들의 권한을 종업원들에게 위임하는데 적절한 기업 구조인가 검토되어져 왔으며, 점차적으로 권한의 위임정도도 확대되었다.

전통적 운영과정에 비해 자율 운영팀이나 참여적 경영이 이루어진 기업조직일수록 권한의 위임정도는 높은 것이 사실이다. 과거 조직구조와 비교하여 현재의 보편적 조직에서 권한위임이 어떻게 변화하고 있는지 살필 수 있다.

❶ 전통적 관리 체계

권한위임의 정도를 나타내는 그림의 최하단부에는 전통적 관리가 나타나 있으며 이는 모든 권한이 상위의 관리자들에게만 주어져 있는 경우라고 할 수 있다. 전통적 관리의 문제점은 전제적인 스타일의 범위를 초과한다고 할 수 있다. 전통적인 관리조직은 일반적으로 기능적인 형태로 조직되고 부서별로 비슷한 기능을 하는 직원들을 함께 위치시킨다. 전통적으로 생산부서, 인사부서, 회계부서 등의 명칭을 사용한다. 이러한 조직은 일반적으로 부서간의 불화를 유발시킨다고 할 수 있고, 상호의존적인 부서들을 격리시킨다고 할 수 있다.

❷ 근무여건의 질을 중요하게 고려

1970년대에 QWL(quality of Working Life) 바람은 상당히 주목을 받았으며 특히 노조가 존재하는 경우에는 더욱 그러했다. 이러한 기업의 팀들은 상품의 질이나 그들의 근로조건을 향상시킬 수 있는 방안을 확고히 할 수 있는 일반적인 기반위에서 활동을 하였다. 주된 관심은 근로조건 향상에 있었다. 이러한 팀들의 종업원들은 근무조건을 만족시키려고 노력하고, 그들의 어려운 점을 해결하려고 노력을 하였으나 기업의 성과는 다소 거리가 있었다. QWL 팀은 오직 추천이나 의견제시에의 역할만을 수행하였기 때문에 권한의 구조라는 측면에서 그렇게 큰 영향을 미치지 못했다고 할 수 있다. 그러나 이러한 팀들은 조직화된 종업원들을 위한 중요한 첫걸음 즉 노사가 함께하는 경영의 시발점이 되었다고 할 수 있다.

❸ 품질 분임조 활동

품질 분임조 활동은 QWL과 동시대에 상당히 대중적이 인기를 받은 활동이다. 1950년에 시작되어 제조업을 중심으로 당시의 저질 제품을 생산하는 것으로 인식된 일본의 이미지를 변화하는데 큰 역할을 한 것이다. 품질 분임조는 각 구성원들이 의사결정이라든지 품질향상기법, 그룹의 역동성에 대하여 폭넓은 교육을 받고 있다는 점에서 QWL 팀과는 근본적인 차이가 난다. QWL에서와 같이 정기적인 모임에의 참석은 요구되거나 보장이 되지 않는다고 할 수 있다. 그러나 종업원들은 그들의 자신감을 확보할 수 있는 문제해결 기법들을 습득하게 되었다는 장점이 있었다. QWL 팀과 품질분임조는 상당히 비역동적인 수평 구조를 가지고 있다고 할 수 있다. 이는 일반적인 명령계통의 외부에 존재하는 상호연계된 운영조직이라고 할 수 있다.

❹ 종업원 참여 경영

참여 경영은 이후에 제시된 Y이론이나 Z이론을 현장에서 실행한 경우라고 할 수 있다. 이것은 관리자들이 그들의 권한이라든지 영향력을 종업원들에게 위임하고 그들은 최소한의 의견개입만을 허용하는 것이라고 개념화할 수 있다. 이는 앞의 두 가지 경우보다도 권한의 위임 측면에서 중요한 진보라고 할 수 있다. 왜냐하면 종업원들은 일주일에 몇 시간이고 공정 관리에 대해 참여 활동이 가능한 이론적 근거가 되기 때문이다. 그러나 권한의 위임이라는 것이 완전하게 완성되었다고 보는 것은 한계가 있으며 여전히 관리자들은 그들의 통제력을 보유하고 있는 경우이다. 과거 Chrysler 자동차 기업의 전제형 리더십 경영자인 Lee Iacocca의 Self-Descrived Style은 전형적인 예라고 할 수 있다. Iacocca 회장 본인은 민주적이라는 말의 의미를 알고 있었겠지만 기업의 회생이 이루어졌기 때문에 그의 민주적이지 못한 행위가 정당화되었다고 할 수 있다.

❺ 자율 활동팀

이것은 권한구조의 상당한 변화를 야기한 진보라고 할 수 있는데, 경영층이 그들이 책임을 져야할 명확한 부분에 있어서도 참여적 태도를 중단했기 때문이라고 할 수 있다. 이러한 팀은 대부분이 과거의 전통적인 조직의 팀들이 가지고 있던 책임을 가지고 있다. 이러한 팀들은 계획하고 실행하며 개선책을 제시하고 그들 자신의 업무를 평가하기도 한다. 경우에 따라서 그들은 입사후보들을 면접하기도 하며 그들 팀 내의 구성원들을 교육하기도 하고 평가하기도 한다. 그들은 또한 직접적으로 고객들이나 공급업자들과 대면접촉을 하기도 한다. 이러한 유형의 팀 구성원들은 다양한 업무를 교육받게 되며, 업무도 통합화되고 유연성은 향상된다고 할 수 있다. 일부 자율 활동팀은 팀 내의 구성원들을 해고하고 고용하며 보상하는 권한을 보유하기도 하였다.

권한 위임과 성과실현의 관계

권한 위임을 어느 정도로 해야 할 것인가는 권한의 위임과 업무성과 향상의 상관관계 수준에 따라서 결정될 것이다. 이전의 명목적인 권한의 향상은 서비스 개선과 성과 향상이라는 측면에서 미약한 향상만을 가져왔다고 할 수 있다. 그러나 권한구조가 상당히 변화한 시점 즉 자율 활동팀과 같은 경우에는 성과가 상당히 큰 폭으로 증가한다고 할 수 있다.

이 분야의 전문가인 Edward Lawler에 의하면 일반적으로 상당한 수준의 성과의 향상을 기대하기에 앞서, 자율 활동팀에 의한 권한의 위임이 이루어지기 까지는 괄목할 만한 성과 향상을 기대하기는 어렵다고 단언하고 있다. 과거의 경우에는 참여를 단지 제안 활동에 대한 참여 정도로만 인식이 되었으며 실질적인 권한의 위임은 이루어지지 않은 것으로 보아야 한다. 그러나 일단 권한이 위임된다면 기업의 성과 향상은 급진적이 될 수 있다는 것이다.

실제적으로는 이러한 권한의 위임에 있어서 무수한 기업의 사례에서 서비스 개선을 위한 공정의 재설계 등을 통해 자율 활동팀은 괄목할 만한 성과를 보이고 있다. 그들은 서비스 개선과 운영에 있어서 그리고 의사결정이라든지 작업방법에 있어서 향상책을 제시하기도 한다. 더욱이 작업장이라든지 학교, 정부, 의료기관, 기업 내 재무부서에 있어서 다양하게 적용되어 성공적으로 수행이 되고 있다. 이 책의 여러 곳에서 이에 대한 사례를 확인할 수 있을 것이다.

자율 활동팀의 서비스 개선활동에서의 역할

서비스 개선이 이루어지기 위해서는 종업원들에게 권한 위임이 되어야 하며 이를 위해서는 권한위임의 크기가 가장 크다고 할 수 있는 자율적인 팀이 현실화되어야 한다. 상당한 수준의 권한위임과 동시에 서비스 개선을 위한 노력도 함께 실시되어야 할 것이다. 우리는 이미 자율적인 팀의 배경에 대해 살펴보았으며 전통적인 관리자의 책임사항들에 대해서도 언급을 하였다. 그러나 이러한 단순한 정의는 어떻게 작업장이 변해야만 할 것인지에 대해서는 아직 제시되는 바가 없다. 자율적인 서비스 개선을 위해 권한의 위임은 아래의 3가지 부분을 기초로 이루어져야 할 것이다.

❶ 조직구조의 변화

조직의 구조와 시스템은 서비스 개선과 팀 활동을 지원할 수 있어야만 한다. 과거 기능적 조직은 상호의존적이라고 할 수 있는 부서의 적임자들을 혼합하여 구성해야 할 것이다.

❷ 인간관계를 고려

종업원들이 권한을 위임받는데 있어 반드시 상호작용이 있어야만 한다. 예를 들어, 관리자들은 종업원들이 무엇을 할 것인지를 단순히 지시하기 보다는 그들의 문제를 스스로 해결할 수 있는 방법을 습득할 수 있도록 도움을 주어야 할 것이다. 관련성이 있는 지식들은 협력을 통해 더욱 공고화되며 어려울 때 더욱 가치를 가지게 된다.

❸ 개인 능력의 향상이 필요

모든 종업원들은 더욱 더 많은 양의 책임감에 대처할 수 있도록 기술이라든지 자신감의 확보가 필요하다고 할 수 있다. 그들은 새로운 사고라든지 가치체계를 내재화시킬 수 있어야만 한다. 이러한 세 가지 부분에 있어서 적절하게 시행이 되지 않는다면 진정한 권한위임은 절대로 이루어지지 못할 것이다.

전사적 권한위임의 사례

1991년 초반에 Oregon주의 Corvallis에 위치한 Hewlett-Packard사

는 자사의 프린터 카트리지를 생산하는 Think-Jet Pen 부서를 자율적인 팀 운영을 위하여 재조직하였다. 기업전체적인 차원에서 이 팀의 구성원들은 지원업무, 계획, 내·외부 고객과 공급업자와의 협상, 업무의 평가를 포함하여 대부분의 감독업무와 기술적 지원업무에 대하여 책임을 지게 되었다. 그들은 심지어 자본재의 구입과 자동화에 대하여 공학부서의 도움 없이 자율적인 결정을 내리게 된 것이다.

어떻게 이러한 권한들이 위임 되었는가 하는 것은 각각의 책임사항을 설정하는 것만큼 중요한데 이는 한명의 리더에게보다는 전체 구성원들에게 이러한 권한들이 골고루 나누는 것이 합리적이라고 보았기 때문이다. HP사에서는 팀 내부의 일부 구성원들이 순환적으로 이러한 책임들을 맡고 있었다. 이들 각 종업원들은 비용과 목표원가를 파악하는 재무 코디네이터와 그들 상품의 급격한 수요에 대응하기 위한 지원업무를 담당하며 여러 가지의 제안사항들을 고려하는 스태프 코디네이터 그리고 상하층의 운영사항들과 공급업자들과 매개 업무를 수행하는 조절 코디네이터 등으로 구성이 되었다. 당연히 권한 위임의 효과는 극대화 되었으며 전사적으로 퍼지는데 기여하였다.

권한 위임이 이루어지는 단계에서 종업원들은 새로운 경영조류에 자기도 모르게 상호작용을 하고 있다고 보아야 할 것이다. 상당수의 팀 지향적인 기업들이 구조화된 팀 활동을 강조하고 있지만 Hewlett-Packard사에서는 능동적인 모임 활동을 통해 실시간으로 문제를 해결하고 있다. 예를 들어 실제로 작업자가 문제의 해결을 위하여 조언자에게 도움을 청하는 것은 일상이라고 할 수 있으며 이는 과거처럼 작업자가 그 문제를 그대로 감내 하는 경우와는 차이가 있는 것이다.

관리자는 그들의 전통적인 기능들을 위임해야만 하고 팀 내 현장 근로자의 위치로 돌아가야 한다. 이러한 팀의 변화에 영향을 미친 또 다른 요소는 종업원들 눈에 이미 관리자나 경영자는 특별한 존재로 인식되지 못하고 있다는 것이다. 따라서 타인에 의존해야만 살아남을 수 있다는 것을 관리자와 종업원들 모두 인식하고 있다는 것이다.

이와 관련하여 일부 종업원들은 권한의 위임이 권위의 손상이라고 느끼기도 한다. 그러나 각자의 업무들이 조금씩 타인에게 양보되었을 때 그 일이 원활하게 수행되는 것을 본다면 모든 것들을 혼자서 해결할 수 없다는 것을 비로소 알게 될 것이다.

서비스 개선을 위한 자율적 팀의 활동의 방향

서비스 개선활동과 권한의 위임은 상호협조적인 분위기에서 이루어져야 한다. 이러한 노력들이 개별적으로 진행되거나 비협력적이며 경쟁적으로 수행되어서는 안될 것이다. 문제는 과연 이렇게 협력적인 방향으로 진행될 필요가 있는가에 대한 근본적인 질문이 있을 수 있다는 것이다. 그러한 과정 중에서도 무엇을 가장 먼저 수행해야 하고 다양한 훈련과 기법 혹은 기술이 상호관련성이 있기 위해서 어떻게 상호 연계가 이루어져야 하는 지에 대한 명확한 답을 구하기 쉽지 않다는 어려움이 있다.

❶ 혁신의 시작을 알릴 필요가 있다

우선 강력한 의지를 천명하기 위해 개선 노력들에 대하여 어떠한 형태든 명칭을 부여해야 한다. 만약에 종업원들이 과거의 유사 활동들에 의해 지쳐있다면 새로운 활동들에 명칭을 부여하거나 거창하게 개시하는 것을 포기하는 게 좋을 수도 있다. Hewlett-Packard에서는 고객 서비스 수준을 개선하기 위한 노력을 "HP Way"라고 부르며 진행하고 있다. 이렇게 새롭게 명칭을 부여하고 진행하는 접근에서는 단시간 내에 종결되는 오류를 범하지 않도록 해야 한다. 이러한 과정을 통해 각 기법이나 방법들이 쉽게 통합화되는 계기가 마련될 수 있다. 또한 매뉴얼화되어 있는 지침이 거의 없기 때문에 잘못하면 관리자나 경영자의 리더십에 악영향을 미칠 수 있다. 만약에 개선활동들에 대한 전체적인 골격을 명칭 부여를 통해 진행한다면 다양한 선택적인 대안들이 있을 수 있다. 고객에 대한 서비스 개선, 전사적 활동, 권한 위임, 자율적 팀 활동, 서비스 운영 효율성 등이 예가 된다. 각각의 기업문화와 임무에 어울리는 명칭이 선택되어야 할 것이다.

이외 유사한 또 다른 접근법이 있을 수 있다. 예를 들어 의료 서비스 기관의 경우에 종업원들이 의료업무의 질 향상에 대한 요구를 받게 될 수 있다. 권한 위임이라는 측면에서의 활동과 관련해 전체적인 골격을 잡는다는 것은 의료 종사자들이 환자들을 돌본다는데 기여하고 있다는 가치를 부여함으로서 긍정적인 반응을 불러올 수 있는 것이다.

❷ 일관성 있는 실행전략의 구축

서비스 개선과 권한의 위임을 실행하는 방법에는 여러 가지가 있을 수 있지만 세 가지의 기본적인 전략을 중심으로 진행되어야 한다.

우선 자율적인 서비스 개선 노력의 진행이 필수적이다. 그 다음으로는 서비스 개선의 원칙과 기법들을 연계하는 과정이 이루어져야 하고 마지막으로 전체 작업장에 일시에 전파되는 것이 필요하다.

첫 번째 전략사항은 아마도 가장 일반적이며 가장 중요하다고 할 수 있다. 기업이 이 원칙을 바탕으로 개선노력을 진행해야 한다. 그 이후 시간이 지나갈수록 작업장에서의 기법과 지식은 향상하게 되는 것이다. 권한의 위임은 서비스 운영활동 팀에 의해 시작된다고 할 수 있으며 종업원들과 관리자들이 자신감을 가질 수 있는 자율적인 방향으로 개선이 이루어져야 한다. 이러한 접근방법은 종업원들이 고객의 요구에 대하여 잘 이해하고 있으며 서비스 개선과 운영활동이 큰 난제를 발생시키기 이전에 이에 대하여 잘 이해해야 한다는 점을 전제로 한다. 이러한 점은 조직의 구조적인 면과 관행의 변화를 초래한다.

특별히 권한의 위임에 노력의 대부분을 할애하고 있는 기업들은 대부분 자율적인 팀의 재조직에 노력을 기울였다고 보는 것이 옳을 것이다. 고객과의 접점에 이러한 팀들을 배치하고 팀에 의한 측정이 가능하도록 알맞은 기준을 제시하고, 이에 따라 자율적인 팀은 서비스 운영을 향상할 수 있는 새로운 도구나 기법들을 개발하기 위하여 노력을 기울이게 된다. 서비스 개선 방향과 기법들은 그들의 요구사항에 대응하면서 제시되게 되는 것이다. 이러한 접근방법은 종업원들의 사기를 진작시킬 수 있는 것이며, 어렵지 않게 그들에게 동기를 부여할 수 있는 것이다. 주의해야 할 점은 목적에 이르기까지의 수단보다는 목적 그 자체로서 권한의 위임을 바라볼 수 있는 것이다.

서비스 기업의 경우에 전체적인 작업장을 일시에 변화시키는 것이 더욱 권장된다고 할 수 있는데 이는 주로 조직내부 상호작용을 염두에 둔 접근이다. 이러한 접근방법은 업무수행에 따른 기술적 요구사항과 작업장과 종업원들의 만족에 영향을 미치는 부분을 포함한다고 할 수 있다. 그 다음에 작업장은 기술적 혹은 사회적 시스템을 최적화할 수 있는 방향으로 재설계되는 것이다. 이러한 접근법은 기존의 기업조직에도 사용될 수 있지만 새로운 작업장에 적용하는 것이 가장 효과적이라고 할 수 있다. 이러한 접근방법의 긍정적 면은 이를 통하여 급속한 성과의 향상을 기대할 수 있다는 것인데 이는 전체적인 사업장이 일시에 재설계가 이루어지기 때문이다.

이러한 접근방법은 상당히 많은 요인들에 영향을 받는데 경쟁적 압력이라든지 현재 종업원 만족수준에 영향을 받게 된다. 종업원들이 불만족해 있는 경우에 권한의 위임은 상당히 효과적일 수 있다. 이 경우에 경영자를 비롯한 관리층의 인식차이가 문제가 될 수 있는데 종업원들의 능력을 믿고 있는 관리자의 경우에는 권한의 위임을 선호할 수 있다. 참여의 가치에 대하여 의심을 가지는 종업원의 경우에도 서비스 개선 노력에의 동참을 선호할 것이다, 이는 기업의 문화라고 할 수 있다. 제조업의 예를 들어본다면, 일본 기업들은 대체로 품질을 더욱 강조하고 있으며 이에 따라 권한 위임이 상대적으로 낮은 수준으로 이루어질 가능성이 높다. 반면에 핀란드와 같은 북유럽 국가들의 글로벌 기업들은 조직의 민주화를 포함하는 선진적인 권한의 위임에 초점을 기울이고 있어 미묘한 차이를 보이고 있다.

조직의 규모와 관련하여 소규모 기업에서는 일반적으로 종업원들에게 상당한 정도의 책임을 부여하고 있다. 그러므로 권한 위임은 사실상 쟁점이 되지 못하는 경우이다. 그러나 규모가 큰 조직의 경우에는 종업원들이 서비스 운영개선 활동에 참가하기 이전에 과거의 인습, 즉 권한의 독점 유지가 어느 정도는 희석되기를 바랄 것이다.

어떤 경영혁신 프로그램이라도 효과적인 진행을 위해서는 전문화된 내부 지식을 확보하고 있어야 한다. 많은 기업들이 서비스 개선과 관련하여 다양한 지식을 가지고 있는 종업원을 보유하고 있지만 조직 재설계를 실행할 수 있는 내부 전문가를 보유하고 있는 경우는 드물다. 대부분 외부 컨설팅에 의존하고 있다. 이에 따라 내부 지식 정도가 대안의 선택기준이 되기도 한다.

❸ 자료에 입각한 지식 전파

오늘날의 경영 이론은 사후 검증이 가능한 사항들을 중시하고 있어 조직 내 각 부분간의 상호관련성이라는 측면에 크게 관심 가지지 않는 경우가 많이 있다. 이러한 것은 대규모 유통서비스 기업의 예를 통해 확인할 수 있다. 유통센터 관리자의 입장에서는 다음과 같이 생각할 수 있다. "지난주에 우리는 서비스 개선과 관련한 다양한 교육을 받았고 이번 주에 우리는 자율 운영팀을 구성하고 다음 주에는 통계적 관리 방법을 실시할 것이다. 나는 우리가 서비스 개선 노력을 잘 수행하고 있다고 생각한다!"라고 생각할 것이다. 만약에 관리자가 이러한 활동들의 연관성에 대하여 의아해하게 느낀다면 다른 종업원들도 마찬가지일 것이다.

이미 진행된 다양한 과정과 현장에서 서비스를 개선하기 위해 사용되는 복잡한 기법들 간의 관련성을 확실하게 할 수 있도록 그래프나 도표의 형식으로 가시화하는 것이 도움이 될 수 있으며, 그렇게 함으로서 이러한 부분들이 어떻게 전체적으로 조화롭게 구성될 수 있을까를 효과적으로 확인할 수 있을 것이다. 훈련이나 조직 내부의 의사소통, 측정 등을 위한 핵심적인 부분을 가시화 할 수 있는 방법은 결국 다양한 관리 기법과 함께 조직의 철학과 관행 그리고 조직 구성원들에 대한 권한위임이 바탕이 되어 이루어질 수 있는 것이다.

자율 운영팀 활동의 방해요소 제거 방안

서비스 개선을 위한 자율 운영팀은 전통적인 업무 기준에서 본다면 상당한 변화를 제시한다고 할 수 있기 때문에 실제로 실행에 옮긴다는 것은 그리 쉬운 일은 아닐 것이다. 경영혁신 프로그램을 실행하는 경우에 가장 어려운 문제가 무엇인가에 대해 이미 우리가 상식적으로 알고 있는 바와 그리 큰 차이는 없을 것이다.

❶ 경영층의 동기에 대한 불신

다양한 이유로 종업원들은 경영자들의 혁신 활동 추진 동기를 의심할 수 있다. 그들은 아마도 자율이라는 것을 아무 보상도 없이 더욱 더 많은 일을 하게한다는 것으로 해석할 수 있다. 혹은 자율적인 기업의 구조는 종업원의 수가 더욱 줄어들게 되고 일할 분량은 더욱 늘어나며 경우에 따라서 조직구조의 변화로 인하여 해고에의 두려움을 느끼게 될 지도 모르는 것이다. 일부 기업에서는 경영층과 종업원들이 적대적인 관계를 유지하고 있으며 경영층의 일관적이지 못한 정책으로 더욱 심화된다. 만약에 자유로운 대화가 어느 정도의 제약을 받게 되면 이를 극복하는 데는 상당의 시간이 소요될 수 있다고 할 수 있다. 그렇기 때문에 경영진과 종업원들 간에 어떻게 신뢰를 구축할 것인가 하는 것은 중요한 시작점이라고 할 수 있다. 만약 기존 실행된 여러 혁신 프로그램의 부작용으로 이들 간의 신뢰감 형성에 문제가 있다면 몇 가지 해결방안을 생각해볼 수 있다.

우선 종업원들을 참여시키는데 어려움이 존재한다면 자율적인 팀을 실행하기 이전에 관리자가 참여한 훌륭한 기존 경험이나 사례를 제시할 수 있을 것이다. 만약에 관리자가 상당한 활동에의 참여를 보인다면 신뢰감은 향상될 것이며 이러한 과정을 거치면서 종업원들의 자율적인 팀으로의 변화는 수용적이 될 것이다.

일정한 수준 이상의 혁신적 서비스 기업이 아니라고 한다면 무리가 있지만 프로그램 초반에 많은 부분의 진척을 바란다면 경영자의 입장에서 취할 수 있는 전략들이 있기는 하다. 즉 실행 의도를 직접적으로 밝히는 경우와 우회적으로 가정을 통해 받아들일 수 있도록 포장을 하는 경우라고 할 수 있는데 이는 왜 이러한 방향을 선택하게 되었는지를 설명하기 위한 목적으로 진행되어야 할 것이다. 이는 종업원들이 가장 두려워하고 있는 주제들에 대하여 자유로운 대화를 통하여 이루어질 수 있을 것이다. 워크숍과 같은 회합은 좋은 자리가 될 수 있다. 대화 주제에는 종업원들이 두려워하고 있는 해고의 계획이라든지 인센티브 계획 등을 포함하고 있어야 한다.

만약에 가장 심각한 불신과 함께 수동적인 참여가 문제가 된다면 종업원들을 성공적으로 자율적인 팀을 운용하고 있는 기업들에 파견하는 정책을 쓸 수도 있다. 이를 통해 종업원들은 처음에는 단순한 프로그램으로 인식했으나 지금은 상당한 능동적인 참여를 보이며 긍정적인 마인드를 보이는 다른 기업의 종업원들이나 관리자들과 대화를 나눌 수 있을 것이다. 종업원들은 이러한 다른 기업의 종업원들을 통하여 신뢰감을 더욱 고취할 수 있으며 신뢰 형성에의 의구심을 줄이는데도 효과적일 것이다.

❷ 분명한 비전 제시의 부족

경영혁신 활동을 진행할 때 결과와 성과에 대한 명확한 기대를 가지지 못한다는 것도 큰 문제이다. 담당자들이 아무리 많은 참고 자료를 검토한다고 해도 어떻게 자율적인 활동들이 실행될 것인가 하는 아주 현실적인 문제에서는 약간의 두려움과 상황 예측에의 어려움을 가질 것이다. 게다가 초기 단계이므로 본보기가 될 수 있는 자율적인 팀이 존재하지를 않기 때문에 더욱 어려울 수 있다. 어떤 이들은 자율적인 팀제를 군주제의 형태로 보는 경우가 있다. 그러나 대부분의 경우에 이러한 선명성의 부족은 각 팀이 부여받게 되는 책임의 명확한 규정을 마련하지 못했기 때문이다. 특히 국내 대부분의 제조기업과 서비스 기업에서 관리자들은 각 팀들이 가질 권한이 어떠한 것인가를 규정하는데 소홀하다고 할 수 있으며 이러한 이유로 인하여 새로운 책임사항에 대하여 이를 명확하게 하는 과정은 전제적인 활동으로 볼 수 있는 것이다.

불행하게도 대부분의 종업원들은 기업의 전체적인 활동상황을 잘 알지 못하므로 미래 상황의 모호함을 권한 위임의 기회로 보는 것이 아니라 무한한 위험의 상황으로 볼 수 있는 것이다. 만약에 관리자들이 종업원들을 계속하여 무지의 상태로 남겨놓게 된다면 관리자들 의도대로 종업원들을 변화시키려고 의도한다고 밖에 생각하지 않을 수 없다. 각 팀의 권한을 명확하게 규정하고 있지 못하는 경우에 종업원들은 관리자들이 그들이 원하는 권한과 종업원을 제어할 수 있는 권한을 관리자가 소유하게 될 것이라고 생각하게 될 것이다. 사실 이러한 오해와 불신을 제거하는 것은 팀 활동의 본연의 임무 수행에서 중요한 시발점이라고 할 수 있다.

이러한 문제를 해소하기 위해서 각 팀에 적용할 수 있는 단기적 혹은 장기적 책임사항들을 구체적으로 명확히 해야 할 것이다. 이를 명확히 하는 것은 조직의 모든 부분에서 고려되어야 한다. 우선 단기적인 책임사항들에 대해서 각 팀들이 이를 선택할 수 있도록 하고 그들이 이를 성공적으로 수행할 수 있도록 도움을 주어야 할 것이다.

그리고 모든 종업원들이 얼마나 오랫동안 이러한 서비스 개선이라는 측면에서의 팀 활동들이 진행될 것이고 어떠한 지원책들이 지속될 것인가에 대하여 계획을 세우고 명확히 해야 할 것이다. 또한 모든 종업원들에게 권한 위임의 좋은 예를 제시하도록 해야 할 것이다. 여기에서 주의할 점은 혁신 활동의 성공가능성에 대해 기업 내 각 계층별로 차이를 보인다는 것이다. 특히 관리자의 경우에는 종업원들의 능력에 대하여 과소평가하는 경향이 있다. 종업원들이 단순히 문서화된 자료를 접하게 하는 것보다는 좀 더 다양한 기법들을 배우고 실행할 수 있는 기회를 부여해줘야 할 것이며 종업원들이 공식적으로 이러한 활동에 어느 정도 혹은 어느 부분까지 참여를 해야 할 것인지를 보여줄 수 있는 사례를 제시할 수 있어야 할 것이다.

그리고 관리자들이 새로운 능력을 가질 수 있도록 교육이 실시되어야 할 것이다. 상위 관리자들이 가장 큰 변화를 보여야 하며 그들에게 무엇이 기대되고 있는가를 명확히 알려야 한다. 그러나 조직 내 어떤 사람도 각자에게 부여된 임무가 어떠한 것인지에 대하여 명확하게 제시하지는 못한다는 것이 큰 문제이다. 이러한 상위 관리자들을 위한 임무부여가 명확해지고 난 다음에 그들은 각 팀을 지원하는 위치에 놓이게 됨으로서 그들의 임무라든지 직책은 팀들이 제자리를 잡아가면서 자연스럽게 스며들 수 있게 된다. 할 수 있는 모든 것은 그러한 팀들이 그들에게서 원하는 것이 무엇이며 어떻게 성공적으로 그러한 임무를 수행할 것인가에 대한 완벽한 교육을 실시하는 것뿐 이라고 할 수 있다. 또한 관리자들에게 조직을 면밀히 관찰할 수 있는 기회를 부여함으로서 각각의 임무를 재설정할 수 있도록 해야 할 것이다.

❸ 조직 구성원들의 변화에 대한 저항

규모를 막론하고 기업 내 모든 계층의 종업원들은 상당히 많은 원인들을 바탕으로 거부반응을 보일 수 있다. 그들은 현재 상황이 복잡해지기를 바라지 않을 것이며 새로운 상황에서 성공할 수 있을 것인가에 대하여 일종의 두려움을 가지게 될 것이다. 그리고 무엇이 기대될 수 있는가에 대해서도 불명확해 할 것이다. 특히 관리자층이나 전문가층에서는 그들이 가지고 있는 특별한 지식이나 기술이 복제되는 것에 대하여 거부반응을 보일 수 있다. 이러한 이유로 권한의 위임을 통한 서비스 개선 활동을 무작정 진행시켜나간다는 것은 상당한 거부감을 동반하게 되는 것이다. 이러한 종업원들의 변화에의 거부를 해소할 수 있는 방안들을 고려해보아야 할 것이다.

우선 기업은 종업원들이 공유할 수 있는 비전과 가치를 개발하도록 해야 할 것이다. 종업원들이 직무를 수행하며 도대체 그들이 무엇을 하고 있으며 그들 스스로에게 어떤 의미가 있는지 의문시 할 수 있다. 그리고 꼭 그들이 해야 할 일인가에 대해 혼란스러워할 수도 있다. 기업 가치와 비전의 구축은 이러한 근본적인 질문들에 대한 해답을 제시하게 되는 것이다.

또한 종업원들의 입장을 고려하여 해결책보다는 문제점의 해결에 주력해야 할 것이다. 모든 종업원들이 자율적인 팀 구성의 실행 필요성에 대하여 공감을 가질 수 있도록 확신을 가지게 해야 할 것이다. 흔히 말하는 선도적인 기업들의 대부분이 위험에 처한 상황을 기회로 삼아 선도적 기업이 되었다고 할 수 있다. 그리고 대화의 필요성인데 왜 자율 팀을 수행하고 있는가에 대하여 논의하고 이를 더욱 발전시킬 수 있는 방안을 함께 모색해 보아야 할 것이다.

무엇보다 종업원 입장에서 중요한 것은 자율과 해고를 연관시켜서는 안 될 것이다. 만약에 고용보다 더욱 빠른 속도로 종업원들을 해고해야 한다면 신규 고용 억제를 제일 우선적으로 실행해야 할 것이다. 그리고 난 다음에 남은 종업원들에게 줄어든 숫자로 자율적인 팀을 어떻게 효과적으로 수행할 수 있을 것인가에 대하여 논의를 함께 진행해야 할 것이다. 이전의 성과문제를 다루는데 있어서 변명수단으로 자율이라는 단어를 사용해서는 안 된다.

그리고 모든 종업원들이 그들의 임무를 재설계하는데 참여할 수 있도록 기회를 부여해야 할 것이다. 관리자들이나 노조임원들이 그들의 관심사항과 관련된 새로운 임무를 개발하거나, 미래를 선도할 수 있는 팀들에게 도움을 줄 수 있도록 도움을 줄 수 있어야 할 것이다. 이러한 새로운 팀 상황에서 오래된 임무와 관행들이 야기할 수 있는 역효과를 설명하고 일부 손실을 두려워하고 있는 종업원들에게 도움을 줄 수 있는 방안을 개발해야 할 것이다. 예를 들어 전통적인 상황에서는 정비 서비스 종업원들은 판매후 장비의 고장에 대한 서비스를 제공함으로서 조직 내 일정한 지위를 확보해왔다. 그들의 입장에서 부품의 변화라든지 부품품질의 개선과 예방활동은 상당한 희생을 동반할 수 있다. 그리고 자율적인 서비스 개선 팀들이 창출할 재무적인 이익을 모든 종업원들에게 분배할 수 있는 계획을 개발해야 할 것이다. 제안에 따른 보상제도와 이익분배제도 등과같이 팀 지향적인 보상 시스템은 이러한 변화를 더욱 효과적으로 지원한다고 할 수 있다.

❹ 참여방법의 이해 부족

관리자와 종업원들은 자율적인 팀이 성공적으로 임무를 수행할 수 있도록 참여 기법을 확보하고 있어야 한다. 종업원들은 자신감을 확보할 수 있어야 하며 경우에 따라서는 개인적 접촉을 통한 기술이 필요할 수 있는데 관리자들의 인식부족은 가장 큰 장애요인이 될 수도 있다. 만약에 관리자들이 자율적인 팀 조직을 반대하고 참여적인 행위를 거부한다면 이러한 활동들이 성공할 가능성은 낮아지게 될 것이다.

상당수의 관리자들이 오해하는 바는 종업원들에게 추가 책임사항들이 생기고 그들은 종업원들을 엄격하게 통제할 수 있으면 권한 위임이 제대로 이루어지고 있다고 생각한다. 관리자들이 권한 위임을 어떠한 시각에서 바라보고 그들이 종업원들의 시각에서는 어떻게 보이고 있는가 하는 것은 상당한 차이를 보이고 있다고 할 수 있다. 이러한 일이 발생한다는 것은 그들 간의 대화의 부족 때문이라고 할 수 있다. 스스로 황제같이 전제적인 모습으로 보이길 바라는 관리자는 거의 없을 것이다. 팀은 예산 수립과 팀 내 필요 물품에 대한 구매 유무 결정, 성과 평가 작업을 수행하는 등의 확실하게 규정된 업무들을 그들의 책임사항으로 고려하는 것이고, 이러한 일련의 과정 속에서 그와 같은 일들을 지속적으로 수행하게 된다. 사실상 대부분의 관리자들은 종업원들의 참여를 적극 권장하고 있다고 생각하고 있으며 그렇지 않다고 말을 할 종업원은 거의 없다고 그들은 생각하고 있다.

관리자들은 변화의 필요성이 느껴질 때면 언제든지 피드백을 받아야 할 것이다. 임무의 기재와 변화에 대한 정보에서부터 이러한 일들을 시작함으로서 관리자들은 그들의 행위에 대한 피드백과 지속적으로 지적된 부분에 대한 피드백을 받을 수 있게 된다. 피드백이 가지는 장점은 여러 측면에서 기대할 수 있다. 권한 위임과 관련하여 피드백은 관리자들에게 참여에 필요한 기술의 교육을 실시한다. 이러한 교육들은 자율적인 구조로 변화해가는 동안에 구체적인 상황에서 반복적으로 시행되어야 한다. 이론적으로 개념을 이해하는 것이 첫 번째 단계라고 할 수 있다. 그와 같은 개념들을 적절하게 행동으로 표현하는 것도 중요하다. 이런 과정에서 피드백은 관리자들에게 개별적인 지침을 제공할 수 있다. 현장을 배제한 이론적인 교육만으로는 부족한 것이다. 그들이 종업원들과의 접촉을 관찰하고 개별적인 피드백을 제공할 수 있다. 또한 관리자가 피드백 할 수 있는 공식적이고 구조화된 방안을 제시한다고 할 수 있다. 이러한 것은 다면 평가시스템이나 상위층을 평가하는 시스템 등을 포함한다.

피드백은 관리자들이 그들의 관찰결과라든지 종업원들에 대하여 그러한 자료에 대한 토의를 가능하게 하며 외부 컨설턴트라든지 관리자들이 개발해야할 사항들에 대한 토의가 가능해 지도록 개발 소스를 제공할 수 있다.

❺ 경영층의 참여 부족

경영자들은 이런 저런 이유로 참여에의 열의나 혹은 실제적 참여부족을 보일 수 있다. 대부분의 경영자들은 과거부터 전통적인 기업구조를 경험했으므로 자율에 대한 부정적 입장을 견지하고 있을 것이다. 그들은 자율적인 팀 활동과 그 유효성에 대하여 익숙하지 않다고 할 수 있다. 그들은 자율보다는 다른 부분에 더 관심을 기울일 수 있다. 즉 규제를 회피하거나 재무적 투자기회를 모색하거나 전략을 세우는 활동 등을 말하는 것이다. 문제는 대부분의 경영자들이 해결책을 제시한다기보다는 하위 관리자와 종업원들로부터 훌륭한 제안들이 나오기를 기다리는 것을 더욱 선호한다는 것이다.

조직이나 사회 문화의 변화는 각 단계의 경제적인 변화에 우선하여 시작된다. 재무적 건전성이 피폐해지기 전에 문화의 변천이 먼저 시행되는 경우가 일반적이다. 이런 단계에서 경영자들은 성공을 확신하고 그들의 경영에 참여하는 것을 방해로 판단할 것이다. 그들 기업이 겪게 될 미래에의 불안을 상당히 감소시키기 위하여 기존의 기업구조를 고수한다고 할 수 있는데 이는 기업 외부 문화의 추세를 무시한다고 할 수 있다. 이러한 경영자들은 그들의 기업은 극단적인 변화가 필요하지 않으며 그들의 경영활동이 그러한 뜻을 적절히 지지할 것이고 그들 기업의 종업원들은 책임을 전가 받을 준비가 되어있지 않다고 생각을 하는 것이다. 이러한 경영자들에게 어떻게 참여를 이끌어 외부 변화를 수용할 수 있는 조직구조로 개편할 수 있을 것인가 하는 점은 중요한 시사점을 가진다.

먼저 참여에 따른 이점을 분명히 밝혀야 할 것이다. 기본적으로 자율적인 팀 활동이 원활히 진행되기 위해서는 최고 경영자의 확고한 의지와 지원이 우선되어야 할 것이다. 문제는 현장에서 실제로 일어나는 일은 전혀 이들과는 무관하다고 할 수 있는 부서에서 먼저 일어난다는데 문제가 있다. 만약에 이러한 경우가 발생한다면 그 팀의 구성원들이 성공을 경험하고 성과가 향상되었다는 실증적 자료와 수익률 향상에 대한 자료를 확인하고 난 다음에만 전사적으로 자율 운영팀이 보편화된다고 볼 수 있다. 그러고 난 다음에 하부계층에서 상위계층으로 팀 실시에 따른 효익이 전파되는 것이다.

자율적으로 운영되는 팀의 권한에 대하여 관리자에 대한 교육 실시도 중요한 사항이다. 특히 관리자들에게 자율적으로 운영이 되는 팀이 일종의 유행적 경영 혁신활동이 절대 아니라는 점을 알려야만 할 것이다. 사회계층과 구조, 그리고 조직 내 이러한 이론들의 변화를 다루는 경영학의 한 분야인 조직행동이론에 따르면, 실행원칙으로서 경영의 역사는 100년 이상의 역사를 가지고 있다. 자율적인 팀의 유효성이 그 기간 동안의 절반, 즉 최근 60년에 걸쳐 입증이 되어오고 있다. 실제 경영분야 전문서적에 실려 있으며 경영혁신활동으로 주목받은 많은 프로그램들 중에서 이처럼 오랫동안 실증적으로 효과가 입증된 경영활동 프로그램은 아직 없다고 할 수 있다.

시간의 흐름과 외부 시장상황의 변화에 따라서 새로운 경쟁요소가 등장하게 되며 이에 대하여 경영자와 관리자들에게 지속적인 고지가 있어야 한다. 미국이 2차 대전이후로 줄곧 번성해오고 있는데 이러한 이유는 저원가로 많은 양의 제품을 생산할 수 있는 즉, 생산성에 기초하고 있다고 할 수 있다. 그러나 현재에는 경쟁력 기준이 변화하고 있다. 새로운 경쟁적 기준들은 자율적인 팀들에 의해서 실현이 가능하다고 할 수 있는 서비스의 경쟁력과 다양성, 품질활동, 편의성과 적시성이 경쟁력 기준이 되고 있다. 사람들이 게임의 규칙이 변했다는 것을 인지하였을 때는 새로운 규칙에 의해서 게임이 다시 시작되는 것이다.

변화를 모색하며 성장 단계를 계속해 나간다는 것은 서비스 개선과 성과의 향상에 이르는 단계 중에서 가장 어려운 단계가 될 것이다. 책임이라든지 리더십, 정보, 보상 등의 권한을 일선 종업원들에게 분배한다는 것은 경영자의 이미지나 권위에 상당한 위협이 될 수도 있다. 그러나 이러한 권한구조의 변화 없이는 수익 실현이 불가능한 시대에 살고 있다. 여기서 우리는 권한의 분배 방법으로서 자율적으로 운용이 되는 팀에 초점을 맞추었다. 효과적으로 팀 활동이 실행될 수 있는 모든 사항을 포괄하는 것은 불확실성에 대한 경영자의 과제이며 서비스 현장의 변화를 유도하는 것이다.

PART 03

서비스 개선활동의 안정화

chapter 10 _ 조직 내 패러다임의 변화

chapter 11 _ 서비스 개선을 위한 조직 구조

chapter 12 _ 서비스 개선 시스템

chapter 13 _ 학습조직화와 지역사회로의 확대

조직 내 패러다임의 변화

Chapter 10

효과적인 서비스 수준 향상활동이 이루어지기 위해서는 조직 내 팽배해져있는 불신과 오해를 어떻게 불식시키는가에서 시작되어야 할 것이다. 결국 믿음과 공통의 가치 기반위에서 서비스 개선노력이 성공적으로 진행될 수 있을 것이다. 이를 위해 경영자와 일선 관리자들은 현장에서의 변화된 모습을 보여야하며 무엇보다 종업원들을 비용적 측면이 아니라 투자와 동반자로 바라볼 수 있는 시각의 변화가 있어야 할 것이다. 또한 당연히 발생 가능한 변화에의 저항에 대해 개방적 마인드를 가지는 태도를 보여야 할 것이다.

현장에서 비춰지는 관리자의 일관된 태도

서비스를 개선하고 효과적으로 운영한다는 것은 믿음과 가치의 기초위에서 이루어진다고 할 수 있다. 만약 관리자가 이러한 점을 인식하지 못하거나 이러한 믿음에 기초하여 행동하지 못한다면 서비스 개선노력은 수포가 될 것이다. 경영자들의 말이나 행동의 비일관성은 종업원들에게 신뢰감을 제공하지 못한다는 점에서 비난을 받게 된다. 여기에서 새로운 믿음과 임무, 경영자가 서비스 운영을 성공적으로 이끌기 위해 꼭 필요로 하는 경쟁력 요건들에 대하여 알아볼 것이다. 경영자들이 이러한 과정을 겪으면서 발생할 수 있는 일반적인 문제점들에 대하여 알아보고 이를 어떻게 극복할 것인가에 대하여 논의할 것이다.

경영자의 서비스 개선 활동에서 팀 활동에의 참여는 흔히 변화를 야기하는 경영활동의 중요한 성공요인으로 알려진다. 그러나 이러한 경영자의 참여가 있음에도 불구하고 서비스 개선 노력과 운영은 실패로 돌아갈 수 있다. 이러한 실패는 경영자들이 이러한 변화가 경영자들에게는 어떠한 특이한 면으로라도 영향을 미치지 않는다는 생각을 하고 있기 때문일 수 있다. 이런 경우에 그들이 감당해야할 변화를 예측해보거나 회고하고 가시화해보는 경영자는 거의 없다고 할 수 있다. 이러한 변화는 행위나 경영 스타일 차원을 훨씬 초과한다고 할 수 있다. 성공적인 서비스 개선을 위해서는 행위를 유도할 수 있는 사고나 가정의 변화가 필요한 것이다.

실패한 서비스 개선활동에는 관리자들이 그들의 비일관성에 대하여 인식하지 못하는 경우가 있다. 예를 들어 호텔에서 서비스 개선을 위하여 자율적으로 운영되는 팀을 조직화하는 경우에, 부서장이 내부의 명령라인에 위치하여 이러한 팀들에 대한 교육을 실시하는 통제 역할을 수행한다고 가정해보자. 서비스 개선을 위한 워크숍 기간 동안에 팀 구성원중의 한명이 부서장에게 동료 종업원을 그들의 판단으로 고용할 수 있는지에 대하여 물어볼 경우에 아마도 부서장은 부정적인 대답을 하게 되는 것이다. 전통적 조직 구조하에서는 아마도 당연한 대답일 것이다. 이 대답이 의미하는 바를 아마 경영자보다는 종업원들이 더욱 다양한 해석으로 이해할 것이다. 이러한 부정적 대답의 의미는 권한의 위임에는 한계가 있으며 경영자가 얘기하는 권한의 위임을 믿으려고 해서는 안되며, 비영구적이고 비연속적인 책임사항만이 위임된다고 해석하게 된다는 것이다. 반면에 여기에서 얘기한 새로운 패러다임으로 무장한 경영자의 경우에는 신규 고용이 필요한 일인지 우선 물어보고 고용할 가치가 있다면 가능성이 있음을 제시할 것이다. 앞의 응답은 통제와 권위가 가장 핵심을 이룬다고 할 수 있지만 두 번째 응답에서는 상호간의 존중과 지속적인 학습이 주된 관심의 대상이라고 할 수 있다. 개별 기업의 실질적인 성장은 경영 패러다임 전체의 발전과 병행하여 이루어진다고 할 수 있다. 흔히 대표적인 글로벌 선도 기업이라고 할 수 있는 IBM이나 Google 같은 기업들은 그들 경영자가 새로운 경영 패러다임을 선도적으로 채택한 직접적인 결과로 성공을 거두게 된 것이다.

경영자가 매번 현장에서 실행하는 행동의 패턴이나 그들의 입에서 나오는 말을 통해 경영자가 새로운 사고를 인지하거나 새로운 스타일로 행동한다는 것을 미리 예단하거나 판단할 수는 없다. 기법이라든지 행위에 높은 관심을 기울인다는 것은 만족한 결과를 얻을 수 없다. 경영자는 철학이라든지 관행 등을 관리하는 경우에 절제된 모습을 보여야만 할 것이다. 그러나 행동의 비일관성은 경영스타일의 일관성만큼이나 심각한 문제점을 가진다고 할 수 있는데, 이러한 관리행동은 경영자에게 내재된 경영철학으로 부터 기인한다고 할 수 있다. 모순되게도 경영자는 때때로 참여적 경영을 실현하는데 있어서 어느 정도는 전제적 리더십을 보일 필요가 있다. 초기에는 종업원들의 반발과 우려를 고려해 전제적이어서는 안되겠지만 관리업무를 담당하지 않는 종업원들이 관리 범위 안에 수용되지 않으려고 할 때는 전제적일 필요가 있다.

전통조직에서의 경영자들의 믿음

경영이라고 하는 것은 기본적으로 과거 군사체제의 관리 형태에 영향을 받아 발전하였다고 앞서 제시한 바 있다. 여기에서 반드시 변화되어야 할 전통적인 관리관행에 내재되어있는 또 다른 여러 가지의 믿음이 있을 수 있다. 이들 중에서 종업원들의 활동에 악영향을 미칠 수 있는 사항들을 살펴보면서 변화되어야 할 조직의 방향을 설계할 수 있을 것이다.

❶ 이익실현을 기업의 궁극적 목적으로 인식

각 사업영역에서 기업들은 생존을 위하여 일정의 이익을 필요로 하고 있으며 많은 경영자들은 이익을 창출하는 것이 당 기업의 목표라고 인식해오고 있다. 각 사업부와 개인적 직무에서도 이런 믿음이 기저에 깔려있다고 할 수 있다. 그러나 기업의 목표가 이익의 창출이라고 말하는 것은 인간의 목표가 단지 숨을 쉬고 살아가는 것이라고 말하는 것과 동일하다고 할 수 있다. 이러한 이익과 숨을 쉬는 것은 모두 생존을 위한 사전 필수조건이라고 할 수 있다. 이들 중 어느 것도 각각의 존재 목표가 되지는 않는 것이다. 경영자들이나 관리자들은 이러한 둘을 혼돈해서는 안될 것이다.

그렇다고 재무적 성과가 결코 중요하지 않다고 말하는 것은 아니다. 그러나 재무적 성과를 창출하기 위해서 여러 가지의 잘못된 의사결정을 내리고 있는 것이 문제라는 것이다. 기업의 관리자들은 단지 효율성을 달성하기 위해서 노력하고 있으며 그렇기 때문에 그러한 공정들이 오히려 관리가 되지 않는 상태로 내버려질 수 있으며 고객들에 대하여 판매원들이 강압적인 자세를 취하고 있고 이로 인하여 단지 수동적으로 일정한 판매목표를 달성하고 있는 것이다. 연구비용과 유지보수 비용은 재무성과에 부정적 부분이기에 제무재표상 좋은 성과를 기록하기 위해 기재가 늦추어지기도 한다. 일부 정부기관과 지방 자치단체에서는 회기의 말에 예산의 잔여분을 소모하려고 노력하고 있으며, 이러한 지출이 현명한 것인지를 전혀 고려하고 있지 않는 것도 같은 맥락에서 이해할 수 있다.

그와 반대로 Edwards Deming은 '이익은 고객의 만족이나 서비스 개선과 효과적 운영에 관심을 기울이면 이에 따른 결과로서 나타나는 것이며, 이의 반대적 사고는 전혀 옳지 않다'고 말을 하고 있다. 대신에 서비스의 개선은 원가절감과 이로 인한 시장점유율의 상승으로 결국 신규 고용창출로 이어질 수 있다는 서비스 수익체인에 대한 확고한 신념이 필요한 것이다. 지금의 기업세계에서 기업의 목표가 이익의 창출이 되어서는 안되는 것이다. 기업의 목표는 고객의 요구를 만족시킴으로서 혹은 이를 능가하는 서비스를 제공함으로서 이익을 창출하는 방법을 찾는 것이라고 할 수 있다.

❷ 다양한 개선활동을 단지 원가발생으로 보는 시각

전통적인 원가이론을 기준으로 한다면, 서비스 개선노력의 수준이 높으면 그만큼 원가발생 수준도 높다고 인식 되어왔다. 그러나 고객이 진정으로 지출하고자 하는 것은 가치를 생산하거나 서비스를 운영하는데 따르는 지출을 단순히 비용으로만 볼 것은 아니다. 품질경영 학자인 Crosby가 쓴 'Quality Is Free'에서는 품질향상을 추구한다는 것은 원가를 절감하는 것이라고 말하고 있다. 만약에 기업들이 공정 중에 일어날 수 있는 혼란이라든지 작업정지, 수리 활동을 없앨 수 있다면 시간이나 원가를 급격하게 줄일 수 있다. Crosby는 이에 의해서 줄일 수 있는 원가가 기업에 따라서는 35%에 이른다고 하였다.

모든 사항들이 공정의 초기 단계에서 어느 정도로 잘 운용되고 있는지 면밀하게 검토해 보아야 할 것이다. 초기 단계에서 적절히 공정이 운영된다면 극단적으로 고객 서비스 부서를 없앨 수도 있어 원가의 절감이 가능할 수 있다. 제공된 상품을 수선하는 사업부도 불필요하게 되는 것이다. 자재를 구매하기 위해서 여러 결재단계를 거치는 시간을 줄일 수도 있다. 서비스를 제공하는데 따르는 비용을 감소하면서 높은 수준의 서비스를 제공할 수 있다는 것은 기업 경쟁력에도 큰 도움을 준다고 할 수 있다.

이러한 면을 강조하는 것이 너무 낙관적인 입장을 견지하고 있어 부정적인 입장을 표하는 사람도 없지는 않다. 모든 비용 요소와 공정의 지체를 야기할 수 있는 실수를 제거할 수 있다는 것은 무리이다. 무결점이라는 것은 실현 불가능한 목표라고 보는 것이다.

서비스를 개선한다는 것은 단순히 주어진 업무를 제대로 수행한다는 것 이상의 의미를 가진다고 할 수 있다. 시장의 수요를 고려한다면 높은 서비스 운영을 위해서는 수준 높은 자재와 고기능을 가진 종업원들이 필요하며 더욱 많은 비용을 수반하게 되는 것은 상식적이다. 그러나 기업의 부가가치를 증가시킨다는 측면에서 본다면 현명한 투자는 꽤 괜찮은 성과를 보여준다고 할 수 있다. 우리 주위에서도 높은 가격을 고객들에게 제시하고 있지만 다른 기업보다는 높은 순이익을 기록하는 기업을 어렵지 않게 찾을 수 있다.

❸ 종업원을 비용으로 보는 시각

최근 들어서는 대부분의 기업들이 자사의 종업원들을 인적자원이라고 부르고는 있지만 실제로 기업의 사고는 변화하고 않았다고 보는 것이 맞을 것이다. 만약에 기업의 상황이 악화되어가고 시장 상황이 불확실하며 손실이 발생하고 있는 경우에 어떤 전략적 대안을 생각해 볼 수 있을 것인가에 대해 대부분의 경영자들은 종업원 해고를 먼저 고려해볼 것이다. 만약에 종업원을 자사의 자산으로 인식하고 있는 기업이라면 해고보다는 업무시간을 재조정하고 임금을 약간 삭감하는 등의 조치를 취하게 될 것이다.

진입장벽이 비교적 낮다는 특성으로 인해 대부분의 동일 산업군에 속한 경쟁업체들은 유사한 서비스를 제공하고 있으며 서비스 모방도 비교적 수월한 편이다. 종업원을 빼돌리는 것 이외에 그들이 할 수 있는 일이라고는 종업원들의 행동을 학습하는 것이 전부라고 할 수 있다. 종업원들은 기업의 입장에서 진정한 동료로서 인정을 받아야 한다. 이러한 맥락에서 기업에 민감한 정보들에도 쉽게 접근할 수 있어야 한다. 전향적인 사고로 전략적 쟁점사항들에 대하여 교육을 실시한다면 그들은 진정 가치 있는 자원으로 거듭날 수 있을 것이다.

상대적으로 소규모 서비스 기업의 경우에 종업원을 자산으로 인식하고 사업을 진행하기 상대적으로 더욱 수월할 수 있다. 서비스 제공에 대한 추가 수요가 발생한 경우에도 단순하게 매출을 증가시키기 위해 종업원들에게 과부하를 주기 보다는, 종업원에게 의견을 물어볼 수 있을 것이다. 매출을 증대하기 위한 목적과 필요성을 종업원들과 함께 공감하고 그들의 동참을 이끌 수 있다면 더욱 동기 부여된 종업원들에 의해 기대 이상의 성과를 기대할 수 있을 것이다. 당연히 생산성도 향상될 것이다. 성과의 향상을 위해서는 종업원을 바라보는 시각의 변화가 필요하다.

④ 종업원들의 지위에 대한 오해

대부분의 기업에서 위계구조상 최고경영자를 정점으로 하고 있다. 그러나 그러한 사고방식에서 약간의 변화가 나타나고 있다. 즉 종업원이 그 역할을 해야 한다고 보고 있다. 그리고 관리자는 종업원을 지원하는 입장에서야 된다고 보고 있다. 그러나 여전히 소규모 사업장을 중심으로 경영자는 종업원을 고용하고 해고하고 그들을 평가하는 임무를 맡는 것으로 보고 있다. 따라서 이론적 측면을 강조한 교과서적인 상황은 아직까지 극히 드물다고 할 수 있다. 그리고 고객들에게 직접적인 피드백이나 보상을 제공하고 있는 기업도 거의 없다고 할 수 있다.

하방식의 위계구조를 여전히 유지하고 있는 기업에서는 리더십에 대한 정의도 과거의 그것을 그대로 따르고 있다. 많은 경우에 리더의 임무는 어떠한 사항들이 수행되어야 하고 계획을 수행하는데 어떻게 지원할 것인가 하는 방안을 결정하는 것이라고 할 수 있다. 그러나 오늘날의 기업들이 접하는 대부분의 문제점들과 상황들은 어떤 한 사람이 그것들을 해결하거나 영향력을 행사할 정도의 능력을 보유하고 실행하기에는 너무나도 복잡하다고 할 수 있다.

관리자의 역할에 대한 변화

앞에서 언급한 것처럼, 만약에 관리자들이 이전에 그들이 해오던 관행대로 일을 수행할 수가 없다면 그들의 변화모색이 먼저 있어야 할 것이다. 이러한 변화 속에서 관리자들을 위한 새로운 임무와 경쟁조건을 논하고 그들의 새로운 임무 개발에 장애가 되는 사항을 어떻게 극복할 것인가를 생각해 보아야 할 것이다.

선도적인 서비스 기업들은 실현된 성과를 기업 내외에 자랑하려고 하는 것이 일반적이겠지만, 관리자 개인 임무가 변하거나 없어졌다고 해고시키는 것은 옳지 않은 판단이 된다. 사실상 이러한 관리자들은 조직 변화를 일으킬 수 있는 상당한 자산을 보유하고 있다고 보아야 한다. 결국 각 자율 팀들은 관리자가 알고 있는 사항들을 배울 필요를 느끼게 될 것이고, 이에 따라 각 팀을 교육하는 것이 관리자의 새로운 임무이며 일상 근무가 되기도 한다. 일단 전통적인 직무상에서 책임을 벗어나면 관리자들은 기업의 장래를 위하여 더욱 중요한 직무에 관심을 기울이게 된다.

초기 조직의 변화 과정이 마무리되면 지속적이며 안정적인 변화를 공고히 하기 위해 기업 내 관리자가 실천할 준비를 해야 하는 몇 가지의 새로운 임무를 제시할 수 있을 것이다.

❶ 관리자들의 현장 관심

상당히 많은 관리자들이 잘못된 관행으로 관리활동에 임하고 있는데 이에 대한 문제점을 지적하는 것은 그들의 근속기간이 상대적으로 상당히 길고 가장 뛰어난 기술을 보유하고 있는 사람들이라는 이유 때문이다. 대개 이들로 부터 가장 훌륭한 공정 개선 아이디어가 나올 수 있으며 일선 종업원들에 대한 통제가 가능하기 때문에 역할의 중요성 높다고 할 수 있다. 그렇기 때문에 관리자들의 진정한 관심사항에 대하여 면밀하게 분석할 수 있는 선택권이 주어진다면 일부 관리자들은 현장 서비스 속으로 돌아갈 수 있다는 점을 인식하는 자세가 필요하다.

❷ 전문 역량의 확보

활동력이 고무되어진 종업원들은 기술적인 숙련도와 경험 때문에 팀을 지원하는 업무를 수행하게 된다. 이러한 관리자들은 명령라인에 위치하게 되고 팀의 한 구성원이 되며, 각 팀이 고객이 되는 상황에서 기술적인 지원 부분으로 마치 재고용되어 새로운 직무를 맡는 것과 같은 효과를 볼 수 있을 것이다.

❸ 다양한 팀 구성원으로서의 역할

어떤 팀들은 작은 기업의 역할과 형태를 보이고 있는데 이는 기업의 한 부분으로서 독립적인 운영이 가능하기 때문이다. 그들은 내부의 거래를 통하여 일종의 가치를 만들 수도 있으며, 외부의 고객들에게 서비스를 제공함으로서 수익을 실현할 수도 있는 것이다. 이러한 경우에 종종 관리자는 회계 담당자의 역할을 하게 되고 새로운 사업을 구상하고 고객의 요구사항을 추적하는 임무를 담당하기도 한다.

④ 종업원 역할의 재인식

기업 내에 위치한 대부분의 종업원들은 원하지 않아도 상당한 수준의 임무를 수행하고 있다고 할 수 있다. 종업원들은 관리자의 역할과 함께 관리자의 활동을 감시하는 감독자 그리고 경영자들을 감독하는 사람의 역할을 하고 있다. 이러한 감시로 인해 경영자들의 활동이 일부 제약을 받기도 한다. 경영자들에게 그들의 업무시간을 어떻게 활용하고 있으며 어떻게 보내야만 할 것인지에 대하여 물어보면 상당히 다양한 대답이 나올 수 있다. 대규모 사업장의 경영자일수록 사업전략을 구상하는데 상당의 시간을 보내고 있어 현장에서 고객들과 접촉할 수 있는 기회는 그만큼 줄어든다고 할 수 있다,

제한적 관리자의 유형

관리자의 전형적인 모습을 세 가지 유형의 인물들을 통해 살펴볼 필요가 있다. 각각이 독특한 자산을 보유하고 있으며 이로 인해 변화에 대한 대응에 한계가 있을 수도 있다.

❶ 전통적 관료자

가장 큰 장애요인은 전통적 사고에 휩싸인 경우라고 할 수 있다. 이러한 특성을 보이는 관리자들은 긍정적으로 대답하고 늘 웃음을 보이고 주위 사람들과 잘 지내 것처럼 보이나, 권한의 위임에 대해서는 부정적 입장을 확실히 보이는 인물이라고 할 수

있다. 대부분의 전통적 조직관을 가진 관료적 리더들은 여기에 속한다고 보아야 할 것이다. 새로운 책임을 수행함으로서 팀 활동을 도우기보다는 일선 종업원들이 임무를 수행하면서 오히려 실패하고 이를 통해 특정 과정이 도저히 이루기 어려운 것임을 확인하길 바라는 마음이 강한 리더들이라고 할 수 있다. 이러한 사람들은 그러한 활동에 대해 독촉을 하면서도 지속적으로 활동들이 수확 없이 끝나기를 바란다. 이러한 과정이 반복되면 팀 내의 구성원들은 해당 관리자가 참여를 보이지 않고 있다는 것을 알 수 있고 불확실성에 대한 도전을 회피하는 경향이 강하다는 것도 알게 된다.

❷ 책임 회피형

이런 관리자들은 그들이 무슨 생각을 하고 있는지 확신할 수 없으며, 어떻게 행동할 지도 모르는 경우이다. 이러한 방관자적 입장을 취하는 관리자들은 어떠한 행동을 할 것인가에 대한 예측 가능성이 떨어지기 때문에 행동의 변동폭이 크다고 할 수 있다. 결과적으로 종업원들은 의기소침해 지고 확실하게 경고조치를 당하지 않는 이상 위험이 도사리는 행동을 도전적으로 행하려고 하지를 않을 것이다.

❸ 과다 참여형

이러한 관리자는 종종 본보기의 전형으로 인식이 되곤 한다. 그들은 팀의 활동에 대하여 굉장히 지원적인 태도를 보이고 그들이 행하고 있는 일과 관계된 분야에 대해서는 매우 참여적인 태도를 보인다. 그러나 그들의 인성 자체는 누군가를 도와주도록 태도를 취하고 있기는 하지만, 불행하게도 이러한 면이 그들 팀의 성장을 은연중에 두려워하게 만든다고 할 수 있다. 일부 종업원들은 이러한 관리자들을 무시하거나 능력이 조금 떨어지는 것으로 판단하고 가까이 하지 않으려는 태도를 보이기도 한다. 마치 과잉보호에 의한 어린이들같이 이러한 형태의 관리자 아래에 있는 종업원들은 정신적 성숙이 어려울 수 있다.

앞에서 제시한 몇몇의 유형에 대해 일부 관리자들은 잘 맞을수도 있으나 대부분의 경우에는 항구적인 성향이라고 판단하기 보다는 한두 번 정도의 태도를 보이는 것으로 이해해야 할 것이다. 관리자도 인간인지라 때대로 예상치 않은 태도를 보일 수 있는 것이다.

종업원에 대한 권한 위임 후 관리자들의 태도

관리자들은 그들의 활동이 단순히 개인적 과업을 수행하는 정도로 끝나는 것이 아니라 각 서비스 현장에서 다양한 업무에 중요한 책임을 지고 있다는 것을 인식해야만 한다. 전통적인 기업구조에서는 관리자가 계획하고 통제하고, 조직을 구성하고 지시하는 업무에 초점이 기울어져 있지만 권한을 위임하는데 성공적인 관리자들의 경우에는 또 다른 경쟁요소에 신경을 써야 할 것이다.

❶ 코치로서의 역할은 타 종업원들이 성과를 향상시킬 수 있고, 효과적인 의사결정을 할 수 있도록 도움을 주는 것을 의미한다. 이에 대한 예로는 설문지를 돌려 가장 알맞은 결정을 하도록 팀을 돕는다는 지, 성과를 관찰하고 피드백을 제시하거나 실제적인 관찰을 통하여 효과적인 관리를 하는 것이 될 것이다.

❷ 컨설턴트로서의 역할은 팀의 비생산적인 부분에 대한 진단과 이를 해결하기 위한 정보나 교육을 실시하는 것이다. 이에 대한 예로는 팀을 위해 새로운 기술에 대한 투자가 실시되는 경우에 관련된 정보를 제공하거나 팀 내에서 발생한 문제점에 대하여 조정역할을 수행하고 기술적인 자문역할, 시스템 운영 방식에 대한 기술적 의견을 제시하는 것이 될 것이다.

❸ 분위기 케이커로서의 역할은 기업 내의 분위기라든지 보상제도, 기업문화를 관리하는 것을 의미한다. 상당히 의미 있고 조직 구성원들에게 거부감이 없을 수 있는 팀 성과 측정 측도를 개발하거나 보상과 긍정적 평가활동을 강화하고 성과실현에 대하여 팀을 어떤 형태라도 칭찬하는 역할을 수행해야 하는 것이다.

❹ 코디네이터의 역할은 타 부서의 종업원들과의 협력으로 종합적 기능을 전개하고 이에 따른 장애요인을 제거하는 것이다. 다양한 작업장의 목표를 조절하고 각 팀 간의 의사소통을 방해하는 장애요인을 제거하는 활동, 고객과 공급업자와의 연계를 강화하고 경영관행과 시스템의 변화를 주도하는 역할이 이 범주에 해당이 될 것이다.

이러한 경쟁요소들을 잘 이해하고 수행하여 각 팀의 경쟁력과 개인의 능력을 배양하기 위해서는 전통적 관리자가 가져야할 덕목과 함께 추가의 노력이 있어야만 한다.

우선 각 팀 내 종업원들이 스스로 사고할 수 있는 능력을 확보할 수 있도록 다양한 활동을 제공해야만 한다. 또한 팀 구성원들이 명령을 듣는 것이 아니라 제안으로 받아들일 수 있도록 대화방법을 연구해야만 한다. 그리고 그들과의 유대관계를 강화하기 위하여 현장을 직접 돌아보고, 감시하는 듯한 모습으로 보이지 않게 태도를 취해야 한다. 관리자로서는 전문 지식의 확보도 중요하지만 복잡한 지식을 간단하게 팀원들에게 설명하는 능력도 필요할 것이다. 팀워크와 서비스 개선의 가치에 기초하여 팀 조직을 재설계하는 능력이 필요하고 팀원들과의 지속적이며 강력한 유대관계를 형성하는 방법을 알고 있어야 한다. 마지막으로 자율적인 환경에서 상호관계를 바탕으로 이루어지는 관리를 지향해야 할 것이다.

이러한 태도를 실행하는데 있어 새로운 패러다임과 기술이 필요하다는 것 정도는 쉽게 알 수 있다. 새로운 태도를 관리자가 보이기 위해서는 도전의식이 필요한 것이다. 물론 원활하게 수행하는데 다양한 장애요인들이 나타날 수 있다. 앞에서도 여러 번 언급되었지만 관리자 못지않게 팀원들의 변화에 대한 저항을 생각하지 않을 수 없다. 또한 현실에 안주하며 현재 상태를 최상의 상태로 생각하는 만용이 있을 수 있다. 가장 쉽게 확인할 수 있으며 해결하기 가장 어려운 문제일 수 있는데 변화를 수행할 수 있는 기술이 없는 경우를 생각할 수 있다. 그리고 마지막으로 무엇을 먼저 수행해야 하는지 알지 못하고 변화를 바탕으로 서비스 개선을 추구하는 것보다도 먼저 해야 할 일이 있을 것이라고 막연하게 생각할 수 있다는 것이다. 이런 경우에 변화의 추진력은 떨어지기 마련이다.

변화에의 장애 극복을 위한 방안

서비스 수준이나 품질을 향상하기 위한 전사적인 노력이 필요하다는 점에 공감을 하면서도 나타날 수 있는 다양한 장애요소들에 대해 관리자나 경영자는 완벽한 극복을 바랄 것이다. 그러나 완벽하게 없앨 수 있는 비책은 사실상 없다고 해야 할 것이다. 그러나 도움을 줄 수 있는 몇 가지는 생각해 볼 수 있다.

❶ 변화에의 저항에 대한 태도

저항은 꽤 다양한 형태로 나타날 수 있다. 그냥 체념할 수도 있고 악의를 품고 복종을 하거나 잔소리나 불평등으로 나타날 수도 있다. 명백하게 저항을 표현한다는 것은 전통적인 조직에서는 금기시되어있기 때문에 이를 확인하는 것은 상대적으로 쉬운 일이라고 할 수 있다. 이에 대해 어떻게 대처할 것인지에 대해 생각해 볼 수 있는데 우선 모든 종업원들의 임무는 변화할 수 있으나 이러한 변화로 인하여 어느 누구도 임무를 맡지 않는 경우는 없다는 것을 강조할 필요가 있다. 즉 해고가 발생하지 않는다는 점을 종업원들에게 분명히 해야 한다. 종업원들에게 불안감을 조성하기 위해 실시되는 프로그램이 아니라는 것이다. 다음으로 종업원들에게 변화를 거부하는데 대한 해결책을 제시하기 보다는 변화에의 필요성을 강조하여야 할 것이다. 모든 종업원들에게 변화의 필요성에 대하여 다양한 채널을 통해 진심의 언급이 있어야 할 것이다. 그리고 이러한 변화를 좀 더 훌륭하게 수행하고 있는 기업들을 관리자가 직접 방문할 수 있는 기회를 가질 수가 있어야 할 것이다. 이러한 변화의 과정이 수월하지 않을 경우에 관리자가 새로운 임무를 수행할 흥미가 떨어질 수 있기 때문이다. 모든 조직에서 한때는 이러한 저항이 있을 수 있고 적절한 방안으로 해결될 수 있는 사안임을 판단할 수 있는 기회를 제공해야 할 것이다.

모든 종업원들이 그들 스스로 임무를 고취할 수 있도록 도움을 줄 수 있어야 한다. 그들에게 업무시간에서 일부라도 기업전체에 가치를 부가할 수 있는 것이 무엇인가를 생각할 수 있는 여유를 주어야 할 것이다. 그 이후에 가장 흥미롭게 할 수 있는 임무를 선택하게 하고 그러한 새로운 임무에 대하여 그들 스스로가 제안을 할 수 있도록 고취시켜야 할 것이다. 또한 관리자는 종업원들이 업무를 새롭게 설계하는데 참여적인 태도를 가져야 하는 것이다. 좀 더 멀리 본다면 장기적인 훈련을 실시함으로서 그들이 업무를 실행하면서 피드백을 받을 수 있도록 해야 한다. 추가적으로 관리자가 각각의 종업원에 대하여 우호적으로 대하고 학습하는 태도를 취하고 그들의 저항에도 불구하고 적극적이고 창의적인 교육을 실시해야 한다.

❷ 지나친 낙관적 태도의 지양

지나친 낙관을 확인할 수 있는 방법은 스스로 잘했다고 평가하고 실수에 대해 스스로 관대함을 보이는 경우일 것이다. 관리자들은 일반적으로 그들이 수행해야할 변화를 과소평가하는 경향이 있다. 기업들은 관리자가 그들의 성과를 피드백 할 수 있도록 기회를 제시해야 할 것이다.

만용이 보인다면 우선 서비스 공정을 적절히 설정하여 팀 구성원의 장단점을 쉽게 확인할 수 있도록 해야 한다. 물론 현장에서의 지원이나 관찰도 필요할 것이다. 그리고 팀 관리자를 팀 구성원들이 공개적으로 평가하는 활동들이 이루어져야 한다. 이러한 과정은 지나친 낙관적 태도의 해결책이 결국 학습조직에 있음을 의미하는 것이다.

❸ 관리자의 업무 능력 부족

높은 성과를 달성하기 위해서 필요한 기술을 모두 보유하고 있는 관리자는 드물다고 할 수 있다. 그들이 팀 구성원들에게 제공해야할 교육과 훈련은 행위적인 측면뿐만 아니라 개념적인 면도 포함하고 있어야 한다고 할 수 있으나, 현실적인 적용범위, 즉 기술적 능력 내에서 이루어져야 한다고 할 수 있다. 특히 변화에의 기술이 부족한 경우에는 우선 명백하고 관련성이 있는 사례를 제시하고 그렇게 함으로서 관리자와 팀 구성원들은 어떻게 구체적인 기술을 사용하고 일반적인 상황에 어떻게 대처할 것인가를 배울 수 있게 된다. 또한 교육과 훈련의 전달경로를 파악함으로서 제때 교육이 이루어질 수 있고 지속적인 지원이 이루어 질 수 있는 것이다. 무엇보다 중요한 것은 종업원들이 교육받은 내용을 실제의 작업장에서 활용할 수 있도록 도움이 있어야 할 것이다. 종업원들의 태도를 바뀌기를 바란다는 것은, 그들의 새로운 관행이 현장에서 자리를 잡을 때 가능할 것이다. 마지막으로 지속적인 교육과 훈련이 이루어질 수 있는 안정적 매뉴얼이 구축되어야 할 것이다.

❹ 심각성을 인식하지 못하는 조직 분위기

아직 전통적 조직 구조에 익숙하기 때문에 관리자들이 새로운 관행들에 대하여 익숙해지지 못하는 경우가 발생하기도 하는데, 이는 변화의 필요성과 그 중요성을 제대로 인식하고 있지 못하기 때문이라고 할 수 있다. 불평이 계속되는 상황에서 변화에 대한 관심은 가장 후순위로 미루어질 것은 당연한 것이다. 이러한 문제를 해결하기 위해서는 우선 최고경영자가 관리방침을 정할 필요가 있다. 이러한 관리방침은 구체적인 직무 설계와 임무 부여, 업무 매뉴얼로 표현될 것이다. 아울러 관리자들에게 이론적으로 배운 기술들이 현장에서 잘 이용될 수 있도록 그들의 임무를 명확하게 규정할 필요가 있는 것이다. 관리자와 종업원들이 그들의 업무를 실행하는 첫날부터 업무를 명확하게 인식하도록 해야 할 것이다.

아울러 효과적인 팀과 서비스 개선 수준을 측정할 수 있는 척도가 마련되어야 하며, 그들이 속해있는 팀의 성과에 따라서 관리자를 평가할 수 있는 시스템이 구축되어야 할 것이다. 마지막으로 주위 팀들의 성공 서례를 공유해야 하며 참여적인 관리를 잘 실행하고 있는 관리자들은 높게 평가하는 분위기를 조성해야 할 것이다.

서비스 개선 활동은 급격한 경영철학의 변화 없이는 결코 쉽게 성취될 수 없다고 할 수 있다. 종업원들의 적극적인 참가와 새로운 임무에 대한 이해와 함께 필요한 지식과 기법을 이용하는 것을 관리자들은 가치 있는 행동으로 인식해야 하는 것이다. 관리자들의 새로운 임무에 대한 태도를 몇 가지의 전형적인 태도 유형으로 살펴볼 수 있으며 또한 관리자들의 행동변화를 유도하는데 장애가 될 수 있는 요소들과 이에 대한 해결방안을 생각해 볼 수 있다.

서비스 개선을 위한 조직 구조

Chapter 11

관리자와 종업원들을 대상으로 올바른 성과측정을 위한 지표를 개발하고 성과를 측정하는 소프트적인 접근이 물론 중요하다. 그러한 결국 이러한 접근을 지지하는 것은 조직구조일 것이다. 전통적 조직설계는 서비스 개선을 위한 혁신에의 접근이 맞지 않을 가능성이 높은 것이다. 다양한 요소들의 시너지 효과를 높이기 위한 팀 구조의 설계와 함께 실행원칙이 필요한 이유이다.

다양한 조직 구조 속에서 살고 있는 인간은 그가 속한 조직의 구조에 의해 생활패턴의 영향을 받게 된다. 이러한 면에서 기업의 구조는 종업원을 비롯한 모든 조직 내 구성원들의 직무 활동에 영향을 미친다. 기업의 조직구조 설계는 구성원간의 원활한 의사소통을 방해할 수 있고, 종업원들을 고객들과 격리시킬 수도 있으며, 혁신의 장애를 만들 수도 있다. 적절히 설계된 조직 구조는 서비스 개선 활동을 지원하고 유연성, 혁신을 높이게 할 수도 있다. 이러한 면에서 어떻게 기업의 구조와 직무설계가 서비스 개선 활동에 영향을 미칠 수 있는지를 알아보고 서비스 현장을 재설계하는데 지침이 될 수 있는 원칙들을 알아보는 것이 서비스 개선노력의 성공가능성을 높일 수 있는 기회가 될 것이다.

서비스 조직 구조가 가지는 의미

개인용 컴퓨터 시장의 포화상태로 인해 얼마 전부터 IBM사는 새로운 변화 작업에 착수했었다. 컴퓨터 산업의 성장세가 30%에 달했던 1990년대 초 IBM사는 기업구조 조정에 들어갔었다. 성과가 없는 사업부는 처분하도록 하였기 때문에 이듬해 대규모 감원과 기업구조 조정이 본격적으로 시작되었다. 당연히 기업 가치는 곤두박질치고 주가도 하락하였다. 이러한 기업가치의 하락과 주주들의 불안을 단지 시장에 적극 편승하지 못한 의사결정의 잘못만으로 돌려서는 안 될 것이다. 과거에는 유효했던 관행이 지금은 쓸모없음에도 불구하고 이에 집착한 구조적인 한계 때문이라고 할 수 있다. 아마 과거기준의 경쟁기준은 생산성이 대표적일 것이다. 저원가로 대규모 제품을 생산하는 것이 최고의 경쟁력 조건이었다. 그러나 그러한 경쟁조건이 오늘날과 같은 범세계적 경제 환경에서는 변화하고 있는 것이다. 서비스 산업에서의 새로운 경쟁력 조건은 서비스 개선과 수준, 다양성, 편의성, 고객화 그리고 적시성이라고 할 수 있다. 이러한 새로운 조건들은 유연성을 기초로 한다고 할 수 있다. 그러나 IBM사는 새로운 경쟁 환경을 과소평가하였고, 시장의 환경에 대처하는데 있어서 그들의 관료적 계층구조는 장애로 작용을 한 것이다.

전통적 조직설계의 문제

외부 환경이 변화할 때 가장 먼저 생각해 볼 수 있는 것이 기업 구조에 대한 변경작업이며, 일반적으로 성과의 향상을 위해 첫 번째로 고려되어지는 활동이기도 하다. 다양한 시행착오를 하면서 기업의 부서를 서로 옮겨도 보고 새로운 사업부를 설립하거나 없애기도 하고 집권화시키거나 분권화시키기도 하며, 부서명을 변경하기도 하는데, 이들의 대부분은 원가를 절감하는 차원에서 실시되어진다고 할 수 있다. 그러나 경영마인드가 변화하지 않으면 단지 모든 구조조정은 공염불로 끝날 수 있다.

전통적인 조직 설계에서는 두 가지의 기본 가정이 있다. 그 첫 번째는 규모는 클수록 좋다는 것이다. 성장을 하지 못하면 시장에서 사장될 것으로 믿은 것이다. 기업의 성공이라고 하는 것은 더욱 큰 수익을 실현하고 더욱 더 많은 종업원을 보유하고, 더욱 더 다양한 사업에 뛰어드는 것이라고 믿었다. 기업의 경영자들은 실제적인 성과와 이론상의 규모의 경제를 제대로 구분하지 못한 것이다.

당연한 얘기지만 기업들이 오해를 하는 것이 '성장이 곧 목표'가 될 수는 없다. 엄격하게 말하면 '가치 실현'이 목표가 되어야 하며 이러한 가치는 반복 실현이 가능한 것이어야 한다. 동물들의 경우에도 각 신체 부위중 기형적으로 큰 부분이 생겨나면 목숨을 잃는 것처럼, 끊임없는 성장만을 추구하는 기업의 경우에도 자멸하게 되는 것이다. 그와 달리 생존이라고 하는 것은 가치의 재창출 능력과 변화하는 환경에 적응하는 태도에 달려있다고 할 수 있다.

두 번째 가정은 유유상종을 믿은 것이다. 어쩌면 조직구조로서 기능적 구조는 여기에서 탄생한 것이다. 전문 재무 인력들끼리, 영업사원들끼리 함께 업무를 보게 된 것이다. 또한 고객서비스 부서는 고객 서비스부서 인력들이 함께 업무를 보게 되는 것이다. 이러한 조직에서는 타 부서와 업무상의 쟁점사항에 대하여 협조하거나 의사소통하기 이전에 최고경영자에게 보고가 우선적으로 실시되게 된다. 이러한 한계를 극복하기 위해 어떤 기업들은 분권화를 실시하기도 하였다. 그러나 분권화된 기업에서도 대부분은 업무 구조를 기능적으로 나열하고 있으며, 이에 따라 문제점은 여전히 나타나게 되는 것이었다. 기능적 조직구조에 대한 이러한 선호는 지원부서 즉 스태프 조직의 역할비대화 라는 결과를 낳았다. 서비스 보증과 고객 서비스는 직접 서비스를 전달하는 과정에 통합되지도 못하고 지원부서의 업무가 되어버린 것이다. 그들의 권한과 전문성이 증대되면서 점차 기업 내에서의 영향력도 커지게 된 것이다. 더욱이 그들은 업무상의 이유로 지원업무를 독점화시키기 보다는 더욱 더 많은 다양한 거래 기업들과 관계를 맺게 되고 이렇게 됨으로서 기업구조를 재설계한다는 것은 더욱 어려워지게 된 것이다.

조직구조의 변화를 위한 새로운 접근

현재도 그렇고 앞으로도 기업들은 앞에서 언급한 과거와는 다른 패러다임을 바탕으로 기업구조를 설계해야할 것 것이다. 속도와 유연성이 전략적 무기가 되는 시대에서의 기업 내의 계층구조는 사실상 의미가 없어지게 될 것이다. 고객과 시장에 대한 대응성을 높이기 위해 명령라인의 최일선으로 권한이 위임이 되어야 할 것이고 이에 따라 더욱 분권화된 조직구조가 생겨나게 될 것이다. 그러기 위해 앞으로는 자연스럽게 적은 규모의 종업원과 사업부로 운용되거나 조직재편이 있게 될 것이다. 이에 따라 더욱 더 많은 책임이 현장중심으로 위임이 될 것이며 관리 계층은 그만큼 줄어들게 될 것이다. 과거와는 달리 수평구조가 보편화될 것이다. 미래의 기업조직을 재설계하기 위해서는 무엇을 해야 할 것인지 판단이 필요한 시기이다. 우선 팀 간의 업무 시너지 효과를 높이기 위한 조직구조의 개편이 있어야 한다. 고객과 공급업체와의 전략적 협력을 위한 대화창구가 필요할 것이다. 마지막으로 새로운 비즈니스 모델을 찾기 위해 새로운 모험사업에 뛰어들 수 있도록 고무시키고, 지침을 제공할 수 있도록 확실한 투자와 교육 프로그램에의 투자도 필요할 것이다.

조직의 구조 변화는 전통적 관료조직을 혁파하는 것이 포함되어야 한다. 대인 서비스 사업과 같이 소규모의 사업단위는 유연성과 권한의 위임을 실현하기 더욱 적합한 구조라고 할 수 있다. 그러나 팀 간 네트워크는 시너지 효과를 이끌 수 있도록 유지되어야 한다. 그러한 팀들은 지식과 자원을 공유할 수 있어야 한다. 규모가 크며 경직성이 높은 대규모 서비스 기업의 경우에 시장 환경의 변화로 어려움을 겪는 상황에서 이러한 팀 간 네트워크 구축을 기반으로 하는 기업구조 재조정 작업은 효과적이라고 할 수 있다. 구체화된 각 팀 기준으로 팀장에게 서비스 제공과 관련된 의사결정을 내릴 수 있는 권한과 재무성과에 대한 책임을 지도록 하는 것은 긴장감 조성과 함께 성과 실현에 효과적이다. 이러한 조직 구조조정은 명령라인의 단계를 축소하도록 하며 종업원과 경영자 모두에게 사업 성과와 전략 구현을 직접 느끼게 하는 효과를 가진다. 내부적으로 기업의 전 부서와 팀을 통합할 수 있는 수평적 시스템이 구축되었다고 할 수 있다. 이렇게 된다면 시너지 효과는 기대할 수 있다. 부가적으로 기업가치 상승을 기대할 수 있을 것이다.

이러한 접근방법은 대규모 기업의 구조를 재조정하는데 있어서 중요한 사고의 전환을 가져오게 한다. 기업의 규모가 크고 부서가 많으며 팀의 유형도 다양하다면 시너지 효과가 발생할 가능성도 그 만큼 많은 것이다. 대기업의 존재가치를 여기서도 찾을 수 있다. 각 사업부나 팀들이 독립적으로 활동하는 것에 비해 강력한 이익 창출력을 가진다.

다양한 기업구조와의 공조

기업들은 그들의 사업규모를 확대하지 않고도 다른 기업과의 공조를 통하여 성과를 향상할 수 있음을 확인할 수 있다. 이러한 확인과정은 매우 다양한 형태로 나타나게 된다. 사업 합병, 사업분할, 파트너십 유지, 컨소시엄 형태로 협력은 나타나게 된다. 이러한 상호연계는 관계의 유지를 위하여 상당한 추진력이 있어야 하므로 유연성을 필요로 한다.

예를 들어 애플 컴퓨터는 사업 분할 정책을 효과적으로 실시하는 대표적인 기업이다. 단순히 사업을 포기하는 것이 아니라 파트너 기업과의 장기적인 유대관계를 통해 동반 성장을 도모하는 것이다, 물론 경우에 따라서 기업들은 그들 기업에 필요 없는 사업 분야를 외부의 다른 기업으로 이전하는 사업포기 정책을 쓰기도 한다. 또 다른 형태의 협력은 계약을 통해 실시되기도 한다. 잘 알려져 있는 것처럼, 이탈리아의 의류업체인 베네통사는 자사의 상품을 생산할 수 있는 공장을 거의 보유하고 있지를 못하다. 이러한 기업구조의 유연성은 급속한 유행변화에 신속하게 대처할 수 있는 능력을 제공한다고 할 수 있다. 오늘날의 구매자는 각 상품들에 대하여 소량 구매를 실시하고 있어 이들의 구매 활동 이전에 면밀한 구매패턴의 검토가 필요하다.

대기업일수록 경쟁에 대처하기 위하여 혁신을 창출할 방법을 찾는 것이 중요하다. 제품 수명은 제품과 서비스 할 것 없이 줄어들고 있으며 이에 따라 차후의 제품이나 서비스를 항상 개발해 두어야 하는 시대에 살고 있다. 기업들은 새로운 제품이나 서비스에 대한 연구와 함께 미래의 고객 패턴 흐름을 바라볼 수 있는 시각도 확보하고 있어야 한다. 혁신의 귀감이 되고 있는 3M사의 경우에는 종업원들에게 혁신이 실제로 실행가능하다는 것을 보이기 위하여 업무시산의 15%정도를 투자할 것을 바라고 있으며, 최고 5만 불의 장려금도 지급하고 있다. 이러한 전략들을 더 유연하고 고객지향적인 사업을 실행하는 기초를 이루고 있다고 할 수 있다.

유연한 조직의 구축하기 위한 실행 원칙

조직구조의 형태를 집중화를 지향할 것인가 아니면 분권화를 실행할 것인가, 혹은 성장을 고려할 것인가 아니면 반대의 방향으로 진행할 것인가를 결정하기 보다는 기업은 그들의 사업상 요구조건에 맞는 기업구조를 먼저 구축해야 할 것이다. 물론 한 가지 전략으로 모든 기업의 조직에 적용한다는 것은 무리인 것이 사실이다. 기업들은 그들 기업이나 사업군 전체의 특성을 고려하는 기업구조 전략을 구축해야만 한다. 이를 위하여 전략구축을 위한 다양한 요소들에 대한 면밀한 검토와 준비과정이 필요할 것이다.

❶ 기업구조 구축 전략

전략이라고 함은 외부 환경의 변화를 고려하여 기업이 성취하려고 의도하는 부분이 무엇이고, 그것을 어떠한 방법으로 성취할 것인가를 정의한 실행의 비전과 계획을 말한다. 성공적인 기업들은 분명하고 부가적인 목표가 있으며 그러한 것은 고객과 장기적이라는 점에 초점이 맞추어져 작업장에서 상호 공유하며 고취된다고 할 수 있다.

❷ 기술

기술은 작업장에서의 종업원들의 능력수준으로 개념화할 수 있다. 각 분야에서 선도적인 기업들은 끊임없는 학습을 시행하고 있다. 그들은 최신의 기슬에 대한 교육과 기술공유로 다기능 종업원을 키우고 있다.

❸ 기업구조

기업구조는 기업이 조직화되어 있는 형태를 보여주는 것이며, 어떻게 작업들이 설계되어 있고 책임이 위임되어 있는지를 보여준다. 성공적인 기업들의 경우에는 종업원들의 주인의식과 함께 의사소통을 활용할 수 있는 유연한 조직체계를 유지하고 있다. 최근의 경향은 대규모 기업임에도 불구하고 약간의 관리층과 기능이 축소된 스태프들로 구성된 조직구조를 가진 기업들이 주목받는 시대이다. 이러한 기업들은 기능별로 조직을 설계하기 보다는 제품별 혹은 공정별로 팀 조직을 설계하고 있다.

❹ 시스템

시스템은 업무체계와 작업방법, 정책, 조직을 원활하게 운영하는데 지원하는 절차 등을 포함하고 있다. 업무의 흐름이 각 기업별로 독특하다는 것 이외에도 각 기업은 독특한 재무, 조업활동, 인적자원, 의사결정 시스템을 보유하고 있다. 성공적인 기업은 서비스 개선 활동과 팀 활동을 지원할 수 있는 시스템을 추가적으로 보유하고 있어야 한다.

❺ 미션

기업의 가치와 임무를 암묵적이든 혹은 명백하게 나타내는 일종의 지표라고 할 수 있다. 성공적인 기업은 이러한 미션을 그들이 밝힌 미래의 기업상과 일관되게 유지되도록 하고 있다. 기업 내에서 권한을 위임함에 있어 이러한 것은 모든 종업원에게 공평하게 제시되어야 하고 민주적인 절차를 따라야 하며, 끊임없는 서비스 개선 활동을 항상 추구하고 있어야 하는 것이다.

❻ 스태프

스태프는 라인조직과 달리 기업 내에서 지원업무를 수행하는 인력들을 가리킨다. 성공적인 기업은 종업원들 사이의 능력의 다양성을 인정하고 있으며 개개인의 영달을 위해서가 아니라 기업을 위해 노력할 수 있도록 편달을 해야 할 것이다.

❼ 경영 스타일

이는 경영자들이 스태프나 종업원들과 어떻게 함께 경영활동을 수행하고 있는가를 나타낸다. 성공적인 기업에는 자유롭게 접근이 가능하고 의사소통할 수 있으며 존경받을만한 경영자가 항상 존재하고 있다. 협력이 경쟁보다 우선하며 권한을 공유하고 갈등을 효과적으로 관리하는 경영스타일이 권고된다.

❽ 공유된 가치

이는 기업의 가치라든지 포괄적 기업문화라고 할 수 있으며, 즉 자원이나 인력을 기업 외부에 어떻게 인식시키고 기업을 관리하고 있는 지를 나타낸다고 할 수 있다. 성공적인 기업들은 지속적인 개선활동, 가치의 다양화, 지역사회에 관심을 기울이는 것에 큰 비중을 두고 있다.

이러한 기본적인 요소들은 기업의 독특한 전략의 개발에 있어서 반드시 사전 검토와 이해가 전개되어야할 것들이다. 효과적인 전략 구축 단계는 다음과 같다. 무엇보다도 전략은 외부 환경의 변화에 대한 적극적 대응이라는 점을 이해하고 접근해야 할 것이다. 아래의 내용은 조직구조의 단계라고도 할 수 있다.

ⓐ 외부 환경에 대한 정확한 분석

기업조직의 설계에 있어서 기업의 전략적 쟁점사항들을 반드시 고려되어야 하며 전략 구축의 첫 단계라고 할 수 있는 것은 기업에 영향을 줄 수 있는 전략적 쟁점사항들을 이해하는 단계라고 할 수 있다. 이러한 전략적 쟁점들은 사업군에 대하여 영향을 미치는 5가지의 범주 안에 대부분이 포함 된다고 할 수 있다.

- 산업 영역: 각 산업군의 쟁점사항
- 지역적 영역: 범세계적 혹은 국가적 쟁점사항
- 경쟁적 영역: 경쟁자의 존재에서 오는 여러 가지의 쟁점사항
- 고객 영역: 고객들이 보이는 수요라든지 욕구와 관련된 쟁점사항

• 기업내부 영역: 기업내부의 독특한 쟁점사항

이들 모든 요소들을 통합적으로 파악하는 가운데 각 쟁점사항들은 기업이 조직구조를 설계하는 데의 방향을 제시하게 한다. 예를 들어 지역적 영역에서 한국의 구매자 계층은 다양성이 높아지고 있다. 이러한 점을 고려하여 기업들은 분권화된 조직체계를 가지려고 할 것이고 이에 따라 서비스는 다양한 고객층을 목표로 하게 될 것이다. 산업적 영역에서의 쟁점사항들과 관련해서는 더욱 더 짧아진 제품수명은 상품의 다양화라든지 신상품의 개발에 대한 필요를 더욱 더 증대시킨다고 할 수 있다. 아주 적은 노무비를 지출하고 있는 경쟁업체들은 그러한 종업원들의 높은 참여도를 바탕으로 업계선두를 유지하게 될 것이다. 종업원들의 사기저하와 같은 조직 내부의 쟁점사항들은 기업의 경영활동에 대한 참여도를 더욱 더 가속화시킬 수 있는 정책을 고무시킬 수 있다.

ⓑ 관리유형과 조직구조와의 연계

이들 간의 관계성을 적절히 파악하기 위한 방법으로 앞서 분석방법으로 제시한 매트릭스 도표는 효과적으로 이용이 가능하다. 이러한 매트릭스는 고객의 바람과 경쟁에서 이겨나가기 위해서 어떻게 참여적이고 분권화된 기업구조를 형성할 것인가에 대한 지침을 제공하고 있다.

극단적으로 분권화된 기업들의 경우에는 다른 기업과의 협력이나 제휴를 위해 전략적 제휴라든지 사업 합병을 활용하고 높은 경영자의 능력과 수익과 관련된 불확실성을 통제할 수 있는 능력을 확보하고자 한다. 또한 수익과 관련된 원가를 배분하고 기업가활동을 방해할 수 있는 규제를 철폐해야 할 것이다. 그리고 새로운 고객층이나 시장으로 혹은 산업으로의 진출능력을 확보해야만 할 것이다.

참여적 경영을 실시하고 있는 기업의 경우에는 시장이나 고객의 선호변화에 대하여 신속하게 대응할 수 있는 능력을 확보하고 서비스의 수준을 상승시켜야 한다. 그리고 종업원들의 만족과 업무 충실화가 이루어져야 하며 올바른 의사결정을 위해 다양한 요소들을 효과적으로 투입하여 최적의 의사결정이 내려질 수 있도록 해야 할 것이다.

일본의 제조 기업은 매트릭스에서 극단적인 분권적 경향이 높은 유형으로 분류된다. 높은 기업가의 활동을 보장하고 참여적 경영을 실시하고 있다고 할 것이다. 이러한 기업들은 세계적으로 가장 훌륭하게 경영활동이 이루어지고 있는 기업으로 인식이 될 수 있다. 최근의 정보통신 선도 기업들도 이러한 범주에 속할 것이다. 적절하며 서비스 개선에 기초를 둔 기업구조의 중요성을 인식하고 있어야 이 범주에 속할 수 있을 것이다.

매트릭스 도표를 작성할 때 세로축으로는 분권화와 집중화의 수준을 축으로 잡을 수 있고 가로축으로는 경영스타일로 전제적 스타일과 참여적 스타일을 양축으로 잡을 수 있을 것이다. 이들 각각의 그리드에서 상대적으로 뛰어난 매치를 찾는다기보다는 기업구조를 고려한 상대적 평가과정이 필요하다는 의미이다.

이들 영역에 속한 기업들은 강력한 팀별 혹은 부서별 협력을 통하여 조직의 경직성을 극복할 것이다. 다른 팀이나 부서를 내부 고객으로 인식하는 기업문화가 자리 잡았다고 할 수 있다. 일단 어떤 기업을 추구해야할 대상으로 매트릭스의 어느 한부분에 위치시켰다면, 이를 현재 단계에서 기업의 상황과 비교해보는 것이 필요하다. 이러한 두 점의 거리는 얼마나 많은 기업구조의 변화가 필요한지를 보여준다고 할 수 있다. 나머지 모든 그리드는 첫 번째 다이어그램을 작성하기 위하여 덧칠을 필요로 한다.

사업조직의 구축에 대한 전략을 마련할 경우에 두 가지의 실수는 미리 제거되어야 한다. 그 첫 번째는 통제되지 않는 확장이라고 할 수 있다. 상당수의 기업들이 1980년대 이후에 사업 분할이 과연 필요한 것들인가를 확실하게 파악하지도 않고 부하뇌동 입장에서 사업 분할을 하여 시장의 변화에 적절히 대처하지 못한 사례가 있다. 두 번째는 사업부라든지 부서, 팀의 중요도를 전혀 무시하고 있다는 점이다. 미래의 성장사업에 진출할 수 있는 사업부 등에 대하여 너무 부족한 자금을 투입하게 된다면 이는 학습에 따르는 비용에의 효과를 경험하지 못하고 비용만 낭비하게 되는 것이다. 기업의 핵심적인 전략적 요소는 보호되어지고 더욱 확장되어져야 한다.

ⓒ 적절한 스태프와 기술을 구축

앞의 경우와 마찬가지로 매트릭스를 이용하면서 적절한 매치를 찾아 이동해가면 개인들의 특징이나 그들이 보유하고 있는 기술에 차이가 발생하기 시작할 것이다. 예를 들어 사업 분할된 사업부에서 업무활동을 볼 경우에 각 부서별로 업무를 볼 때보다도 훨씬 많은 관리기법을 필요로 한다. 분할된 사업부는 각각의 재무적인 성과를 관리하게 되고, 각각의 자체적인 서비스를 제공하고 그렇게 함으로서 각각의 관리팀은 각 고유 업무에 필요한 기법을 확보하게 된다.

그러나 새로운 외부 환경은 전혀 반영되지 못한 결과를 낳게 된다. 새로운 업무 즉 마케팅, 회계 등을 담당할 종업원들이 필요해지고 각 분할된 사업 내에서는 작은 규모의 사업적 시각과 모기업에서는 보유하고 있지 못하는 상당한 자산이 필요해 질 수도 있다. 기업의 규모와 여건, 사업영역에 맞는 독특한 구조의 계획이 이루어지지 않고 모기업의 구조를 그대로 따른다면 오히려 큰 피해를 볼 수도 있다.

매트릭스의 자율수준 축의 마지막 칸에서 각 기업들은 기술뿐만 아니라 팀조직을 필요로 한다. 그들은 팀에 의한 공정관리라든지 문제해결능력, 일치된 합의사항의 도출 등을 경쟁무기화할 필요가 있다. 기술 수준에서 사기를 진작하는 것과 고용의 증대는 반드시 이루어져야할 사항이다.

앞에서 언급했던 일본 기업의 경우에는 스태프의 구축이라든지 경영 스타일의 규정에 있어서 상당히 뛰어난 면을 보이고 있다. 그들은 어리고 미숙한 경험을 가지고 있는 사람들을 오히려 연구개발에 배치하여 열정과 아이디어의 부족을 오히려 자산이 될 수 있도록 하였다. 아마도 연구원들은 지식이 부족하기 때문에 더욱 열정적으로 직무에 임했을 것이며 도출된 신선한 아이디어를 적극 활용하였을 것으로 보인다. 종업원들에게 재량권을 많이 주고 스스로 업무를 수행할 수 있도록 진작하였다.

ⓓ 가치의 공유와 경영 스타일

공유된 가치 수준 매트릭스에서 가치와 기업의 비전은 기업의 전략을 실행하는데 지원할 수 있도록 전개되어져야 한다. 사업 분할은 불확실성에 대처하거나 혁신이나 고객에 초점을 맞추는 경우에 추구되어져야 한다. 이러한 가치들은 스톡옵션이라든지 고객만족이라든지 취미활동에 대한 투자 등의 기업 비전으로 지원되어져야 한다. 자율수준이 극단적으로 높은 경우에 기업 가치는 팀워크이라든지 참여를 지원하게 된다. 교육과 훈련에 따라 주어지는 것이지 계층에 따라서 있는 것은 아니며, 일선 종업원들보다 상위의 관리자들을 대상으로 한 것이라고 할 수 있다.

일본 기업의 예로 돌아가 보면 주로 세 가지의 사항에 의해서 강력하게 사업의 방향을 잡아갔다고 할 수 있다. 즉 지속적인 가치, 신뢰, 권한의 위임이라고 할 수 있다. 상위의 관리자들이 각 요소의 진행을 책임졌고 여러 가지 경로를 통해 일선 종업원들은 상위 관리자들이 근접거리에서 업무를 수행할 수 있도록 하였다. 이러한 비전의 공유 활동 속에서 그들을 기업의 실제적인 업무와 관련을 가지도록 연계시키고 있다.

ⓔ 조직 구조의 구축

이러한 일련의 활동들에서 마지막 단계라고 할 수 있는 것은 선택된 전략과 가치에 따라 조직 구조를 전개하는 것이다. 기업의 구조가 더욱 분권화되어 간다는 것은 그들의 인적자원에 대한 관리가 더욱 유연하게 이루어져야 한다는 것을 허용하게 되는 것이며 이에 따라 기업들은 다양한 보상체계와 이익분배 구조를 운용할 수 있게 되었다는 것을 의미한다. 이러한 다소간 독립적인 사업들을 통합한다는 것은 만약에 기업이 시너지 효과의 효익을 바란다면 상당한 위험을 내포하고 있는 것이라고 할 수 있다.

이러한 통합은 그러한 것들을 전개하는데 있어서 경영자들의 상당한 주의를 요구한다. 더욱 더 참여적인 기업의 경우에는, 선출과 보상과 평가의 대상이라고 할 수 있는 인적자원들은 반드시 재설계되어야 한다고 할 수 있다. 그 외 시스템에서도 변화를 필요로 한다. 계획 단계에서는 또 다른 인력의 참여를 필요로 한다고 할 수 있다. 구매와 예산의 설정에서도 변환이 필요한 것이다.

전통적 직무설계의 한계

기업구조 내에서 직무 설계는 특히 대기업의 경우에 뛰어난 서비스 제공만큼이나 중요하다고 할 수 있다. 직무 설계를 위해 업무를 분류하고 업무 평가시스템에서 어떤 개인들을 기업의 성과 수준을 높이기 위해 적절한 직위에 위치시키는 것도 포함한다. 일부에서는 노동조합에서 아주 세부적으로 업무를 분류하고 이러한 업무의 경계를 초과하는 상황에서 발생하는 애로사항을 과다하게 나타내는 경우도 있다. 이에 따라 기업내부에서 반대세력이 생겨나기도 하고 어떤 부서의 작업자는 타 부서의 업무를 전혀 수행하지 못할 수도 있다. 정부기관에서도 대민서비스 시스템은 위와 비슷한 상황을 연출함으로서 대중의 비난을 받는 경우가 발생하기도 한다.

경영층은 또한 종업원의 참여를 어느 정도 제한할 필요가 있다고 할 수 있다. 과거 한 세기가 되도록 과학적 관리법을 기치로 한 Fredrick Taylor의 이론이 그대로 적용되어져 왔다. 관리자는 의사결정과 문제의 해결에 대하여 책임을 부여받아 왔다. 종업원들은 단지 행동하는 대상으로만 인식이 되었다.

직무의 재설계와 생산성 향상노력은 종업원들을 대상으로 실시가 되었으나 그들에 의해서 실시가 된 것은 아니었다. 생산성을 향상한다는 것은 생산성과 종업원의 사기라는 두 가지를 토대로 한다. 종업원들에게 권한을 위임함으로서 사기를 높일 수 있으며 이것이 바탕이 되어 생산성을 높일 수 있을 것이다.

서비스 개선 직무의 설계

잘못 설계된 기업조직이 팀 성과를 제한하는 것처럼 잘못 이루어진 직무 설계는 개개인의 능력을 제한한다고 볼 수 있다. 아래에서 제시된 설계의 기본 원칙들을 직무 설계에 활용할 수 있을 것이다.

❶ 고객만족에 입각한 설계

직무라는 것은 상당히 다양한 원칙들에 의해서 조직화 된다고 할 수 있다. 그러한 원칙들은 기능별, 제품별, 공정별, 고객별, 시장이나 지역별, 전략별로 다양하다고 할 수 있다. 기업들은 어떻게 이들을 조직화할 것인가에 대하여 전통적으로 효율성 극대화에 초점을 맞추는 경우가 많다. 당연하겠지만 그러나 이것은 거의 서비스 개선과 고객만족이라는 측면에서는 좋은 성과를 보인다고 할 수 없다. 과거 IBM사는 제품별로 기업을 조직하였고 소형 컴퓨터와 대형 컴퓨터에 대하여 각기 마케팅 및 지원 서비스 부서를 구축하였다. 기업 내부 요구를 바탕으로 이러한 조직 설계가 이루어졌다. 그러나 누가 IBM의 제품에 대하여 잘 알고 있는지를 생각하지 않은 것이다. 고객들은 고객 스스로 문제점을 파악하여 문의를 할 전문가를 직접 선정하는데, 그들이 진정으로 필요로 하고 있는 요구사항에 대하여 도움을 줄 수 있는 부서가 존재하지 않고 있다는 점에 고객 불만은 높아졌다고 할 수 있다.

이와 유사하게 대부분의 정부기관에서도 임무라든지 고객에 따른 것이 아니라 사전에 짜진 프로그램에 따라 분류가 되고 있다. 정부의 대민 지원시스템은 너무 분산적으로 이루어져 있으므로 각 부서는 분할된 독립된 업무를 수행하고 개인에게 실질적인 도움을 주는데 효과적이지 못하다. 조직구조의 변화를 꾀하는 전략은 제공할 서비스에 대한 종업원들의 주인정신을 살릴 수 있는 아주 좋은 방법이며, 고객과의 관계를 극대화할 수 있는 장점이 있다. 예를 들어, 대규모 사업장을 지역별로 몇 개의 사업장으로 분할한 수리 서비스점포의 경우에 지역별로 특화된 조직을 구축할 수 있다. 서비스를 현장에서 제공하는 팀은 하나의 사업장만 운영될 때에 비하여 각 팀의 구성원들이 온 종일 일에 매달려야 하는 수고를 덜어줄 수 있는 것이다. 서비스 개선은 현장의 라인 조직에 의해 이루어지고 이들에게 도움의 기초를 제공하는 스태프들에 의해 추가로 진행이 된다.

❷ 현장 인력들의 협력 관계

일정한 목표를 함께 공유하며 함께 일을 해야 하는 종업원들을 한 팀에서 일하도록 하고 동일한 목표 아래에서 직무를 수행하도록 해야 할 것이다. 이러한 활동들이 기업의 조직 변화에 큰 영향을 미칠 수 있고, 종업원들을 특정 직책을 가지고 있는 종업원들로 임무를 규정하는데도 상당히 유익할 것이다.

예를 들어 재무업무를 수행하는 종업원들을 대상으로 일정한 팀을 구성하도록 하고 그 팀에 의해 능동적으로 일을 하도록 권장할 수 있다. 그들은 이제 그들 임무를 시의적절하고 정확한 보고서 작성에 한정하지 않고 원가 관리를 통한 팀이나 사업부 업무를 도우는 것으로 인식하게 된다. 예를 들어 대규모 사업장에서 그들은 원가를 지나치게 발생시키고 있는 부분에 대한 통제업무를 하는 것이다. 이들은 굳이 구분하자면 라인 종업원들이라고 할 수 있는데, 이들이 자신의 임무에 대한 폭넓게 자각하는 것은 기업 전체적으로 원가의 절감에도 유익한 것이며, 그렇게 함으로써 현장에서 원가가 발생하고 있는 부분을 실제적으로 확실하게 알 수 있게 된다.

만약에 각 팀에 고객의 수요가 사이클 형태로 나타나면, 지원

부서는 이러한 라인 팀과 연관되어있는 고객이나 공급업체들과의 관계를 지원하는 역할을 담당하게 된다. 어떤 구매부서에서는 구매담당자를 실제적인 구매업무가 일어지는 가장 최적의 위치에 적절하게 배치할 수 있게 되는 것이다. 이러한 고객과 공급업자와의 관계에서 실제적인 근접성은 향상된 구매업무와 재빠른 응대를 가능하게 한다.

❸ 피드백의 제공

전체 모든 서비스 공정에 팀 조직을 구축하는 접근의 장점중의 한 가지는 피드백을 적절히 실행할 수 있다는 것이다. 핀란드 헬싱키 박물관의 경우에는 내방하는 고객들의 요구사항을 고려한 박물관 투어를 제공하고 있으며 이러한 업무는 팀 활동을 통해 수행된다. 팀들이 전체적인 박물관 관리와 고객 투어 업무를 처리함으로서 혹은 고객에 대하여 서비스를 제공하고, 투어중에 나타나는 서비스 운영상황에 대한 각종 정보를 취할 수 있게 된 것이다.

기업 내의 모든 계층의 종업원들은 성과에 관한 더욱 많은 피드백을 필요로 하고 있다. 예를 들어서, Xerox사의 경우에는 관리자가 고객들과의 직접적인 접촉을 필수적인 사항으로 요구하고 있다. 이러한 것은 관리자들이 실시간으로 그들의 고객들에 대하여 피드백을 시행하기 위함이다. 어떤 경우에는 고객들이 서비스를 제공하는 과정에 참여하는 경우가 많다. 예를 들어, 고객의 의견을 반영하여 서비스를 제공하는 경우는 급속하게 변하는 공정의 변화에 대한 시스템 변동에 대하여 유연성을 제공하게 된다. 피드백은 공급업자들에게도 또한 이루어져야만 할 것이다.

❹ 문제 있는 직무의 제거

모든 조직이든지 종업원원 입장에서 하고 싶지 않은 일이 있기 마련이다. 대게 그러한 것들은 시끄럽고, 더러우며, 지루하고, 품위가 없는 일임에 분명할 것이다. 과거에는 이러한 즐겁지 않은 업무들을 한 장소에 모으고 순환업무를 실시하기도 하였으며 제대로 각 업무가 수행되는지 확인하는 과정을 거치기도 하였다. 그러나 가능하면 업무자체를 없앨 수 있도록 전체 서비스 공정의 재설계가 있어야 하며 책임이나 임무를 새롭게 배분함으로서 그러한 것들이 사라지도록 해야 하는 것이다. 이와 관련하여 일부 선도적 병원의 인적자원 부서에서는 고객들을 새롭게 분류하고 환자접수부에 대한 임무와 전화응대 업무를 순환시켰다. 그 다음에 전화접수 부서는 인적자원 업무와 관련하여 더 창의적인 업무를 부과함으로서 그 부서의 능력을 급격하게 높인 경우도 있다.

자동화와 기술의 진보가 이러한 하기 싫은 업무를 줄일 수 있는 또 다른 방안이라고 할 수 있다. 예를 들어 전자우편의 도래는 상당한 수의 접수창구 업무를 사라지게 한 것이다. 그러나 이러한 경향도 맹점이 있다고 할 수 있다. 대부분의 전문적인 직책들이 기술이 필요 없어지고 단순 사무형태로 되어가고 있는 것이다. 정보시스템의 발전으로 전문가 시스템을 통해 적절한 포트폴리오를 통하여 수익을 올리며 직접 음식을 만들 수 있게 된 것이다. 대부분의 기업에서 전문적인 서비스 작업들이 다양한 데이터와 정보의 투입으로 대체되고 있는 것이다.

만약에 하기 싫은 직무들이 없어지지 못한다면 그러한 직무를 적절하게 배분하는 것도 생각해볼 수 있다. 예를 들어, 회의 중에 누구라도 하기 싫은 회의록 작성 업무를 순환할 수 있으며, 회계 사무에서 장부작성 업무를 분배할 수 있다. 현장 서비스 요원들은 깨끗하게 청소하고 그들 장비를 완전하게 정비하도록 요구되고 있으며, 그렇게 함으로서 또 다른 사람들이 서비스 중에 필요한 장비를 정비하기 위해서 손에 기름을 묻이지 않아도 되는 것이다.

❺ 다기능 인력의 양성

전통적인 기업 구조에서 종업원들은 세분화된 작업 명세에 따라 업무를 수행하였다. 이러한 접근은 관리자가 빠르게 교육받고 작업자들을 대체하는 것이 가능하도록 하였다. 즉 인간을 표준화된 기계의 형태로 본 것이다. 이러한 방향은 기존에 기업내부에 존재하는 종업원들을 이용하여 모든 업무를 수행하고자 한 것이다. 이를 실행하기 위해 필요한 기술이라고 하는 것은 조직 내 계층상에서 수평적으로 뿐만 아니라 수직적으로도 향상되어질 수 있는 것이다. 대부분의 경우에 유연성과 성과의 향상은 원가를 줄이는 것에 의하는 것이 아니라 타업무 간의 통합적인 교육을 통해서 이루어지는 것이다.

그러나 이러한 직무재설계를 시도할 때 주의할 사항이 있는데 어울리지 않거나 필요하지 않는데 이러한 다기능 작업자를 만들기 위한 교육을 강제적으로 실시해서는 안된다는 것이다. 이러한 교육이 추구하는 것이 각 종업원들이 모든 업무를 능수능란하게 수행해야한다는 것을 의미하지는 않는다. 대부분의 경우에 직무들은 추가적인 교육이나 경험이 요구된다고 할 수 있으므로 모든 부서에 걸쳐 다기능 교육을 실시한다는 것은 옳지 않다. 오히려 전문적인 직책을 유지하기 위해 그들의 책임사항 분배나 없애는 것을 지양할 필요도 있는 것이며, 또 그렇게 행하도록 진작되어져야 한다.

서비스 기업에서 일부 직무들은 상당히 노동집약적이기 때문에 자율적인 관리가 전혀 실행가능하지 않는 경우가 있다. 이러한 경우가 하기 싫은 직무가 되는 것이며, 이러한 직무의 경우에는 여전히 인간을 기계로서 인식하고 있는 것이다. 예를 들어 한 서비스 기업의 경우에 종업원들이 서비스 제공활동을 하기 위해서 장비에 의존하고 있는 직무를 가지고 있고 팀 활동을 수행하는 작업팀이 있다. 이 팀은 서비스 제공과정에 반복되는 문제가 발생하였으며 이러한 문제를 해결할만한 상황이 안되는 팀 활동내의 직무가 포함되어 있었다. 이 경우에, 약간의 팀 구성원들에 대한 자유로운 시간이 자율적인 활동을 가능하게 하는 것이다.

해결책은 종업원들을 더욱 더 많이 고용하고, 실시간의 도움을 활용하고, 잔업수당을 지급하며, 공정개선을 위해 기술적인 진보가 필요하다고 할 수 있다. 종업원들에게 자유스러운 시간이 주어지기 이전에, 권한을 위임하기 위하여 종업원들을 강압적으로 대한다는 것은 오히려 혼란만을 가중시키게 된다고 할 수 있다.

기업구조와 직무의 재설계는 기업이 경쟁력 있는 활동을 수행하는데 있어 상당히 중요한 영향을 미친다고 할 수 있다. 유연하고 능동적인 기업의 구조를 설계하는데 있어서의 몇 가지의 전략적 대안들을 살펴볼 수 있을 것이다. 즉 시너지 효과를 일으키기 위한 기업구조조정, 부서 간 장벽의 혁파, 혁신의 고취라고 할 수 있다. 어떻게 분권화되고, 참여적인 조직으로 만들 것인가에 대하여 파악하고 이에 대한 모델을 구축하는 것은 서비스 개선활동의 성공뿐만 아니라 안정적인 시스템화에도 필수적 사항이다.

서비스 개선 시스템

Chapter 12

서비스 개선 노력이 성공적으로 수행되기 위해서는 이러한 시스템이 서비스 수준의 향상을 지원할 수 있도록 재조정되어야 한다. 과거의 관리 철학에 기초하고 있는 시스템을 바탕으로 관료층만을 위할 수 있는 요소들을 없애고 고객들에게 가치를 부여할 수 있도록 변화를 줄 수 있어야 할 것이다. 기업 조직 내 각 기능별 활동의 재점검과 새로운 역할분담에 대한 고려도 필요할 것이다. 특히 정보시스템과 회계시스템의 재점검 및 활용은 개선활동의 성과를 향상시키는데 크게 기여할 것이다.

기업 성과 수준의 확실한 선행지표는 시스템의 형태와 구조, 운영상황이라고 할 수 있다. 이러한 점은 거의 모든 경우에 해당되며 특히 현 상황을 유지하는데 있어서 강력한 역할을 한다고도 할 수 있다. 서비스 개선 노력이 성공적으로 수행되기 위해서는 이러한 시스템이 서비스 수준의 향상을 지원할 수 있도록 재조정되어야 한다. 과거의 관리 철학에 기초하고 있는 시스템을 바탕으로 관료층만을 위할 수 있는 요소들을 없애고 고객들에게 가치를 부여할 수 있도록 변화를 줄 수 있어야 할 것이다. 앞에서 인적자원과 관련된 시스템에 대하여 논의하였기 때문에 여기에서는 어떻게 재무, 정보, 계획수립 시스템을 서비스 수준 향상이라든지 권한의 위임에 적합하도록 변경 할 것인가에 대하여 논의되어야 할 것이다. 또한 서비스 시스템의 재설계 과정을 제시하고, 어떻게 이러한 과정이 자동화 설비 기반의 공정설계 시스템에 이용될 것인가에 대하여 파악해야 할 것이다.

시스템의 혁신 활동에의 역할

기업의 시스템은 경영철학에 의해 생겨나기도 하고 없어지기도 하는 일종의 결과물이라고 할 수 있다. 그러한 시스템은 그들 사업 조직의 가치라든지 신념을 바탕으로 구체화된다고 할 수 있다. 아마도 그러한 것들이 경영철학의 결과물이기 때문에 확실한 수익을 추구하기 위해 변화할 수 있으며 기업들은 그러한 시스템의 변화에 오히려 관심을 가지지 않을 수도 있다. 급격한 변화가 일어나고 있는 시대에 이와 같은 상황은 일선 종업원의 입장에서는 최악의 상황이라고 할 수 있으며 바라는 기업 형태와는 상당한 괴리를 보일 수도 있다. 상당히 많은 기업에서 이러한 시스템이 계획과 통제 활동 모두에 적용되고 있다. 이러한 시스템 하에서 믿어져오고 있는 신념들이 있는데, 예를 들어 관리자들은 그들이 필요로 하는 것 이상으로 많은 것을 요청할 수 있다는 것이다. 다시 말한다면 쓸데없는 정보에 관심을 기울인다는 것이다.

또한 그들은 관리자들의 소속팀이 변경하고 수행 업무가 변경될 때마다 자금을 과도하게 낭비할 수 있다는 점을 바탕에 깔고 있다. 따라서 변화와 변경에 대한 기본적인 거부감이 있을 수 있다. 그리고 무사안일하게도 내년은 자연스럽게 올해의 연장이 된 것으로 보는 경향도 아주 강한 편이다. 결론적으로, 기업 예산을 수립할 때 다양한 부문의 원가 삭제와 낭비를 막기 위하여 각 팀별 실제 사용금액의 차이를 보고하고 만약에 과거 수준의 예산을 사용하지 않은 경우에는 예산을 삭감하게 되는 것이다. 관리자들은 예산을 확보하기 위해 어느 정도의 경쟁이 있다는 것을 알게 된다.

이러한 과정을 통하여 잘못된 행동들이 점차 나타나고 누적된다. 서비스 개선과 활동에 필요한 장비는 실제 구매가능 가격보다도 높게 지불될 수 있는데 이러한 누적된 과정은 결국 예산 고갈로 이어질 수 있다. 종업원 수와 관련하여 기존 종업원의 해고에 대해서는 관대하며 그들보다도 훨씬 높은 금액 지출이 필요한 외부 컨설팅에는 개방적이 되는 것이다. 더욱 더 효과적인 원가절감 방안이 존재함에도 불구하고 예산이 정해졌다는 이유만으로 기존 자재와 장비는 여과 없이 구매되는 것이다. 예산 사용과 관련하여 회기말이 되면 다음해에도 유사하게 자금을 사용하고 예산을 할당받기 위하여 광범위하게 자금을 사용하는 것이다. 이의 대표적인 경우가 정부 조직이라고 할 수 있다.

서비스 조직 내 회계 시스템

과거의 회계시스템은 단지 성과 결과만을 조사하는 단순한 업무로 보아야 할 것이다. 성공요소라기 보다는 단지 통제의 대상이 되었다. 최근 들어오면서 사업부 조직이 활성화되면서 전략적 사업단위와 기업집단 내에서 회계 보고서는 대부분의 기업에서 의사결정을 내리는 기준이 되었다. 기업의 경영자는 서비스 현장의 운영관리자보다는 자금관리자를 더욱 선호하였으며, 공정이나 시장상황을 향상하기 보다는 주당 이익이나 주가 수준에 더욱 관심을 가지게 된 것이다. 문제는 재무적인 성과치에 과도하게 의존하는 것은 또 다른 문제점을 야기 시킬 수 있다는 것이다. 기존의 회계 관행 내에서는 관리자가 잘못된 의사결정을 할 수 있는 것이다.

❶ 원가산정의 또 다른 접근

전통적인 회계처리 방법은 포괄적인 방법으로 서비스 제공활동이나 조업, 판매부서에 걸쳐서 원가를 고정시키는 형태로 이루어져 왔다. 제조공장의 경우에는 이런 방법들이 생산량 증가 혹은 생산성 증대에 일정 부분 기여했다고 할 수 있으며, 재고시설에 시장의 수요를 고려하지 않은 재고를 유지하면서도 사용되어져 왔다. 경영진에 의해서 일방적으로 정해진 생산 목표량을 충족시키기 위해서 각 관리자들은 노력하기만 하고, 회기말에 이르면 늘어난 재고로 인해 고심을 하게 되는 것이다. 이러한 명령에 의한 목표를 달성하기 위해 생산을 독촉하게 되고, 유지보수를 제때 실시하지 못하는 것이며 종업원들은 일부 잔업을 하게 되는 것이다. 물론 서비스 기업에서는 생산과 소비가 동시에 이루어지며 재고가 존재하지 않는다는 점에서 차이가 있기는 하다. 여하튼 이러한 관행은 최소한 몇 가지 문제점을 야기하게 된다. 일단 시장의 수요가 무제한으로 존재하지 않는다면 늘어난 재고로 인하여 기업의 원가부담이 가중되고 어쩌면 기업은 엄청난 재앙을 맛보게 될 수도 있다. 조업공정을 지속적으로 운용한다는 것은 생산 사이클 타임을 줄이는 효과가 있을 수 있지만 생산이 제대로 통제가 안된다는 문제점도 있다. 다음의 문제점은 종업원들의 불만이 쌓이고 장기적으로 생산성 향상을 기대하기는 어려울 것이다. 약간의 차이는 있을 수 있지만 서비스 기업에서도 장비의 사용이 늘어나면서 이와 유사한 현상이 나타나고 있다.

제조업이든 서비스업이든 고객 서비스와 관련한 대응성과 적시성이 중요하며, 이는 고객이 원하는 시점에 원하는 상품을 생산, 제공하는 것이라고 할 수 있다. 이는 생산 사이클 타임을 줄이는 경우에만 가능한 것이며, 생산원가 관리에 노력을 집중한다고 해결되는 문제는 아니다.

❷ 시스템내의 원가 배분문제

어떻게 원가를 할당하는가에 따라 기업이 활용할 수 있는 정보에의 오해와 왜곡이 발생할 수 있다. 예를 들어 서비스 기업이 동일한 서비스 두 가지를 고객들에게 제공한다고 가정해보자. 서비스 A는 판매와 고객에게의 제공을 위해 두 배의 구매가 있기를 바라기 때문에 두 배의 광고를 필요로 하고, 고객에 대한 두 배의 프로모션이 필요한 경우이다. 일반적 회계시스템에서는 동일한 수준의 간접비를 이 두 서비스 상품에 적용할 것인데 서비스 A가 더욱 많은 기업의 자원을 필요로 함에도 이러한 관행은 지속되는 것이다. 이와 같은 회계 관행에서 결국 결과만을 판단할 때 관리자의 입장에서는 서비스 A가 더욱 수익성이 높은 것으로 인식하게 유도할 수 있는 것이며 일종의 정보의 왜곡이 발생하게 되는 것이다. 이와 유사한 형태는 제품과 서비스의 생산량과 제공량이 급속하게 변화하는 경우에 주로 많이 발생한다.

이에 대한 대안으로 활용되고 있는 활동기준 원가제도(ABC)도 이와 현상을 일부 제거하기 위한 목적으로 사용되고 있으며 기업이 상품, 공정, 고객에 소요되는 원가에 대하여 좀 더 정확한 식견을 갖도록 도움을 준다고 할 수 있다. 이는 의사결정의 변화와 관련한 전체적인 원가를 보여준다고 할 수 있으며 이러한 의사결정의 변화가 각 부서에 미치는 영향을 포함하고 있다.

그러나 ABC 회계시스템은 부분적인 해결책만을 제시한다고 할 수 있다. 이러한 정보는 실제 현장에서의 서비스 개선과 운영을 기준으로 고려되어야 한다고 할 수 있다. 두 기업의 예를 들어보면, 먼저 첫 번째 기업은 자동화된 설비를 사용하여 서비스를 제공하고 있으며 당연히 작은 랏사이즈랏lot-size의 단위당 원가가 큰 랏 사이즈의 그것보다 크다는 것도 알고 있다. 그래서 큰 랏사이즈에서 제공되는 표준화된 서비스의 가격을 하락하였고 이러한 조치는 작은 랏사이즈나 소량으로 자주 주문을 해결해야 하는 현장에서의 실제 종업원들에게는 약간의 부담이 될 수 있다. 두 번째 기업의 경우에는 개인별 PC를 이용하고 다양한 부가 장비를 보유하고 있는 기업인데 자동화된 장비의 활용이 인력을 활용하는 것에 비하여 원가가 적게 든다는 것을 알게 되었고, 이는 다른 작업장에도 확대적용 하였다.

두 경우에서 ABC에 의한 정보는 관리자들의 원가절감을 가능하게 하고 공정 설계의 변경을 가능하게도 한다. 물론 단기적 이익실현도 가능할 것이다. 그러나 장기적 관점에서 본다면 이들 두 기업은 경쟁력의 약화와 이익의 상승이 약화될 수 있다. 고객이 바라는 바를 실현할 수 있는 기업이 되어야 하는 것이지 단지 고객들에게 저원가로 즉 저가격으로 제공될 서비스를 구매하도록 설득만 해서는 안되는 것이다.

❸ 의미 있는 정보의 산출

기업들이 더욱 서비스 개선 지향적으로 변모하고 팀 지향적으로 변화할수록, 회계정보는 또 다른 면을 지원해줄 수 있어야 한다. 전통적인 기업의 시스템으로는 이러한 실행을 도와줄 수 없을 것이므로 개선이 이루어져야만 한다. 과거 1980년 이전과 달리 일본식 적시생산을 적용한 미국의 기업들에서 전통적 회계시스템은 실제 원가정보를 제시하는데 문제점을 야기하였다. 어떻게든 실제적 원가를 산정할 수 있는 시스템의 변화가 필요한 것이다. 이와 유사하게 기존의 회계처리 절차도 팀 단위의 자금관리를 위한 필요한 정보를 제공하는데 한계가 있었다. 종업원들은 그들이 원하는 정보를 획득하기 위하여 추가 시스템을 필요로 하였고, 어떻게 정보를 획득하고 언제 획득할 수 있는지는 추가 시스템을 통해서만 가능했던 것이다.

서비스 개선 활동을 실행하는 기업의 경우에 종업원들의 업무활동을 지원하기 위해 또 다른 준비를 해야 한다. 시장점유율 대신 기업에서 고객들이 얼마나 많은 서비스를 구매할 것인가를 나타내는 진정한 고객수준을 파악해야 한다. 기업입장에서는 서비스에 대한 서비스 단위당이 아니라 고객들에 제공되는 과정에서 발생하는 정확한 원가를 알고 싶어 할 것이다. 기업은 아마도 각 팀들에 이익과 손실이 어느 정도까지 발생하는지 알고 싶어 할 것이다. 기존의 시스템으로 이러한 세부적인 사항과 달라진 필요 정보를 충족하기에는 한계가 있는 것이다.

④ 회계처리 시점의 판단

여기에서 회계처리 시점의 적절성은 팀 활동을 지원하는 회계시스템 등을 운영하는 중에 또 다른 혼란스러운 문제점과 결부되어 있다. 회계장부를 월말에 마무리 한다는 것은 효과적인 서비스 운영을 실시한다는 점에서 일정 부분 한계를 가진다. 예를 들어, 계절 수요를 확실히 보이는 스키 리조트의 경우는 겨울 한철 동안 연중 대부분의 수익이 실현된다고 할 수 있다. 그들의 요구사항에 적절하게 대응할 수 있는 회계시스템은 결국 최소한 주 단위로 결산업무를 이루어지도록 설정되어 있어야 하는 것이다.

경우에 따라서 매일 원가가 산정될 필요도 있는 것이다. 아마 연간으로 본다면 약 20주 정도만 회계시스템의 대상이 될 것이다. 특정 기간 동안의 추세분석도 반드시 필요하며 시스템의 유연성은 재무적 성과를 신장시키는데도 일조할 것이다.

정보시스템

팀 활동을 지원하기 위한 기존 정보시스템의 가장 큰 문제점은 대부분의 투자활동이 전략적으로 이루어지지 않고 있다는 것이다. 정보통신 기술을 기업의 성과 향상에 이용하는데 너무 인색했던 것이다. 물론 최근의 기업들은 고객요구사항을 서비스 상품화하는 과정에서 기민하고 효과적으로 대응하고 있지만 여전히 대인서비스업을 중심으로 한계점을 보이고 있다. 대부분의 기업 정보 시스템은 상당한 수준의 기업 내부정보에 의해 포화상태라고 할 수 있다. 즉 각종 거래별 고객계정과 영수증 처리결과, 종업원에 대한 급여 등 빼곡히 기록되어 있다. 그러나 아직도 고객에 대하여 좀 더 나은 서비스를 제공하려고 누적된 정보들을 효과적으로 이용하는데 어려움을 보이고 있다.

예를 들어 계절 수요가 급격한 스키리조트의 경우에 오랫동안 안정적 성장세를 보일 수 있는 몇 가지의 단서를 생각할 수 있을 것이다. 그 중에는 효과적인 정보시스템의 활용이 포함된다. 경기가 불황인 경우에도 인구통계학적 변동사항, 계절적 변동사항을 면밀히 관찰하고 전략적으로 정보 시스템을 활용하기 때문이라고 볼 수 있다. 예를 들면 다음과 같은 대응을 생각해볼 수 있다.

눈이 만들어지는 과정을 효과적으로 통제하고 자원의 효율적인 활용을 중앙에서 통제할 수도 있는 것이다. 또한 다양한 정보를 고객정보 시스템에 포함시켜 고객에 대한 직접적이며 집중적인 프로모션을 실시할 수도 있었을 것이다. 컴퓨터화된 지원시스템은 개별화된 바코드 등의 인식기기를 이용할 수 있도록 여건을 조성하고 종업원들을 고객들의 수요를 반영해 시간제로 업무를 시켰기 때문에 추가적인 급여 지급은 없어 수익성에 기여할 수 있었을 것이다.

서비스 제공에 있어서 정보 기술을 활용하는 것 이외에도 그 정보기술을 이용하여 공급업자와 고객들 간의 관계를 수직적으로도 연결할 수 있다. 예를 들어 미국의 소매업체인 K-Mart사의 경우에는 합리적 의사결정 기법과 인공위성 네트워크를 이용하여 매우 분권화된 의사결정을 실현하고 있다. 매일 각 지점으로부터 판매기록은 수집되고 다음날 아침 7:30에 제품 구매자는 각 거점별로 각 판매점의 매출액을 검토할 수 있게 된다. 또한 중요한 거래처라고 할 수 있는 3M이나 Kellogg 등의 재고기록 등을 실시간으로 확보하고 있어서 판매현장에서의 재고부족은 발생하지 않는다고 할 수 있다. K-마트는 또한 점포 내에서도 정보기술을 아용하고 있는데, 이는 전기 선반 장치를 사용하는 것으로 이를 통하여 인력의 필요성을 줄이고 있다. 그 회사의 쇼퍼트랙 시스템은 점포 내에 왕래하는 고객의 수를 검토하고 파악하고 있으며, 또한 모의실험 결과도 제공한다. 이러한 시스템은 K-마트가 고객이 있는 곳으로 다가가거나 그들의 프로모션 활동 유효성을 평가하는데도 유용하게 사용된다고 할 수 있는데 고객들의 반응을 파악할 수 있기 때문이다. 이러한 정보시스템은 K-마트의 역량을 더욱 높여주고 있으며 기업의 구조를 변화시키기 위한 노력의 결실을 이룰 수 있게 해 주었다고 할 수 있다. 이 기업의 매출액과 순이익의 상승은 당연한 결과라고 할 수 있다.

계획수립 시스템

이미 현장에서 사용된 지 오래전이라 최근 이 분야에 관심 있는 독자들은 아직 들어보지 못했을 수 있을지 모르지만, 대부분의 계획 혹은 목표설정 시스템은 하방식 목표설정 방법이라고 할 수 있는 목표관리법에 기초하고 있다. 우선 경영자는 기업의 장기적인 목표를 설정한다. 관리자는 그러한 전략적 계획에 대하여 보다 단기적이라고 할 수 있는 운영계획을 수립하게 된다. 이렇게 수립된 계획의 최종적 책임자는 관리자라고 할 수 있다. 그런데 실질적인 작업을 수행하는데 있어서 책임은 종업원이 맡고 있다. 이러한 관계는 전통적 경영 패러다임의 중요한 특징이라고 할 수 있다. 전통적 계획 시스템에서는 이와 관련하여 두 가지의 문제점을 생각해 볼 수 있다. 우선 종업원의 참여 부족과 이와 관련된 시스템의 통합부족이라고 할 수 있다.

종업원 참여의 부족

전략적 선택이 이루어지는 계획 활동은 과거부터 오랫동안 최고 경영자의 책임영역이라고 인식 되어왔으며 기술을 실행하며 고객과 직접 현장에서 대하는 종업원들에게도 특별하게 와 닿지 않는 영역이었다. 최근 기업을 둘러싼 외부 환경이 그만큼 복잡하고 어려워지고 있기 때문에 전략적 계획을 수립한다는 것은 그만큼 복잡한 의사결정을 필요로 하게 되었다. 의사결정과 계획수립의 결과는 관련된 개개인들에게 보내져 피드백을 받게 된다.

기업이 추구해야할 가장 중요한 혁신은 각 부문이나 팀의 작은 진보들의 통합을 바탕으로 이루어진다고 할 수 있다. 이러한 점에서 전략 수립 과정에서 다양성은 중요한 자산이 된다고 할 수 있다. 경영자들 입장에서 적절한 의사결정을 수립하는데 있어서 충분한 정보를 가지지 못하고 있을 수 있는데, 현장에서 고객과 접촉하는 공정을 반드시 포함하여 계획을 수립하는 것이 모든 종업원의 공감을 부를 수 있다. 더 많은 사람들이 전략을 수립하는데 참여하는 것이 충분한 가치가 있는 것이라고 생각할지 모르지만 경영자 본인조차도 참여를 충분히 실행한다고 보기는 어렵다. 실제로 기업 내 모든 종업원들을 계획수립과 의사결정에 포함할 수는 없는 것이다.

워크숍의 형태를 통해 기업의 이해당사자들이 공유된 비전을 가지고 기업의 의사결정에 참여할 수 있을 것이다. 이러한 워크숍은 이해관계자인 종업원, 고객, 공급업자, 관리자층 등과 함께 진행할 수 있다. 이러한 모임을 통해서 참여자들은 미래의 비전을 함께하고 그들이 추구해야할 바를 명확하게 먼저 제시하게 된다. 상호간의 이해와 협력은 이러한 짧지만 긴장감 있는 시간을 통하여 형성되어 지는 것 이다. 이러한 모임의 성과라고 할 수 있는 것은 상당히 많은 사람들의 참여 속에서 의견 수렴형 의사결정에 근접하도록 전개한다는 것이다. 이러한 모임과 같은 형태들은 기업의 종업원들의 의견을 수렴한다는 측면에서 상당히 효과적인 방법이라고 할 수 있다.

통합의 부족

기업의 전략과 계획수립은 다양한 기업 내의 시스템들을 포함하고 있는 과정이라고 할 수 있다. 전략적 계획, 운영적 혹은 사업적 계획, 예산 설정, 목표의 설정, 측정 시스템, 평가 시스템, 보상 시스템을 포함하고 있다. 그러나 이러한 시스템들은 실제 느슨하게 연계되어 있으며, 일관성이 부족할 수도 있다. 전략적 계획과 하부의 팀별 계획의 연계는 단순한 결제만으로 가능할 것이다 기업의 목표와 성과의 평가 그리고 보상 시스템의 관계는 다소 모호하다고 할 수 있다. 몇몇의 보상시스템 내에서 성과에 대해 서열을 매기는 것과 보상과의 관계는 역의 관계가 있을 수도 있다. 기업이 개인의 성과를 평가하고 이에 대하여 보상을 하고 있는 동안에 팀워크는 더욱 더 어려운 상황이 될 수 있다는 것이다. 기업은 종업원들에게 성과를 바라고 있지만 그들이 전략의 수립에 영향력을 발휘할 수 있는 어떠한 여지도 남겨두지 않는 것이다. 기업은 종업들에게 믿음을 보이고 권한의 위양이 이루어져 있다고 말은 하고 있으나 그들에게 실제로 약간의 자재 구매 권한도 허용하지 않고 있다는 것이 문제다. 기업의 조직적인 관행과 시스템이 관리자가 언급한 상황과 일치하지 않는 경우에 종업원들은 재빠르게 그러한 상황을 간파하게 된다.

그 대신에 정보는 이러한 독립적인 시스템들 사이를 쉼 없이 흘러 다녀야 하는 것이고, 각각의 시스템은 동일한 가치를 강화시키며 실행이 되어야 할 것이다. 이러한 시스템들을 어떻게 통합할 것인가를 생각해 보아야 한다.

시스템의 연계를 구조화 하는 방법

중요한 임무를 각 독립된 시스템 내에서 수행하고 있는 경우에 효과적인 연계를 위해 간단한 다이어그램 작성을 생각해볼 수 있다. 관련된 시스템들은 아주 세밀하게 포함을 시킨다. 예를 들어, 계획 시스템은 전략 계획과 사업부 계획, 개인과 팀의 목표설정, 성과의 평가, 보상을 포함시키고 있는데 이는 이러한 시스템들이 계획의 과정에 직접적으로 포함되기 때문이거나 계획의 과정에 내부적으로 포함되어져야 할 시스템들이기 때문이다.

이 단계는 종종 어떻게 시스템들을 상호 연계시킬 것인가를 잘 알지 못하는 경우에 적절한 해답을 제시할 수 있는데, 그렇게 함으로서 이러한 다이어그램이 조직 내 지속적 학습의 중요한 단계를 제시할 수 있도록 하는 것이다. 가끔은 2개의 다이어그램을 한꺼번에 작성하는 것이 오히려 나을 수도 있다. 시스템의 작업 활동을 제시하기 위한 것과 어떻게 그러한 것들이 실제로 이루어지는 가를 함께 보이는 것이다.

❶ 다이어그램의 분석

작성된 다이어그램을 분석하는 단계로 시스템들을 통합하는 과정에서의 실수사항이 있는지 파악하는 과정이다. 이러한 것들은 시스템의 통합에 제대로 참여하지 못한 종업원들에 의해서 파악된다. 종종 의사결정을 수행해야할 종업원들이나 가장 중요한 지식을 보유하고 있는 종업원들이 시스템의 통합과정에서 제외된 경우를 볼 수 있다. 따라서 중요한 지식을 보유하고 있는 자들이나 이해관계자들이 꼭 참여해야 한다는 것을 명확히 해야 할 것이다. 그리고 난 다음에, 기존에 존재하고 있지 않거나 잘못 운영되고 있던 정보라든지 추가의 피드백과정을 파악해야 할 것이다. 예를 들어 관리자들은 지속적으로 종업원들을 평가하고 있는데 비해서 이의 반대의 경우는 잘 수행되지 못하고 있다고 할 수 있다. 그러한 경우에는 관리자나 종업원 모두에게 피드백이 필요한 것이다.

시스템이 제대로 본래의 목적과 가치를 지속성으로 실현하고 있는지에 대해서도 항상 관심을 기울여야 한다. 시스템들이 서비스 개선 활동이나 권한의 위임에 가치를 두고 있는가를 감시하기 위해서 수시로 검토 작업이 이루어져야 하는 것이다. 최근 제조업과 서비스기업이 직면하고 있는 문제점중의 한 가지는 필요로 하는 활동과 관리 대상 활동들 간의 불일치라고 할 수 있다. 그러한 측면에서 조직구성원들에 대한 보상과 관리 및 통제를 적절히 구분하며 본연의 목적을 달성하기 위해 각각을 지속적으로 확인하는 과정이 필요하다.

마지막으로 시스템의 통합은 고객들의 요구사항이라는 점을 분명히 인식해야 한다. 각 서비스 공정이 고객의 요구사항을 통합하는 데에 기초를 두고 이루어지고 있는지 확인하는 과정이 필요하다. 모든 수준의 활동이 고객 기대를 만족하거나 그 이상을 실현하는데 가치를 두고 있는지도 확인해야할 사항이다.

❷ 시스템에 대한 일괄적 변화

유동적이며 변화하는 조직일수록 관리는 어려운 것이 사실이다. 기존 시스템의 골격을 유지한다면 필요한 정보를 변경하거나 변화를 위한 추가의 피드백이 필요하기도 하다. 새로운 전담팀을 만드는 것도 고려할 수 있을 것이다. 그러나 가장 확실한 방법은 새로운 시스템을 개발하는 것이라고 할 수 있다. 시스템에 의한 산출물을 확실하게 정의하고 그러한 것들이 지지해야할 가치들을 명확히 하는 것에서 부터 시작되어야 한다. 그 다음에 과거의 구태를 벗고 더욱 더 적절한 방법이 무엇인지 생각해보아야 한다. 미래의 조직 시스템이 어떠할 것인가를 알고 있는 사람은 아무도 없다. 다만 과거의 조직시스템이 진부하다는 것만을 알고 있을 뿐이다. 혁신과 비전을 통해 개선의 노력에 탄력을 주어야 할 것이다.

기업의 시스템은 서비스 제공 현장의 변화에 늘 보조를 맞추며 변화한다고 할 수 없다. 과거의 경쟁력 기준들에 관심을 기울이고 있어 과거의 회계시스템을 그대로 적용하는 것은 오히려 부실한 의사결정을 내릴 수도 있으며 관료제 시스템 내에서는 정보시스템이 원활하게 실행되어질 수 없고, 계획시스템에 모든 수준의 종업원이 참가하는 것을 제한하게 되는 것이다. 팀 활동과 서비스 개선 활동이 실제적으로 원활하게 이루어지기 위해서는 이러한 시스템들이 재구축되어야 한다고 할 수 있다. 어느 누구도 이의 성공적인 수행을 위한 방법들을 명확하게 제시할 수는 없다. 그러나 여기에서는 어떻게 기업들이 이러한 시스템을 더욱 더 고객 지향적으로 구축할 것인가를 생각해볼 수 있는 기회를 제공하였다. 이러한 사례들은 서비스 개선을 실행하기 위해 요구되어지는 폭넓은 변화의 일견을 제공해준다고 할 수 있다.

학습조직화와 지역사회로의 확대

Chapter 13

학습조직은 시간이 지나가면서 지속적으로 나타나는 변화에 충분히 대처할 수 있는 능력을 제공한다. 최근에는 학습을 조직의 효과성을 높이는데 가장 기본적 요소로 보고 있다. 이들 받아들인 기업들은 상대적으로 유연한 조직문화를 가진다고 할 수 있으며, 시장 수요의 계속적인 변화에 대응력이 높다고 할 수 있다. 기업이 진정한 경쟁력을 보유하기 위해서는 지식의 창출능력을 확보하고 있어야 할 것이다. 이는 기업능력을 확장할 수 있고 주어진 정보나 지식으로 뭔가 새로운 것을 창조할 수 있는 능력을 의미한다.

효과적 서비스 개선 활동을 실행하기 위해서는 경험과 지식을 어떻게 확보할 것인가에 특별한 관심이 필요하다. 이에 대한 무관심은 예기치 않은 개선 노력의 실패로 이어질 수 있다. 결국 지식의 효과적 관리과정은 끊임없는 향상과 혁신이 과정으로 보아야 한다. 성장과 혁신이 끊임없이 이루어지기 위해서는 경영활동이 수행되는 동안의 경험을 적절히 축적하고 학습된 내용들이 장래의 활동에 중요 역할을 할 수 있어야 한다. 조직적 학습, 학습 조직으로서의 기업 그리고 서비스 개선 활동의 적절한 연계는 성공적으로 실행하기 용이하지 않는 것이 사실이다. 여기에서는 기업조직에서 학습을 방해하고 있는 장애물을 살펴보고, 지속적인 학습 환경을 이끌기 위한 전략을 제시한다. 지난 수십 년 동안 기업과 인류사회는 전에 없던 정보사회에 살고 있다. 정보는 우리 삶의 모든 곳에 영향을 미치고 있으며, 기업 활동에서 가장 확실한 투입요소로 자리를 잡았다. 정보가 기업의 성공에 중요한 요소인 것은 사실이지만 그것 자체만으로는 불충분하다고 할 수 있다.

얼마 전까지만 하더라도 기업의 경쟁적 우위요소라고 할 수 있는 것은 물리적으로 경쟁할 수 있는 능력의 보유라고 할 수 있었다. 당시의 선도적 기업들은 다른 경쟁기업들에 비하여 더 많은 제품과 서비스를 더욱 저렴하게 생산하고 제공할 수 있는 능력을 가진 기업들이었다. 지금도 마찬가지이지만 2차 세계대전 이후 경쟁자가 사라진 미국의 기업들은 이러한 상황에서는 타의 추종을 불허하였다. 그러나 지난 20여 년 전부터 정보를 사용하고 이를 잘 운영하는 것으로 경쟁적 우위요소가 변천하기 시작하였다.

경쟁기업들 보다도 더 많은 정보를 알고 있다는 것이 경쟁적 우위의 중요요소가 된 것이다. 오늘날에는 정보들이 누구나 쉽게 접근이 가능하고, 풍부하고, 계속해서 변화하는 것들이기 때문에 대부분의 정보를 하나의 기업이 독점적으로 보유한다는 것은 사실상 불가능한 시대가 되었다. 그렇기 때문에 오늘날의 경쟁적 우위요소는 경쟁을 위한 학습에 있다고 할 수 있다. 즉 끊임없이 배우고 향상시키는 것이라고 할 수 있다. 오늘날에는 이를 더욱 더 정확하게 표현하여 학습조직이라는 용어를 자주 사용하고 있다.

그렇다면 학습조직은 과연 무엇이고 기업이 보유한 지식과의 차이는 무엇이며, 어떻게 이러한 지식을 이용하여 학습조직을 구축할 것인지를 알아보아야 할 것이다. 통상적으로 학습은 외부 지식을 받아들이는 의미의 학습과 스스로 창출하는 의미의 학습으로 나누어볼 수 있다. 전자의 경우에는 기업이 시간이 지나가면서 지속적으로 나타나는 변화에 충분히 대처할 수 있는 능력을 제공한다고 볼 수 있다. 이들 받아들인 기업들은 상대적으로 유연한 조직문화를 가진다고 할 수 있으며, 시장 수요의 계속적인 변화에 대응력이 높다고 할 수 있다. 그러나 기업이 진정한 경쟁력을 보유하기 위해서는 후자인 지식의 창출능력을 확보하고 있어야 할 것이다. 이는 기업능력을 확장할 수 있고 주어진 정보나 지식으로 뭔가 새로운 것을 창조할 수 있는 능력을 의미한다.

그렇지만 지속적인 학습 조직으로서의 서비스 선도 기업을 만들기 위한 그 어떠한 지름길도 없으나 학습조직이 공통적으로 가지는 특성은 정리해 본다면 시사점이 있을 것이다. 우선 학습조직의 구성원들은 공유된 비전에 따라 배치되어야 할 것이다. 이는 지속적 학습을 위한 첫 번째 단계라고 할 수 있다. 모든 지식의 생성과 수집이 기업의 부서나 팀으로부터 자율적으로 도출된 목표로 이루어진다고 할 수 있으므로 이는 중요한 의미를 가진다. 또한 대부분의 학습은 조직의 운영과정에서 자연발생적으로 이루어지는 것이며, 일부는 기업 외부에서 발생하기도 한다. 기업은 실험적인 행동과 위험을 감수하는 행동들이 학습에 통합되어야 한다는 것을 인식하고 이를 적극 장려하기도 한다.

또한 관리자들은 학습을 지원해주는 역할을 수행하고 경우에 따라서는 통제와 명령을 행하기도 하지만 학습의 모범을 보이기도 한다. 마지막으로 그룹 학습이 강조되며 개인적으로 이루어지면서 무작위적이고 비협조적인 학습은 기업 활동의 유효성에 그렇게 큰 영향을 미친다고 할 수 없다.

조직의 학습활동

인간의 학습에 대한 욕구는 인간 본질적 욕구 중에 한 가지라고 해야 할 것이다. 그러나 기업 내에서는 너무 미흡한 수준으로 학습이 이루어지고 있다는 것을 누구나 인정할 것이다. 전통적인 기업구조들은 이러한 학습의 욕구를 더욱 축소시키는 구조를 가지고 있다

❶ 조직구조의 한계

전통적인 연공제를 중시하는 문화적 전통은 조직의 학습을 방해하는 가장 큰 걸림돌이라고 할 수 있다. 이러한 작업환경은 기업에 입사하기 전 기존의 학교 시스템에서 부터 지속적으로 영향을 받기 때문이라고 할 수 있다. 학교 시스템 내에서는 올바른 것이 정해져 있으며 무엇보다도 가치가 있는 것으로 말하고 있고,

무지가 경쟁력이 없는 것이라고 말하고 있으며, 지식을 권위와 직위 그리고 보상과 연계시키고 있다. 모든 실수들은 성적표에 영원히 남게 되고 전체 평균을 낮추는 역할을 하게 되니깐 해서는 안될 행동으로 이해된다. 본질적인 호기심도 가능하면 참아보도록 교육을 받고 있으며, 만약에 개인의 무지가 발각되어 곤란한 경우가 아니라면 무지를 인내하도록 교육을 받고 있다. 조직에서 이러한 것들이 실행이 되는 경우에는 학습에 대한 동기를 아주 효과적으로 줄이게 되는 것이다.

반면에 학습조직의 경우에는 의심스러움은 그 즉시 해결하도록 고취시키고 있으며 위험을 두려워하지 않도록 고무시키고 있다. 실수를 가치 있는 학습의 기회로 보는 것이다. 불확실성과 불안정성은 혁신과 창조적 아이디어를 더욱 키울 수 있으므로 상당히 유용한 것으로 인식이 되고 있다.

❷ 학습을 보는 시각

학습에 대한 오해도 지속적인 학습을 지원하는 노력에 어려움을 겪게 한다. 대부분의 사람들에게 있어서 학습이라고 하는 것은 교육을 받는 사람이 아닌 전문가들이 그들에게 일방적으로 지식이나 정보를 주입시키는 어느 정도는 강압적이고 우연적인 행동이라고 생각하는 것이 일반적이다. 이러한 태도는 학습에 대한 우리의 본질적인 욕구에 악영향을 미친다고 할 수 있다. 더욱이 우리 스스로의 학습능력이 결여되어 있음을 공식화하는 것이라고 할 수 있다. 결국에 명령에 따르는 단순한 노동자로 전락하고 대부분의 종업원들은 교육하는 사람들이 바라는 수준에 도달하려는 열의를 포기하게 되는 것이다.

학습하기 위한 지적인 능력에 한계가 있다는 우리의 인식은 지속적인 학습을 행하는데 또 다른 오해라고 할 수 있다. 이러한 점은 학습과정에 있어서의 각자 중요한 요소들을 등한시하며 초점을 흐리게 한다. 즉 우리가 이해한 부분을 내재화하고 그러한 것으로부터 도출되는 새로운 아이디어와 행동들을 무색하게 한다고 할 수 있다. 권한의 위임에 일부 부정적이며 종업원들을 고려하며 명령을 내리는 관리자를 쉽게 찾을 수 없는 것은 모두 교육을 받아왔지만 그러한 것들을 실행에 옮기는 데는 실패하였기 때문이다. 학습이라고 하는 것은 새로운 이해가 통합되어지고 행동들이 마치 버릇처럼 될 때만이 완성되어지는 것이다.

❸ 학습조직화 과정

학습조직을 구축하기 위한 일정은 안정적인 절차에 따라 진행하는 것이 가장 보편적이다. 일반적으로 기업들은 훈련을 통한 인적자원의 개발을 통하여 점차적으로 학습 가치를 인식하고 있으며, 장기적으로 잠재적인 수익의 실현을 보이고 있다. 공식적인 학습단계나 일관된 업무관련 교육은 고정자본에 대한 투자액보다도 기업 전체 생산성에 더욱 더 큰 영향력을 발휘한다고 볼 수 있다. 훈련과 교육은 국가 전체기업에서 실현하는 성과물의 대부분에 영향을 미칠 것이며, 과거 경쟁우위의 원천이라고 할 수 있는 고정자본에 대한 투자는 이에 미치지 못할 것이다.

이러한 사실에 입각한 예상이 가능함에도 불구하고 대부분의 선진국에서 학습조직을 구축하기 위한 기업의 투자노력은 기대 이하였다. 실제로 미국의 경우에는 평균적으로 훈련 투자 규모가 수익액의 1.4%만을 투자하고 있는 것으로 알려져 있다. 그러나 미국 내에 위치한 그들의 경쟁기업이라고 할 수 있는 외국계기업의 경우에는 평균적으로 전체 수익액의 5~7% 정도를 훈련에 투자하고 있으며, 이는 미국 내 기업의 최고 우량적인 기업들의 수치와 비슷하다고 할 수 있다. 말콤 볼두리지 상을 수상한 몇몇의 기업들의 경우 가운데 Xerox사와 Motorola사의 경우에는 연간 수백만 달러를 교육 활동에 투자하고 있으며, 종업원들에게 지속적인 교육을 실시하기 위해서 기업대학을 설립, 운영하고 있기도 하다. 소규모 기업들은 이러한 추세를 그대로 따르기는 힘이 들기 때문에 몇몇의 기업들이 단합하여 협의체를 구성하기도 한다.

학습조직화를 위한 전략과정

서비스 개선활동을 실행하면서 진정한 기업의 학습은 몇 가지의 개별적 교육실시 이상의 무엇인가를 요구한다고 할 수 있다. 학습은 기업의 각 부분을 통합할 수 있는 것이 필요하며, 조직문화로 내재화시켜야 하는 것이다. 학습조직에 있어서의 학습단계는 시간으로 따지면 아주 짧은 시간이라고 할 수 있으며, 요구되는 학습 내용 기준으로 경우에 따라서는 하루 내에 완성된다고 할 수 있다. 이러한 종류의 통합적이고 지속적인 학습은 세 가지의 단계에 따라 고려해야할 요소에 차이가 있을 것이다.

먼저 조직적 전략 측면에서는 학습을 위한 기초적 단계를 구축하고 초기의 다양한 실험적 과정을 지원해야 할 것이다. 또한 종업원들에게 권한을 위임하기 위한 제도의 정비와 실행이 이어지게 된다. 다음으로 리더십 실행단계에서는 공유된 가치를 구체화하고 조직 내 새로운 학습조직 형성과정에 발생 가능한 혼돈과 두려움을 제거하기 위한 활동들이 진행되어야 할 것이다. 아울러 학습조직을 구축하기 위한 기업 고유의 모델 구축이 이루어지게 된다. 마지막으로 팀 전략단계에서는 조직 내 상하, 혹은 수평적 대화를 통한 진행과정의 어려움을 극복하기 위한 노력과 시스템화를 위한 다양한 관행들을 구축하고 변화에 대한 전사적 포용단계로 진행되어야 한다. 이에 대한 구체적 내용을 파악해보면 다음과 같다.

조직적 단계의 전략

기업의 구조와 시스템을 서비스 개선 노력과 연관성을 가지고 통합할 수 있도록 재조직하는 것이 이 단계에서 가장 중요한 쟁점이라고 할 수 있다. 통합화된 시스템과 구조는 학습 분위기를 만드는 것만큼 중요하다고 할 수 있다. 여기에서 우리는 학습을 지원할 수 있는 세 가지의 조직문화를 개발할 수 있는 전략들을 생각해볼 수 있다. 첫 번째 전략은 조직들이 훈련과 같은 또 다른 실행들에 도움을 줄 수 있는 그러한 동일한 형태의 기초적 단계를 구축하는 것이며 두 번째는 실험이라든지 탐색을 지원할 수 있는 것을 말하며, 세 번째는 종업원들에게 권한을 위임하는 것이다.

❶ 학습을 위한 하부구조의 구축

대부분의 기업들에 있어서 훈련을 확대한다는 것은 학습조직을 구축하는데 있어서 기초적인 단계로서 가장 적절한 접근을 한다고 볼 수 있는데, 실제적으로 기업 내에 이미 이러한 활동들을 수행할 수 있는 기초적 구조는 마련되어 있다고 할 수 있다. 그러나 가장 훈련이 활성화 될 수 있는 훈련의 공간을 실제 작업장으로 확장하기 위해서는 훈련을 효과적으로 지원하는 것을 필요로 한다.

훈련을 위한 기초적 구조도 지식을 최대한으로 공유할 수 있는 형태여야 할 것이다. 예를 들어 종업원들에 의한 제안엽서의 활용은 종업원들의 아이디어를 긍정적으로 자극시킬 수 있는 적절한 제도의 한 가지라고 할 수 있다. 그러한 것들이 올바른 의도를 가지고 시행되지만 기업 외부로부터 들어오는 중요한 정보들을 숨길 수 있기 있기 때문에 학습에 도움을 주지 못할 수도 있다. 학습은 오직 아이디어가 배분되어지는 것이고, 단순히 저장하려고 해서는 안되는 것이다. 성공적으로 운영하는 기업들은 사업의 활동에 필요한 중요한 아이디어를 어느 한 개인이 제시하지 않는 관행이 있어야하며, 이는 정보라든지 혁신을 관리하고 있는 과정들이 개방적이고 협력적이라는 것을 의미한다.

일부에서는 훌륭한 학습을 위한 기초적인 구조가 아주 간단하게 구축이 되기도 한다. 종업원들 간의 현장에서의 우연적인 만남을 통하여 작업장 내에서 전개하는 방법을 활용할 수 있으며, 종업원간의 접촉 수를 강화함으로서 지식과 정보의 흐름을 관리할 수 있다. 이러한 우연한 비공식적인 팀 미팅이 때때로는 정보와 피드백의 생산적인 변환과정에 가장 크게 기여한다고 할 수 있다.

또 다른 지식의 공유 구조는 현장을 직접 방문해 보는 것이다. 흔히들 이것을 현장관리management by wondering around라고 부르고 있는데 학습의 기본적인 구조로서 중요하다고 할 수 있다. 또 다른 유용한 전략은 작업장 수준의 과정교육에 이미 활용되고 있고 새로운 기술의 적용이라든지 이의 실험을 적극 지원하는데 이용되고 있는 시스템이라든지 관행들을 확대를 들 수 있다. 이러한 전략은 외부의 사람들이 훈련을 경험하고 난 다음에 참가하거나 위임되는 경우처럼 아주 간단한 훈련기법들을 포함하고 있다. 전문컨설턴트의 도움을 받을 수도 있는데, 이를 통하여 종업원들은 구체적인 기법들을 교육받게 되고, 그러고 난 다음에 또 다른 동료들에게 기술 자문역을 수행할 수도 있다. 이러한 전략은 적시에 학습이 이루어지게 하고 실제 문제점들에 대하여 즉각적인 해답을 제시할 수도 있다.

❷ 실험을 통한 학습의 고취

인간의 호기심은 탐색과 학습을 가능하게 한다. 결국 우리는 우리자신의 능력에 의해서 판단되어지는 것이기 때문에 자연스럽게 우리 자신의 필요성과 의문사항들에 대한 해결책으로서 정보를 갈구하게 되는 것이다. 가치를 탐구하고 불확실성에 도전하는 기업들은 종업원들에게 새로운 아이디어는 가치 있으며 습득하는 것이 필요하다는 강력한 메시지를 보내고 있다. 물론 이러한 아이디어에는 직접 이익을 창출할 수 있는 서비스나 공정에 기여하지 못한다고 하여도 기업의 역할은 바로 이러한 것이다. 각종 시업을 수행하기 위한 기업의 모든 역량은 종업원으로부터 창출된다는 의식이 필요한 것이다.

이와 같은 행동들이 기업의 문화에 동화시키는 것도 중요한 사항이다. 기업을 둘러싼 환경이 급격하게 변화하는 동안 지속적인 학습을 위해 각 팀의 적극적인 동참이 필요하다. 이때 일부 팀이나 사업부만 자체 자금을 절약하고 아끼며 학습활동에 동참할 것이다. 몇몇 부서는 자금을 상당히 부주의하게 사용을 하고 오히려 학습활동에 자금을 투자하는 것에 반대할 수도 있다. 기업에서 필요한 부분이나 훈련의 잠재적인 중요성을 인식하고 난 다음부터는 그러한 서비스를 창출하거나 제공하는데 더욱 능동적이 되었으며 훈련의 필요성도 더욱 더 많이 느끼게 되었다고 할 수 있다.

이러한 것은 그것 자체만으로도 상당히 의미가 있는 것이라고 할 수 있으나, 그러한 발전은 거기에서 멈춰서는 안된다. 관리자들은 더욱 창조적으로 변모해가야 한다. 그들 스스로가 비전통적인 새로운 기업조직 속에서의 학습을 원활하게 수행할 수 있을 것인가에 대한 가능성을 알고 싶어 할 수도 있다. 한 부서의 종업원이 직무를 수행하면서 동료들과 같이 교육을 받게 되고 새로운 문제점들에 대하여 서로 연구를 하는 종업원들이 있다면 자연스럽게 학습조직의 구축이 가능해 질 것이다. 이러한 것들이 적절하게 공유되어지고 상승효과가 있을 경우에 학습 환경을 구축하기 시작하는 활동들이 된다.

❸ 종업원에 대한 권한 위임

학습 조직화의 가장 큰 장애물이라고 할 수 있는 것은 권한의 구조와 전통적인 기업 내 개인들에게 대한 계층적 구조라고 할 수 있다. 전통적인 작업환경에서는 지식의 양이 권한의 양과 비례한다고 할 수 있고, 권한을 위임한다는 것은 이의 감소를 의미한다. 이러한 구조적으로 경직된 환경을 탈피하기 위해서는 권한구조의 구조적인 변화가 필요하다고 할 수 있다. 누구라도 업무를 수행할 수 있다는 믿음이 필요한 것이다. 그리고 그러한 사고의 변화를 통제하고 정보를 가지고 있는 사람들이 자연스럽게 학습 활동에 합류되도록 고무되어지는 것이 중요하다. 이것은 단순히 팀을 만든다는 것을 초월하여, 그들에게 새로운 임무를 수행하는 책임감을 부여하는 것이 중요하다는 것을 의미한다. 이것은 팀들이 자유롭게 정보를 교환하고 그것을 활용할 수 있도록 권한을 부여하고 전체 기업의 이익을 위해 그들의 능력을 발휘할 수 있도록 신념을 주어야 할 것이다.

권한의 적절한 위임 없이는 단지 정보를 독점한 관리자들로부터 교육을 전수받는 과거의 전통적인 기업구조를 강화하는 결과만을 얻게 될 것이다. 실제적으로 그들이 개인적으로 학습에 참가할 때에 더욱 효과적으로 학습을 하게 되는 것이고, 그들의 학습이 모종의 결과물을 가시적으로 보일 때만이 흥이 난다고 할 수 있다. 종업원들 스스로 책임의식을 가진다면 학습조직의 구축과 학습활동이 좀 더 효과적으로 될 것이다. 만약 개인의 위치에서 그들이 아무 것도 할 수 없다고 느낀다면 동기가 감소하게 되는데, 이때 관리자의 명령은 의미 없는 외침이 될 수 있다.

지식의 양과 권위에 대한 강력한 상호관계를 유지하고 있는 전통적인 기업구조와 환경 속에서, 서비스 조직이 효과적으로 타부서간의 통합적인 팀을 구성하고 학습조직으로 변모해가는 경우를 어렵지 않게 찾아볼 수 있다. 일부 종합병원의 경우에는 적극적 파트너십을 형성하여 간호사들과 전문의, 마취사, 간호보조사들을 환자들을 돌보는데 있어서 구체적인 팀으로 구성되어지기도 한다. 그러한 팀들로 구성되기 이전에는 이러한 임무들이 각각의 부서별로 나누어져 있었다고 할 수 있다. 이제는 환자들이 전문적으로 구성된 팀에 의해서 지속적으로 상향되고 더욱 개별화된 서비스를 접할 수 있게 되었을 뿐만 아니라 각 팀의 구성원들은 더욱 더 전체적인 시각에서 행동하고 학습하고 있으며 각각의 임무를 더욱 잘 이해하고 있고, 서로간의 상호의존을 자각하고 있는 것이다. 이러한 종류의 부서간의 통합적인 학습은 과거의 기업환경에서는 일어날 수 없는 것이다.

리더십 전략

학습적 조직을 구성할 수 있는 책임은 대부분 관리자나 리더에게 달려있다고 할 수 있다. 학습을 시행할 수 있는 조직을 관리하고 창조할 수 있는 자가 관리자뿐일 뿐만 아니라 종업원들에게 학습을 고무시키고 권한의 대인적 관계를 관리하는 사람도 역시 관리자인 것이다. 이러한 임무에 더욱 유효적이기 위해서는 관리자의 스타일을 완벽하게 소화하고 있어야 한다. 게다가 그들은 학습조직의 구축을 위한 전략을 수행하기 위해 중요한 임무를 추가적으로 수행하는 것이 필요하다. 우선 비전을 공유하고 발생할 수 있는 갈등을 관리하며 모든 종업원들을 위한 학습의 모델의 개발이 필요하다.

❶ 비전의 공유

기업 내 종업원들에게 공유된 비전은 학습조직을 구성하는데 중요하다고 할 수 있다. 이는 너무 확실하기 때문에 모든 노력들이 통합되고, 가치 있는 활동과 무가치한 활동들을 확실하게 구분 짓는 기준이 된다. 그러한 것들은 기업 내에 공유되어야 하는 것이고 이를 통하여, 모든 종업원들이 참여와 열의를 고무시킬 수 있게 되는 것이다. 공유된 비전의 중요성은 비전 자체가 학습을 강조하고 있기 때문이다. 수행되는 각 활동들이 가치 있게 실행되기 위해서는 비전의 공유를 통해 고취된 종업원들의 적극적인 몰입이 필요한 것이다.

기업의 비전을 상위관리자들이 모인 자리에서 결정하고 이를 일방적으로 종업원들에게 알리는 것 보다는 참여적인 의사결정 경로를 이용하는 것이 중요하다. 종업원들에게 가치를 공유하기 위해서는 학습조직의 장려와 함께 건전한 조직 시스템을 개발하고 이를 통합하는 노력을 보일 필요가 있다. 또한 종업원간, 종업원과 관리자들 간의 의사소통에 초점을 두고 고객지향의 조직 구성을 이룰 때 가능할 것이다.

❷ 학습조직화 과정에서의 혼란의 관리

학습조직의 구축과 관련된 혼란은 대부분의 구성원들에게서 합의에 도달하지 못한 상태에서 발생한다고 할 수 있으며, 이는 학습을 행하는 과정에서 상당히 빈번하게 발생한다고 할 수 있다. 이는 일반적으로 개인이나 그룹이 그들의 현재 기대상황보다도 더 많은 것이 요구되어 질 때에 발생한다고 볼 수 있다. 현장에서 사용할 수 없는 교육만을 받은 경우가 전형적인 혼란의 경우라고 할 수 있다. 혼란에 의한 이러한 어려운 상황을 제거하기 위해서는 즉각적인 조사활동을 필요로 한다. 이러한 과정 속에서 학습조직이 구성되고 신선하고 혁신적인 그 무언가를 이룰 수 있도록 기회를 부여하게 되는 것이다.

이러한 혼란 속에서 훌륭한 리더는 어떻게 관리활동을 하고 어떻게 팀별 활동의 시너지 효과를 유도할 것인가를 잘 알고 있는 사람들이라고 할 수 있다. 만약에 그들이 이러한 혼돈과 갈등을 더욱 더 크게 만들면 아마 종업원들을 더 다그치게 될 것이다. 만약에 갈등과 혼란이 아주 작으면 그 때에는 학습이라든지 변화의 필요성이 발생하지 않는다고 볼 수 있다. 안정성은 간혹 과도한 자신감을 가질 수 있게 하는 것이고, 지속적인 향상에 이르는데 장애가 될 수도 있다. 반면에 일정 수준 이상의 혹은 적절한 수준의 갈등과 혼란은 지속적인 학습과 혁신을 가능하게 한다고 할 수 있다. 종업원들을 안정적인 위치에서 벗어나도록 함으로써 서비스 수준의 향상을 위한 열의를 자극하게 할 수 있으며 끊임없는 비전 제시와 성공을 또 다른 도전의 장으로 제시함으로서 과거와 현재의 목표 성취에 대한 지속적인 격려를 할 수도 있다.

❸ 학습의 자율적 실행

학습 중에 최선은 스스로 학습하는 것으로 자기 자신의 힘으로 향상을 모색하는 실행자들은 거의 타의 추종을 불허하는 결과를 낳게 될 것이다. 행동이 말보다도 더욱 더 많은 의미를 가지는 것이다. 자신이 직접 학습을 행하고 있는 관리자들은 종업원들에게 교육을 하는 이상으로 많은 것을 종업원들에게 보이고 있다고 할 수 있다. 몇몇 기업은 이것을 상당히 유효적절하게 실행하고 있다.

그러나 학습적 태도를 구조화한다는 것은 위험스러워 보일 수 있는 몇몇의 태도를 가져야한다는 점에서 주의할 점이 있다. 예를 들어, 학습을 받는 태도가 좋은 사람들의 경우에는 자신들이 미처 알지 못하고 있던 부분에 대해서는 반발 없이 받아들인다. 그들은 그들의 실수를 인정하고 그러한 실수로 부터 그들이 배운 바를 공개적으로 밝히기도 한다. 그들의 열린 마음은 모든 어려운 상황을 학습을 위한 계기로 인식하고 있으며, 주위의 모든 사람들로부터 무언가를 배우려고 하는 자세를 취하게 된다. 서비스 공정중의 각 단계로부터 고객들의 요구사항이 발생할 때마다 열린 마음은 새로운 학습을 위한 자세뿐만 아니라 지식의 통로가 되기도 한다.

팀 활동 전략

학습조직을 말할 때 일반적으로 기업 내 각 종업원들의 개별적인 학습의 통합체로 의미를 해석하기도 한다. 서비스 개선을 위한 효과적 작업현장을 말할 때 학습을 위한 여건의 제시가 중요하다고 말할 수 있다. 이러한 여건의 제시 없이 종업원과 서비스 제공에서의 의미 있는 발전이란 기대하기 힘든 것이다.

여기에다 추가하여 진정한 의미의 조직적 학습은 말 그대로 집단적으로 이루어져야 하는 것이며, 종업원들이 상호간의 협력적이고 지식을 공유하는 토대위에서 이루어져야 한다. 이러한 형태의 학습을 이루기 위한 기법은 학교에서 가르쳐주는 것은 아니다. 상당수의 전통적인 학습과 학습기법은 개별적인 학습에는 효과적일 수 있지만 새로운 이해와 행동이 필요한 협력적인 학습에는 전혀 도움이 되지를 못한다고 할 수 있다. 협력적인 학습은 기존의 기업문화에는 전혀 생소하다고 할 수 있는 기법들을 필요로 한다고 할 수 있다. 몇 가지의 기법을 이용하거나 혹은 그것을 함께 이용해 학습이 이루어지고, 집단적 학습을 고무시키고, 협력적인 행동을 고취하는 내용이라고 할 수 있다.

❶ 대화와 토론을 통한 학습

팀 학습에 있어서 대화와 의견교환이 중요하다는 것은 어쩌면 당연하다고 할 수 있다. 대화는 복잡하고 미묘한 사안들에 대한 자유롭고 창의적인 탐색과정인데 이에 대하여 신중하게 듣고서 자지기자신의 의견을 보이는 것이라고 말하고 있다. 반면에 토론은 전혀 다른 의견이 제시되고 이에 자신의 의견을 주장하고 장차 이루어질 의사결정에 영향을 줄 수 있는 최고의 견해를 찾아가는 과정이므로 약간의 차이가 있다. 대화의 경우에는 학습과 혁신의 과정이 필요하다고 할 수 있으며, 토론은 의사결정과 행동에 중요하다고 할 수 있다. 행동 지향적이고 결과지향적인 문화가 토론에는 뛰어나다고 할 수 있으나 대화에 있어서는 전혀 맞지 않을 것이다.

학습전략으로서 대화는 작업자가 혼자서는 도저히 이룰 수 없는 새로운 식견을 가질 수 있도록 한다고 할 수 있다. 대화는 쟁점사항이라든지 문제점들에 대한 새롭고 탁월한 이해에 이르도록 하는데 목표를 두고 있는 상당히 파급성이 강한 의사소통이라고 할 수 있다. 그것은 신뢰가 높고 권위의식이라든지 조직적 계층이 존재하지 않는 그룹에서만 가능하다고 할 수 있다. 그러한 것은 실제적인 사실에 기반을 둔 믿음과 사고로 부터 차이를 인정하는 인식의 전환을 필요로 하고 공개적인 검토를 통하여 이를 통합하는 것이라고 할 수 있다.

의도하지 않아도 상당수의 기업들이 일상적인 대화전략을 시행하고 있다. 기업구조와 함께 제도적으로는 경영층에서 이루어지는 의사결정의 한계를 극복하기 위해 더 나은 의사결정을 할 수 있는 방안을 모색하는데 노력이 집중되었고 이에 대한 대안으로 참여적 경영을 실시하는 기업들이 늘고 있다. 종업원들 간 한 달에 한번 정도의 의견교환 자리를 마련하고 비공식적으로도 모임은 실시되어야 하지만 공식적 제도로 포함시켜야 하는 것이다. 초기에는 생일파티라든지 간단한 간담회 형식으로 시작할 수도 있을 것이다. 종업원들이 이러한 모임에 참여하는 동안에 최고경영자들에 대하여 의견을 교환할 수 있는 기회가 주어지게 되고 그들 각자가 품어오고 있던 각각의 쟁점사항이나 질문사항, 각종 소문들에 대하여 의견을 제시하게 될 것이다. 이러한 모임은 관리자가 종업원들의 관심사항에 대하여 유대를 유지하게 된다는 장점도 있고 정보를 교환할 수 있는 기구로도 이 모임은 가치가 있는 것이다. 그리고 학습조직을 형성하고 종업원들 서로를 더욱 이해하게 된 것도 긍정적인 면이 될 것이다.

❷ 과거의 진행 경험을 바탕으로 진행

개인의 사고능력이 학습만큼이나 가치가 있다는 것은 앞에서도 여러 번 언급된 내용이다. 그러나 기업들은 과거의 학습과정이나 경험을 회고하는 기법을 활용하는데 그리 적극적이지 않은 것이 사실이다. 실제로 서비스 기업은 이러한 전략을 통해 팀 지향적인 학습조직을 용이하게 구축할 수 있다. 기업들은 회상 혹은 기억을 통해 학습한다는 것을 다소 황당하게 생각하는 것 같으며 개인적으로 사고하고 회상해 본다는 것은 행동지향적인 세계에서는 전혀 의미가 없는 것이라고 생각하는 것이다. 현재의 그러한 문화 속에서는 그것은 단지 망상이 되는 것이며, 전혀 쓸데없는 것으로 치부해 버린다.

만약에 작업장이나 서비스 현장에서 어떤 종업원이 무엇인가를 응시하면서 앉아있다면 대부분의 경우에 그가 별로 중요하지 않은 일을 하고 있다고 생각하고 그를 훼방할 것이 분명하다. 움직이고 말을 하는 종업원들은 당연히 뭔가 의미 있는 일을 하고 있으며 혹은 중요한 일을 수행하고 있다고 생각하는 것이다. 생각하고 있는 경우와는 달리 행동하고 있는 종업원을 위해 지금 바쁠 것 같으니 그의 일을 방해해서는 안 된다고 생각하는 것이다. 과연 이것이 옳은 것이지 생각해보아야 할 것이다. 특히 서비스 조직 내에서 생각중인 사람을 방해하는 경우는 옳지 않다는 점을 조직 전체가 인식해야 하는 것이다.

행동지향적인 사고를 통해 조직이 구성되어 있다면 서비스 공정 중에 발생하는 다양한 결과에 대해 깊게 사고하는 과정을 대부분 생략하게 된다. 이러한 상황 하에서 대부분의 종업원들은 일련의 행동을 취하고 그 다음에 실패할 것으로 보이는 작업이나 서비스는 사전에 중단해버리고 새로운 공정을 바로 시작하게 된다. 품질을 개선한다는 측면뿐만 아니라 사고의 회피라고 할 수 있다. 업무 후 여유시간에도 왜 그들이 그러한 서비스 제공과정을 실패하였는지 그 서비스 제공과정을 성공적으로 이끌기 위해서 어떤 차별화된 수단을 사용했어야 했는지를 검토하지 않는 것이다.

회고는 이러한 경우처럼 과거에 대해 무관심한 경우에 좋은 약이 될 수 있다. 생각할 시간을 갖는다는 것은 우리의 활동과정을 조정할 수 있고, 효율적인 학습자가 될 수 있도록 하는 전략에 상승효과를 줄 수 있는 것이다. 사람들이 발생하는 인과관계의 원인들에 대해서 이해하고 그들의 행위들에 대하여 각별하게 회상해보지 않는다면 우리는 결코 학습자의 태도를 가질 수 없을 것이다.

회상과 반성을 현장에서 생활화할 수 있는 몇 가지의 전략을 생각해볼 수 있다. 서비스 경영이나 품질경영 분야의 관련 자료들을 활용하는 것도 사고를 진작할 수 있는 효과적인 방안이라고 할 수 있다. 개개인들의 활동들을 문서화하거나 자주 사고하는 이들의 경우에는 기업 내 사보 등을 통해 개발된 그들의 능력을 소개할 수도 있을 것이다. 이러한 과정을 통해 유효적이었던 행동들과 유효적이지 못했던 행동들을 기록할 수 있고 그러한 잘못된 행동들이 다시는 일어나지 않도록 하는데 도움을 줄 수 있는 것이다. 기업의 측면에서 가장 유용한 학습방법은 집단적인 경우라고 할 수 있기 때문에, 각 팀들도 각자 개발한 소식지 등을 이용하는 것도 효과적일 것이다. 팀에 의한 학습은 각각의 개별적인 종업원들에 의한 학습의 단순한 합계보다는 더욱 효과적이라고 할 수 있기 때문에, 소식지라든지 과거의 기록은 새로운 학습이나 그룹이 함께 창출할 새로운 아이디어들을 문서화할 수 있는 것이다.

❸ 학습조직으로의 변화에 대한 수렴

학습 조직이 구축된 이후에 종업원들은 또 다른 종업원들과 접촉하는 과정에서 다른 종류의 서비스 제공 방법이 있을 수 있다는 점을 이해하고 받아들여야 한다. 사람들은 이미 그들이 알고 있는 지식에 의해서 기업에 고용되어질 수도 있지만 더 중요한 것은 그들이 학습할 수 있는 능력이 있기 때문에 고용되어지고 있는 것이다. 종업원들이 직무에서 보여 줘야할 지식과 기법들은 장기적으로는 의미가 없을 수 있고 전혀 직무와는 관련이 없을 수도 있는 것이다. 종업원들은 새로운 임무에 대해서 학습하거나 이들을 채택하는 것뿐만 아니라 변화의 도전을 포용해야 하는 것이고, 이러한 경우에 학습에 대해 능동적이고 자율적이어야 하는 것이다. 가장 변화에 대응력이 뛰어난 종업원들은 기업의 변화노력을 기다리지 않는 경우라고 할 수 있다. 그들은 각 사업과 관련이 있는 관심사항을 스스로 개발하고 새로운 대안을 제시하기도 하는 경우이다.

전통적인 사고방식을 버리고 새로운 일련의 기준들을 수립하는 과정에서 종업원들을 고용하고 이들의 사기를 고취하는 과정에서 무작정 복종적인 바보들을 제거해야하고 호기심이 있는 사람들에게 관심을 집중해야 한다. 최근에 많이 시도되고 있는 방법이기는 하지만 입사자를 선발하는 경우에 응시자들의 능력과 혁신성을 확인하기 위해서 팀 내에서의 역할행동과 그룹 문제해결방법 등을 점검받는 것도 좋은 방법이다.

지속적으로 종업원들을 자극하고 팀 지향적인 학습을 시행하고 있는 기업들은 서비스 개선 활동을 통합하고 이를 토대로 활동을 수행한다고 볼 수 있다. 인간은 학습하고 탐구하려고 하는 본능이 있으며, 이러한 면을 적극적으로 활용하면 기업들에게는 상당한 강점이 될 수 있는 것이다. 그러나 이러한 자연스러운 인간의 추구를 억제함으로서 부작용을 발생시키는 것은 우리가 기업을 경영하는데 있어서 구조적인 기업구조와 행태의 재구축이 필요하다는 것을 의미하기도 한다. 개선노력이나 시간을 더욱 확대하려고 하는 기업들은 기업조직과 리더십 그리고 팀 수준에서 검토하고 재전개하려는 경우에 이들의 잠재성에 대하여 인지를 할 수 있는 것이다. 자신이 속한 팀의 에너지를 이용하는 방법을 알고 있는 관리자는 경쟁자를 완벽하게 격퇴할 수 있는 것이다.

전통적인 기업에서 조직 문화와 실행관행의 광범위한 변화가 일어나고 있는 단계는 통합이 이루어지는 가장 선호되고 지향해야할 단계라고 할 수 있다. 그러나 여기에서 통합에 이른다는 것은 새로운 기업형태를 구축하기 위한 또 다른 도입단계라고 말할 수 있다. 갈수록 변화의 정도도 더욱 높아지게 될 것이다. 새로운 경쟁의 시작은 이미 과거의 시점이 되었다. 다시 말하지만 업종을 막론하고 새로운 경쟁의 핵심은 서비스 수준이 어느 정도인가에 달려 있을 것이다. 상품의 수명주기는 갈수록 짧아지고 있으며, 기술적 진보도 빨라지고 새로운 경쟁자들이 도처에 도사리고 있는 것이 오늘날의 기업 상황이라고 할 수 있다. 변화하는 고객의 욕구와 기대를 만족시키기 위해서는, 더욱 더 진보의 속도를 가속시켜야 하는 것이다.

어느 상황에서 이러한 변화에 대처하고 이러한 새롭게 변화하고 있는 세계에 대처하기 위해서 무엇이 필요한 지에 대하여 항상 고심하고 있어야 한다. 물론 정답이 항상 존재하는 것은 아니다. 다만 한 가지 확실한 미래의 모습을 그려볼 수는 있다. 총체적인 노력을 기울이며 서비스 수준을 개선하는 협력적 조직이 필요한 것이다. 여기서는 사회 전체의 경쟁력을 올리기 위해서 서비스 개선 노력을 어떻게 적용할 것인지 살펴보고 구축방법과 함께 이러한 사회가 어떠한 모습을 될 것인지를 살펴볼 것이다.

지역사회에 대한 기업의 역할

오늘날의 사회구조 속에서 서비스 기업을 포함하는 지역사회는 지역적인 경계와 기업의 역할범위를 정하기 위해 가장 흔하게 사용되고 있는 단어라고 할 수 있다. 그러나 과거에는 지역사회가 오늘날보다 더 많은 의미를 내포하고 있었다고 할 수 있다. 즉 내부 주체간의 의존성, 공유된 가치, 폐쇄적 관계, 상호 연계된 잠재력 등이라고 할 수 있다. 앞으로는 경쟁력 있는 사회를 이루기 위해 이러한 특성을 가진 사회로의 회귀가 필요하다고 할 수 있다. 각각의 기업들은 더 대규모의 시스템 안에서 존재한다고 할 수 있다. 기업이 사업을 시행하면서 오로지 서비스 개선과 운영에만 관심을 둔다는 것은 만약에 정부기관이라든지, 교육기관 혹은 그 외의 사회의 독립적인 단위들이 상호 통합적으로 관계를 가지지 못한다면 원활한 지역사회와의 관계를 가지기에 부족할 것이다.

서비스 개선활동의 실행에서 성공적인 기업들은 그들의 지식을 또 다른 사회의 부분으로 전파할 의무를 가지고 있는 것이다. 이는 상당히 많은 기업들이 사회 각 부분의 요구에 대한 공급처로서의 역할을 해야 하는 것을 의미한다. 이러한 추세는 사회의 또 다른 부분으로의 확대가 필요하다고 할 것이다. 벌써 이러한 경향은 다양하게 전개되고 있다. 미국 플로리다주에 위치한 군사도시인 펜사콜라에서는 경우에는 그 지역 내의 많은 사람들을 모아서 품질 협의체를 구성하고 역할을 전파하고 있으며 주정부로의 재투자 사업을 시행하고 있으며, 학교기관이라든지 도시 관련 기관, 영리기업 간의 상호 이익추구 관계를 유지시키고 있다. 선도적 기업들의 일부는 지역사회와의 관계를 고려하여, 자율적인 참여와 사회활동에의 참여를 적극 권장하고 있으나 실제적인 행동은 한계가 있다고 보아야 할 것이다. 이러한 상황에서 기업을 포함하는 대규모 지역사회에서 이러한 포괄적인 참여는 전략적으로 중요하게 인식이 되어야 할 것이다. 오늘날의 사회 내에서 각 기업들은 이미 상호연관성이 있으며 상호간에 영향을 주고 있고 또 영향을 상호간에 받고 있기 때문에 굳이 사회적 확장을 추구하는 것이 올바른 것은 아니다.

문제는 그러한 상호연계성이 올바른 방향으로 진행되는 것이라고 할 수 있다. 이것은 우리의 모든 사회요소들이 전체의 사회라는 측면에서 결합하는 것을 필요하게 해 준다고 할 수 있다. 상호간의 의존성을 더욱 더 이해하면 할수록, 우리 조직들의 경계는 허물어져 간다고 볼 수 있다.

종업원들이 다양한 조직에서 일하고 있는 경우에 비록 종업원들이 각각의 임무를 순환시키고 있기는 하지만 고객의 입장에서 그들의 요구에 더욱 더 효과적으로 대응할 수 있게 되는 것이다. 어떤 부분에서는 각 종업원들이 경쟁자들에 대하여 분할하여 대응할 수 있는 것이다. 이러한 관행들은 이미 상거래의 비밀이 많지 않고 작업장의 변화가 큰 경우의 일반적인 기업들에서 활용되고 있다.

만약에 종업원들이 각 부서업무를 포괄적으로 보는 경우에 사업가들은 학교기관에서도 교육을 실시할 수 있는 것이다. 학생들과 선생님들이 하나의 산업군을 형성하고 있는 것이다. 이러한 전략적 결합이 증가할수록 협력의 기회는 더욱 증가한다고 수 있으며 자원을 더욱 더 효과적으로 사용할 수 있게 되는 것이다. 우리 사회에서, 낭비되고 있는 자원은 도처에 존재한다고 할 수 있다. 시스템적인 식견과 강력한 협력으로 이를 활용할 수 있는 것이다.

참고문헌

김성인(1995), 서비스 산업에서의 품질관리, 청문각.

서비스 경영연구회(2014), 지속가능한 시대의 서비스경영, McGraw Hill.

윤덕균(2007), 초우량기업들의 경영혁신 200년, 민영사.

최성용 · 김은숙 · 정해경 · 김미현 · 권미영(2004), 현대 서비스 운영관리, 삼영사.

Brown, M. G., Hitchcock, D. E. and Willard, M. L.(1993), Why TQM fails and what to do about it, Irwin.

Sherman, H. D. and Zhu, J.(2006), Service Productivity Management, Springer.

Allen, N. J. and Meyer, J. P.(1990), "The measurement and antecedents of affective, continuance and normative commitment to the organization," Journal of Occupational Psychology, Vol. 63, No. 1, pp.1-18.

Bai, B., Brewer, K. P., Sammons, G., and Swerdlow, S.(2006), "Quality Progress to Study Internal Service Quality," Quality Progress, Vol. 39, No. 9, pp. 19-31.

Berry, L. L., Parasuraman, A. and Zeithaml, V. A.(1994), "Improving service quality in America: Lessons learned," Academy of Management Executive Vol. 8, No. 2, pp.32-45.

Heskett, J. L., Jones, T. O., Loveman, G. W., Sasser Jr, W. E. and Schlesinger L. A.(1994), "Putting the Service-Profit Chain to Work," Harvard Business Review, Vol. 72, No. 2, pp.164-170.

O'Hara, B. S., Boles, J. S. and Johnston, M. W.(1991), "The Influence of Personal Variables on Salesperson Selling Orientation," Journal of Personal Selling & Sales Management, Vol. 11, No. 1, pp.61-67.

Paarlberg, L. E.(2007), "The Impact of Customer Orientation on Government Employee Performance," International Public Management Journal, Vol. 10, No. 2, pp.201-231.

Parasuraman, A., Berry, L. L. and Zeithamanl, V. A.(1991), "Refinement and Reassessment of the SERVQUAL Scale," Journal of Retailing, Vol. 67, No. 4, pp.420-450.

Sower, V. E.(2009), Essentials of Quality, Wiley.

Varey, R. J.(1995), "Internal Marketing: A Review and Some Interdisciplinary Research Challenges," International Journal of Service Industry Management, Vol. 6, No. 1, pp.40-63.